I0643814

L'ANTI-HUMANISME AU XVIIe SIÈCLE

DU MÊME AUTEUR

Antonin Artaud et l'essence du théâtre, 256 pages
Bergson et le Christ des Évangiles, 222 pages
Bergson dans l'histoire de la pensée occidentale, 134 pages
Blaise Pascal : conversion et apologétique, 268 pages
Pascal et les humanistes chrétiens. L'affaire Saint-Ange, 168 pages
Cartésianisme et Augustinisme au XVIIe siècle, 248 pages
Descartes. Essais sur le "Discours de la Méthode", la métaphysique et la morale, 312 pages
Études sur l'histoire des idées en France depuis le XVIIe siècle, 196 pages
Fénelon philosophe, 220 pages
Trois essais sur Étienne Gilson : Bergson, la philosophie chrétienne, l'art, 96 pages
Histoire philosophique du sentiment religieux en France :
  Tome 1 : *Malebranche et son expérience religieuse*, 440 pages
  Tome 2 : *Les Conversions de Maine de Biran*, 440 pages
La pensée métaphysique de Descartes, 410 pages
La pensée religieuse de Descartes, 346 pages
La philosophie d'Auguste Comte, 208 pages
La philosophie et son histoire, 140 pages
La vie d'Auguste Comte. Avant-propos de A. Petit, 248 pages
La vocation de Malebranche, 174 pages
L'anti-humanisme au XVIIe siècle, 192 pages
L'essence du théâtre, 208 pages
L'histoire et sa philosophie, 152 pages
Les méditations métaphysiques de Jean-Jacques Rousseau, 284 pages
Les premières pensées de Descartes. Contribution à l'histoire de l'anti-Renaissance, 168 pages
Le théâtre et l'existence, 224 pages
Renan, auteur dramatique, 168 pages
Rousseau et Voltaire. Portraits dans deux miroirs, 480 pages
La jeunesse d'Auguste Comte et la formation du positivisme :
  Tome 1 : *Sous le signe de la liberté*, 322 pages
  Tome 2 : *Saint-Simon jusqu'à la Restauration*, 392 pages
  Tome 3 : *Auguste Comte et Saint-Simon*, 456 pages

BIBLIOTHÈQUE D'HISTOIRE DE LA PHILOSOPHIE

L'ANTI-HUMANISME AU XVIIe SIÈCLE

par

Henri GOUHIER

de l'Académie française

LIBRAIRIE PHILOSOPHIQUE J. VRIN
6 place de la Sorbonne
PARIS V^{e}

Imprimé en France

ISSN 0249-7980

ISBN 978-2-7116-0937-6

www.vrin.fr

AVANT-PROPOS

On a beaucoup parlé et on parle encore beaucoup d'humanisme ; on ne parle d'anti-humanisme que depuis peu et encore relativement peu (1). Or, du moins au XVIIe siècle l'historien ne saurait envisager l'un sans l'autre : le montrer est le premier but de cet ouvrage. En conséquence, si en théologie, en philosophie, en morale, en apologétique, en pédagogie, l'étiquette « humanisme » nous semble correspondre à quelque chose de réel et d'important, cette réalité et cette importance se retrouvent nécessairement dans ce que nous mettons sous l'étiquette « anti-humanisme ».

Le second but de cet ouvrage est de justifier l'emploi de ces deux étiquettes. Certes, il est préférable d'éviter les mots en *isme,* surtout lorsqu'ils n'appartiennent pas au vocabulaire de l'époque étudiée. Mais la patine du temps rend l'usage de certains de ces mots tout naturel : le mot « humanisme » est, à sa façon, un fait historique ; il est là et il nous faut bien savoir pourquoi. Si « humanisme » et, *ipso facto,* « anti-humanisme » sont devenus d'usage courant dans l'histoire des idées, l'historien a l'obligation de dire quelles notions et quelles expériences vécues définissent leur sens.

Ce n'est pas sans raisons que l'historien cède à la tentation de se servir de mots en *isme :* lorsqu'il faut grouper des événements en séries, opérer des classements, prendre des vues d'avion, tracer des lignes de faits, ces mots en *isme* sont des étiquettes commodes. Quand nous parlons d'« humanisme » et d'« anti-humanisme » il ne s'agit donc pas de vérité, ni même de vérité supposée : ce sont des mots dont la fonction est instrumentale ; à nous de voir s'ils nous aident à penser l'histoire lorsque nous essayons de la raconter. Mais un critère qui est de l'ordre de la commodité pose une question : commodité renvoie à accommodement et le verbe accommoder implique un complément : à quoi ? Si la notion de vérité disparaît, voici qu'apparaît celle de réalité, serait-ce comme présence au delà de toute représentation.

Nous retrouvons ici les deux sens du mot « histoire » : l'histoire-connaissance, c'est-à-dire l'histoire sous la plume et dans l'esprit de l'historien qui la raconte, et l'histoire-réalité qui serait, en quelque sorte, le contenu objectif de l'histoire-connaissance. Le récit historique, en effet, est radicalement différent du récit imaginaire parce qu'il inclut la référence à une histoire-réalité. En d'autres termes, il est clair que l'histoire prise comme connaissance est plus ou moins consciemment mais nécessairement mue par une volonté de s'accommoder à une histoire-réalité. On peut alors se demander si les étiquettes « humanisme » et « anti-humanisme » ont seulement une fonction instrumentale dans la construction d'une « histoire-connaissance » cohérente, intelligible, déchiffrable : ne sont-ils pas aussi les conditions d'un travail d'approche en direction de l'« histoire-réalité » ? Il y aurait ainsi un troisième but de cet ouvrage : faire admettre qu'il ne tourne pas autour d'une question de mot ; « humanisme » et « anti-humanisme » nous aident à retrouver des morceaux de temps perdu.

Ce temps, il faut essayer de le retrouver au delà des légendes. Or c'est un temps orageux.

La sérénité religieuse du « bel âge classique » est sans doute un mythe littéraire.

Bien sûr, « l'invasion mystique » décrite par Henri Bremond laisse dans chaque province française des îlots de sainteté et, dans le rayonnement de cet héroïsme spirituel, il semble que jamais la foi des croyants n'ait été simplement plus assurée.

Mais l'homme qui a trouvé sa voie se tourne ici vers le monde : il se demande où en est le royaume de Dieu... Comment ne serait-il pas angoissé ?

Quand nous parlons d'inquiétude religieuse, en effet, nous ne pensons qu'à l'inquiétude qui naît du doute. Certes, la foi qui s'interroge sur elle-même est l'inquiétude la plus pathétique. Mais il y a aussi celle qui, dans la lumière même de la foi la plus assurée, naît de la charité.

Bossuet, Arnauld, Pascal, Fénelon, Malebranche... et bien d'autres dont la foi n'a sans doute jamais été effleurée par un doute, ont une âme inquiète devant leur siècle, devant l'avenir de la foi dans le siècle. En gros, deux menaces, d'ailleurs inséparables, mobilisent les défenseurs de la vraie religion : d'abord, derrière eux, l'exemple dramatique de la Réforme qui, ne l'oublions jamais, n'est pas si lointaine – « vers 1570, l'Europe est en train de devenir protestante » (2) – et devant eux les signes d'une déchristianisation déjà visible dans la société contemporaine.

Le souvenir de la Réforme ne cesse de hanter la pensée catholique et d'entretenir en elle la crainte de prochaines Réformes. Sûre de sa vérité, elle ne l'est pas de l'avenir immédiat de l'Eglise fondée sur cette vérité. Bien sûr, des motifs moins relevés, des routines impérieuses, des intérêts temporels se mêleront à cette préoccupation ; elle reste pourtant ce qui domine les grands combats de cette époque. Si théologiens et polémistes catholiques s'accusent si aisément de calvinisme, ce n'est pas uniquement là l'effet des passions : les passions projettent ici dans la polémique une inquiétude réelle.

Par le souvenir de la Réforme, la situation religieuse reçoit alors une signification dramatique qui tient les esprits en état de spiritualité agissante et agressive.

Les multiples rebondissements de la querelle eucharistique soulevée par le Cartésianisme ne représentent pas une simple rivalité d'écoles ou de maîtres d'écoles, si l'on songe au rôle de la transsubstantiation dans les disputes du XVIe siècle.

Les multiples rebondissements de l'affaire janséniste ne s'expliqueraient pas complètement sans cette appréhension de la conscience catholique encore émue par la catastrophe protestante.

Cette hantise de la Réforme, cela va de soi, apparaît d'abord dans une réfutation des hérésies des réformateurs, c'est-à-dire dans l'obligation de rétablir la vraie doctrine transmise par la tradition, par exemple sur l'eucharistie, la prédestination, la grâce efficace, ce qu'exprime exactement l'expression « Contre-Réforme » employée par les historiens. Mais, dans des pages remarquables sur les avantages et les limites de ce concept, M. Leszek Kolakowski souligne le fait qu'il ne s'agit pas seulement d'« une contre-attaque » sur les positions de l'adversaire : on entend aussi tenir compte de la critique de cet adversaire ; celle-ci se trouve alors « transformée en contre-critique » ; la Contre-Réforme est aussi une Réforme, entendons « une réforme religieuse de la spiritualité catholique » (3).

Bien que la Contre-Réforme proprement dite et cette Réforme essentiellement catholique soient deux aspects d'une même histoire, on ne saurait trop insister sur la nécessité de ne plus les laisser sous l'étiquette qui convient seulement à la première (4). Le concept de Contre-Réforme pouvait alors couvrir des confusions. M. Leszek Kolakowski a prévu le risque : « construire un cadre permettant de faire figurer Pascal et le P. Bauny sur la même ligne. » (5). Il est facile d'éviter ce risque dans une histoire des « chrétiens sans Eglise » ; mais dans celle de chrétiens au sein d'une Eglise ? Plus précisément : au sein de l'Eglise catholique romaine où un problème vital fait figurer sur deux lignes divergentes l'auteur des *Provinciales* et celui de l'indulgente *Somme des péchés qui se commettent en tout état...* (6). Le problème est celui de l'insertion d'une doctrine qui, par essence, ne peut changer à l'intérieur d'un monde où tout change, les sciences, les mœurs, les structures sociales, les conditions économiques, la géographie...

Problème vital, en effet, posé précisément par le sens de ce que nous appelons la Réforme catholique. Il y a, sans doute, comme dans la Contre-Réforme proprement dite, un souci de retour aux sources, une exigence de pureté morale et de rigueur théologique, une volonté de revenir au vrai saint Augustin ; mais les circonstances vont mettre les réformateurs catholiques en face d'un autre danger que la Réforme protestante et qu'il est commode d'appeler « libertinage ». Les protestants y voient un effet de « la décomposition de l'Eglise romaine » (7) ; c'est beaucoup trop simple.

Rappeler aux ordres religieux les règles strictes de leurs fondateurs, élever le niveau intellectuel et spirituel du clergé, imposer à tous les chrétiens et à toutes les chrétiennes, fussent-ils laïcs, la primauté de l'amour de Dieu, c'est se heurter à une mentalité signifiant une espèce de nouvelle société où se manifeste une certaine laïcisation de la pensée, voire une vision du monde plus ou moins déchristianisée. De là, deux courants dans la Réforme catholique : une fois reconnues ses erreurs et ses ignorances, cette mentalité ne pose-t-elle pas un problème réel : la doctrine peut-elle ou ne doit-elle pas s'adapter aux nouveautés de l'histoire ? C'est pour penser le conflit que ce problème réel provoque que nous avons recours aux notions inévitablement complémentaires d'humanisme et d'anti-humanisme.

A dire vrai, ce conflit est sans doute impliqué dans la vie même de la pensée chrétienne, quelles que soient les époques. Il est d'une impérieuse actualité au temps de saint Augustin ; il le sera encore au temps de saint Thomas. Bien sûr, le combat se livre dans des contextes historiques très différents ; mais il s'agit toujours de la même divergence fondamentale entre l'exigence de modernité, ou mieux de modernisation, et l'exigence de fidélité à des vérités dont la tradition a le dépôt. « Humanisme » et « anti-humanisme » sont donc les étiquettes que nous utilisons pour penser ce conflit tel qu'il se manifeste sous des formes souvent pathétiques dans la suite de ce qu'on appelle la Renaissance et pendant la première moitié du XVIIe siècle.

La bibliographie de l'humanisme est innombrable ; on relèvera facilement ici trop d'omissions provoquées soit par l'ignorance, soit par la nécessité de choisir. Il faut pourtant donner une idée de la richesse documentaire dont dispose aujourd'hui l'historien du XVIIe siècle religieux : nous avons maintenant une abondante collection de livres, d'articles, le plus souvent publiés dans des revues spécialisées, de communications à des colloques qui portent soit sur des auteurs oubliés ou peu connus, soit sur des points délicats des grandes doctrines théologiques et spirituelles, soit sur les sources d'une culture où l'antiquité survit dans la modernité. On a donc multiplié dans les notes les références aux travaux d'érudits qui savent exposer en quelques pages le résultat de longues recherches et extraire d'ouvrages souvent volumineux les textes vraiment significatifs. N'abusons pas de leur modestie et soulignons ce que leur doit une histoire vraiment historique des idées.

CHAPITRE PREMIER

AUTOUR D'UNE DÉFINITION

Les mots en *isme* sont des étiquettes et il doit être entendu que l'usage des étiquettes est libre. C'est pourquoi, en un sens, se demander si Descartes est « rationaliste » ou si Bergson est « anti-intellectualiste » n'intéresse ni l'histoire ni la philosophie : mais on peut écrire un livre très intéressant sur *Le rationalisme de Descartes* (1) pour montrer que Descartes n'est pas « rationaliste » ou sur *L'intellectualisme de Bergson* pour montrer que Bergson n'est pas « anti-intellectualiste » (2), lorsque la définition du mot oriente une recherche sur son contenu possible dans le cas de Descartes ou dans le cas de Bergson, c'est-à-dire lorsque sa convenance est plutôt un prétexte qu'une fin.

Ainsi le choix d'une étiquette peut être une occasion de regarder ce qu'il y a dessous. Que Pascal soit dit « humaniste » ou « anti-humaniste », c'est là, en effet, une simple question de mot ; il s'agit pourtant de savoir si, à la faveur d'un mot, l'histoire ne va pas mêler ce qu'elle devrait opposer.

Un exemple précisera les termes de la question. Dans le premier tome de son *Histoire littéraire du sentiment religieux en France,* sous le titre : *L'Humanisme dévot,* Henri Bremond a ressuscité le capucin Yves de Paris, le prenant pour le parfait représentant de cet « humanisme dévot ». Sa longue vie couvre près d'un siècle : né en 1588, trente-cinq ans avant Pascal, il est mort seize ans après lui, en 1678. Il est un apologiste très connu, auteur de nombreux ouvrages et notamment d'une *Théologie naturelle* dont les quatre gros in-4° eurent, chacun, quatre éditions en moins de dix ans (3). Allons-nous mettre Yves de Paris et Pascal sous la même étiquette, dans le même groupe, représentant la même tendance de la pensée chrétienne au XVIIe siècle ?

Yves de Paris nous dit : « Laissons ces lâches pensées de la misère de l'homme, faisons voir les excellences de sa nature. » (4). Pour Pascal, ce sont ces « lâches pensées de la misère de l'homme » qui, justement, constituent son « excellence » : « la grandeur de l'homme est grande en ce qu'il se connaît misérable ; un arbre ne se connaît pas misérable. » (5).

Yves de Paris s'écrie : « Quelle fureur d'être ennemis de nous-mêmes ! » (6). Sainte fureur, aux yeux de Pascal : « Le moi est haïssable. » (7). Là est même un signe de la vérité du Christianisme : « Nulle autre religion n'a proposé de se haïr, nulle autre religion ne peut donc plaire à ceux qui se haïssent... » (8).

Yves de Paris nous conseille de « faire une visite continuelle du monde pour entendre toutes les créatures qui nous crient qu'elles sont les œuvres de Dieu... » (9). « Eh quoi, écrit Pascal dans un court dialogue qui devait se retrouver au début de son Apologie, ne dites-vous pas vous-même que le ciel et les oiseaux prouvent Dieu ? – Non. – Et votre religion ne le dit-elle pas ? – Non. Car encore que cela est vrai en un sens pour quelques âmes à qui Dieu donna cette lumière, néanmoins cela est faux à l'égard de la plupart. » (10).

On pourrait prolonger le dialogue. Les deux voix se répondent si exactement l'une à l'autre que l'on a pu se demander si Pascal n'aurait pas connu l'apologétique du capucin et si quelques « pensées » ne viseraient pas directement son « humanisme » (11). Si l'on donne un sens précis à ce dernier mot, il faudra bien alors parler d'« anti-humanisme » pour signifier l'opposition dont les noms d'Yves de Paris et de Blaise Pascal deviennent ici le symbole.

Le mot « humanisme » semble être aujourd'hui plus chargé de résonances affectives que d'idées distinctes. Au temps des premières esquisses de la présente étude, l'étiquette était *valorisante* et l'expression « anti-humanisme de Pascal » choquait (12). De récentes philosophies, au contraire, la *dévalorisent* et, dans leur perspective, parler de « l'anti-humanisme de Pascal » serait plutôt un compliment (13). Il convient donc de commencer par vider les mots en *isme* de tout ce qui les ferait porteurs de valeurs : « humaniste » et par suite, « anti-humaniste » seront ici des épithètes n'impliquant ni prestige ni discrédit. Ainsi, appeler Yves de Paris « humaniste » et Pascal « anti-humaniste » sera une façon d'exprimer une opposition inscrite dans les faits, aucun des deux termes n'ayant le privilège de déprécier l'autre.

Ce n'est sans doute pas sans raison que les mots « humaniste » et « humanisme » attirent les jugements de valeur. Ceci tient à une analogie originelle. Deux intentions se trouvent plus ou moins consciemment confondues sous cette étiquette : l'une exprime un point de vue culturel, l'autre, un point de vue philosophique. L'histoire éclaircit le sens de ce double sens.

Le mot « humaniste » est plus ancien que le mot « humanisme ». Littré le signale dans Montaigne. Le texte se trouve dans le Livre I au chapitre LVI qui a pour titre : *Des prières ;* il s'agit de montrer que la raison par sa faiblesse et la foi par son assurance sont pour ainsi dire situées dans deux domaines complètement séparés. Dans cette perspective, il ne faut pas se plaindre de ce que certains écrits « sont purement humains et philosophiques, sans mélange de Théologie » ; philosophie et théologie n'ont rien à gagner au mélange. « Que la doctrine divine tient mieux son rang à part, comme Reine et dominatrice », sans être « appariée aux discours humains » ; d'un autre côté, « que le désir humain a ses formes plus basses et ne se doit servir de la dignité, majesté, régence du parler divin » : Montaigne appelle alors « humanistes » les écrivains du « dire humain » par opposition aux théologiens qui enseignent la parole de Dieu. Très précisément, le mot surgit dans une phrase qui a l'air de concerner l'écriture mais sous-entend un certain style de pensée : « Qu'il se voit plus souvent cette faute que les Théologiens écrivent trop humainement, que cette autre que les humanistes écrivent trop peu théologalement. » (14).

Si particulier que soit ici l'emploi du mot, il est pourtant lié à une distinction qui sera plus ou moins explicitement postulée par les diverses acceptions auxquelles l'histoire va l'attacher : il y a un style d'écriture et de pensée qui ne doit rien à la foi, qui est d'un autre ordre que celui de la religion, séparation ne signifiant d'ailleurs pas contradiction.

Historiquement, la première de ces acceptions correspond à ce que nous avons appelé le point de vue culturel. Les « humanistes », écrit M. André Chastel, « c'est l'ensemble des amateurs et des savants qui s'adonnent à la recherche, à l'examen, à la publication des œuvres grecques et latines, parfois groupés en véritables sectes, parfois presque isolés et ne communiquant qu'avec leurs pairs. » (15). Définition « sociologique » liée à l'idée d'une « renaissance » non pas de la Renaissance, concept très postérieur (16), mais d'une renaissance, sans R, des lettres de l'Antiquité grecque et romaine.

Ce sens « sociologique » se combine au XVIIe siècle avec un sens pédagogique inclus dans les *litterae humaniores,* les « Humanités » représentent une rubrique scolaire couvrant Grammaire, Rhétorique, Poésie et Histoire, les trois dernières disciplines étant liées à une étude des auteurs anciens puisque la langue des Humanités est le latin. Il arrive donc que le mot « humaniste » désigne ceux qui enseignent ou qui ont étudié les « humanités », comme dans un texte de Bossuet sur Mélanchton que Littré tire de l'*Histoire des variations des Eglises protestantes* (17). C'est ce sens que l'on trouve dans le Dictionnaire de Trévoux (18) et dans celui de Furetière (19), dans l'Encyclopédie (20).

« Humaniste » n'est ni au XVIIe siècle, ni au XVIIIe, un mot d'usage courant. C'est peut-être pourquoi le terme complémentaire « humanisme » arrive si tard. Il n'est pas dans l'édition de 1877 du Littré ; il apparaît dans le Supplément de 1882, avec des citations tirées d'articles de revue récents. Pourtant, il a été créé en 1765 pour signifier l'« amour général de l'humanité » (21) ; mais ce sens sentimental s'est vite perdu, et le mot ne réapparaît que vers 1875, cette fois, avec les deux significations que le Supplément du Littré consigne aussitôt : 1° « la culture des humanités » ; 2e « théorie philosophique qui rattache les développements historiques de l'humanité à l'humanité elle-même », autrement dit : selon laquelle l'histoire de l'humanité s'explique par l'homme sans recours à une puissance transcendante.

Laissons de côté ce que les mots « humaniste » et « humanisme » ont pu recevoir des philosophies de la seconde moitié du XIXe siècle : ce qui doit être souligné, c'est que le sens culturel appelle toujours plus ou moins ouvertement un sens philosophique. On le voit bien dans la définition que le *Vocabulaire technique et critique de la philosophie* propose du premier : « Mouvement d'esprit représenté par les *humanistes* de la Renaissance (Pétrarque, Poggio, Laurent Valla, Erasme, Budé, Ulrich de Hutten)... » : les auteurs de l'article pensent donc à une période historique précise, avec des noms propres jugés représentatifs ; mais on lit ensuite : « ... et caractérisé par un effort pour relever la dignité de l'esprit humain et le mettre en valeur, en renouant, par dessus le moyen âge et la scolastique, la culture moderne à la culture antique. » : *humaniste* maintenant rapporté à un *humanisme* qui est une philosophie de l'homme et de son histoire, affirmant une valeur fondamentale : la dignité de l'esprit, méconnue au Moyen âge et retrouvée à la Renaissance.

Dans cette définition où chaque mot pose un point d'interrogation ne voyons qu'un exemple particulièrement significatif du mouvement qui, tout naturellement, fait surgir le sens philosophique à l'intérieur même du sens historique. Et, en effet, si les « humanistes » cités dans l'article du *Vocabulaire...*, si Coluccio Salutati, Marcile Ficin, Pic de la Mirandole, Pierre Ramus et tant d'autres cultivent avec ferveur les lettres de l'Antiquité gréco-latine, si certains éditent et commentent les écrits des Anciens, ce n'est pas seulement parce qu'ils y voient d'admirables réussites esthétiques mais parce que, pensent-ils, ces Anciens ont encore quelque chose à nous dire sur l'homme.

Même conviction au XVIIe siècle dans les collèges qui enseignent « les humanités » ; les *litterae humaniores* représentent dans les programmes d'études l'idéal pédagogique qui inspirait l'érudition des deux siècles précédents : poètes et philosophes, maîtres de réthorique et moralistes, les Grecs et les Latins ont si bien connu l'homme qu'ils sont, encore aujourd'hui, nos éducateurs, en dépit des différences historiques et religieuses. « Ces études s'appellent *humanités,* écrit un Père Jésuite de ce temps, parce qu'elles nous rendent plus hommes. » (22). Or, de quel « homme » s'agit-il ? Comment prononcer le mot « homme » sans postuler une anthropologie, c'est-à-dire une philosophie ?

Il est donc difficile de donner une définition strictement littéraire du mot « humanisme » : il faut bien expliciter les postulats philosophiques de la culture dite « humaniste ». Mais si le sens philosophique apparaît à l'intérieur du sens historique, c'est pour le dépasser ; relisons la définition du *Vocabulaire* d'André Lalande : la « dignité de l'esprit humain » posée comme « valeur » introduit en elle une notion qui semble bien être immuable et intemporelle ; le mot « humanisme » se détache alors de l'histoire des XVe et XVIe siècles, il perd sa couleur d'époque et devient une catégorie de la pensée. A ce point de vue, l'opposition de Descartes à l'« humanisme » des « humanités » n'empêche nullement d'appeler sa philosophie de l'esprit humain « humaniste » : le fait d'exclure l'érudition de la recherche philosophique, de ne plus lier la culture à l'enseignement du latin, de ne plus reconnaître les Anciens comme nos maîtres ne crée pas nécessairement un « anti-humanisme » mais un nouvel « humanisme ». Ainsi, on pourra se servir de l'étiquette pour parler d'un « humanisme médiéval » comme d'un « humanisme encyclopédiste » ; au XXe siècle, on parlera d'« humanités modernes » et d'« humanisme technique ».

Quel est exactement la notion qui a opéré le passage du sens historique au sens philosophique, qui a conduit des humanismes historiquement déterminés à l'humanisme constitué en catégorie de la pensée ?

Laissons les articles de Dictionnaire et consultons un spécialiste qui, après d'importants travaux sur l'histoire des humanistes, a réfléchi sur la notion d'humanisme et entrepris de la définir. Que nous apprend l'article d'Augustin Renaudet : *Autour d'une définition de l'humanisme* (23) ? L'humanisme est « ce qu'on pourrait appeler le mysticisme de la noblesse humaine » (24), et, un peu plus loin : « c'est bien le même mysticisme de la grandeur humaine qui soutient l'homme de la Renaissance et l'humaniste » (25). Plus tard, il semble qu'Augustin Renaudet ait préféré « éthique » à « mysticisme ». « On peut définir l'humanisme une éthique de la noblesse humaine » ; mais l'intention reste la même (26).

Cette définition a un premier avantage : le sens philosophique éclaire le sens historique ; il explicite les mobiles qui, en fait, guidaient les humanistes du XVe et du XVIe siècle, comme, plus tard, le professeur d'« humanités ».

Sans doute, écrivait A. Renaudet, le terme « a désigné d'abord le grammairien lettré dont la patience restaurait l'interprétation des textes anciens... », mais la suite découvre le mobile : textes « auxquels on attribuait la vertu de rendre les hommes plus humains » (27).

Second avantage : dans la définition d'Augustin Renaudet le sens philosophique peut être détaché du sens historique et faire du mot « humanisme » un concept historiographique : « la mystique » ou « l'éthique de la noblesse humaine » n'est pas rivée aux formes qu'elle a prises aux XVe et XVIe siècles quand nous tenions « humanisme » et « renaissance » pour presque synonymes ; elle correspond à une mentalité qui se manifeste tout le long de l'histoire dans des contextes culturels, sociaux, religieux, très différents.

En particulier, et c'est l'avantage qui, semble-t-il, importait le plus à Augustin Renaudet, sa définition ne limite pas l'humanisme à une sorte de néo-paganisme, réservant l'étiquette à ceux en qui, plus ou moins ouvertement, humanisme s'opposerait à christianisme. La tentation est forte, en effet, d'inclure dans la définition de l'humanisme une telle opposition, au moins virtuellement. Pour illustrer la définition que nous avons rappelée, l'article du *Vocabulaire de la philosophie* cite un texte pris non chez un philosophe mais chez un historien de l'art : « L'*humanisme,* écrit celui-ci, n'est pas que le goût de l'antiquité, il en est le culte ; culte poussé si loin qu'il ne se borne pas à adorer, qu'il s'efforce de reproduire. Et l'*humaniste* n'est pas que l'homme qui connaît les antiques et s'en inspire ; il est celui qui est tellement fasciné par leur prestige qu'il les copie, les imite, les répète, adopte leurs modèles et leurs modes, leurs exemples et leurs dieux, leur esprit et leur langue. Un pareil mouvement poussé à ses extrêmités logiques ne tendait à rien moins qu'à supprimer le phénomène chrétien. » (28). Si la rhétorique ne trahissait pas ici la pensée de l'historien, pareille idolâtrie eût stérilisé l'esprit créateur des érudits, des philosophes, des artistes de la Renaissance ; mais ces lignes ont le mérite de soulever une question : il y eût aux XVe et XVIe siècles des humanistes qui furent aussi des chrétiens, Marcile Ficin et Erasme, par exemple, deux noms d'hommes à la fois bien connus et très différents ; la définition que l'on donnera de l'humanisme doit-elle sous-entendre une option entre humanisme et christianisme, de sorte que les chrétiens humanistes seraient inconscients de la logique qui devrait les obliger à choisir entre l'homme selon leur culture et l'homme selon leur foi ?

A cette question, Augustin Renaudet répondait : non. Mais, pour comprendre sa réponse, il convient de voir le sens de la synthèse que sa définition devait opérer. Après les travaux de l'abbé Henri Bremond et ceux d'Etienne Gilson, Augustin Renaudet ne se trouvait pas seulement en face d'humanistes qui étaient aussi chrétiens, avec la simple obligation de forger une définition de l'humanisme telle qu'ils puissent être chrétiens sans contradiction. Quand l'abbé Henri Bremond parlait d'« humanisme dévot » (29) et Etienne Gilson d'« humanisme médiéval » (30), il ne s'agissait plus d'un humanisme qui viendrait se juxtaposer au christianisme mais d'un humanisme qui puiserait sa sève dans le christianisme. Dans ces conditions, la définition à formuler ne devait pas simplement prévoir la possibilité d'une coexistence pacifique mais celle d'une relation pour ainsi dire consubstantielle.

Tel est précisément le cas avec la définition de l'humanisme par « la mystique » ou « l'éthique de la grandeur humaine ».

Les Pères, les maîtres de la théologie médiévale, les mystiques du XVe et du XVIe siècle, les spirituels de l'Ecole française du XVIIe siècle invitent l'historien à rectifier une opinion simpliste sur l'essence du christianisme : le pessimisme lié à la hantise du péché originel, la condamnation radicale de la nature, le mépris des biens de ce monde n'en représentent qu'un aspect, et cet aspect n'est ni le seul ni toujours prédominant. De fait, il y a un optimisme fondamental impliqué dans la vision d'un monde créé par Dieu et d'un homme fait à l'image de son créateur ; d'ailleurs, dans le premier récit de la *Genèse,* nous lisons, presque chaque soir : « Et Dieu vit que cela était bien » et même devant l'œuvre achevée : « très bien ». D'autre part, si mortel pour l'âme que soit le péché originel, il y a cette seconde création qu'est la Rédemption : le samedi saint, dans l'*Exultet,* l'Eglise ose même chanter : *O felix culpa ! quae talem ac tantum meruit habere Redemptorem !* (31). Si l'on ajoute avec Henri Bremond que la mystique chrétienne voit l'homme appelé à se réaliser dans une union déifiante (32), comment ne pas donner de l'humanisme une définition telle qu'un tel christianisme n'en puisse être exclu ?

Or c'est précisément le cas pour la définition par « la grandeur humaine », par « la noblesse humaine », cela d'un point de vue strictement historique.

Certes, il y a eu et il ne cessera sans doute pas d'y avoir un humanisme qui se présente comme une espèce de néo-paganisme, indifférent ou hostile à la tradition judéo-chrétienne. Il eût été certainement plus simple de lui laisser le monopole du mot ; mais dans ces questions d'étiquette, l'usage est souverain : il faut bien s'accommoder de l'expression « humanisme chrétien » puisqu'elle était déjà courante à l'époque où Augustin Renaudet cherchait une définition du substantif. On ne saurait donc trop l'approuver d'en avoir cherché une qui puisse couvrir aussi un humanisme trouvant ses raisons d'être humaniste dans l'anthropologie immanente au christianisme.

La définition proposée par A. Renaudet dépasse pourtant le but qui la justifiait. Elle fait de l'humanisme un concept dont l'extension exténue la compréhension. On le voit bien dès qu'on l'applique : le nombre des humanistes se multiplie selon une inquiétante logique. Augustin Renaudet cite saint Bernard à côté d'Abélard, Richard de Saint-Victor à côté de saint Thomas et de Duns Scot ; voici Maître Eckhart et Tauler, car « les mystiques spéculatifs du XIVe sont eux aussi des humanistes qu'anime le désir de rendre à l'homme sa noblesse » (33) ; voici saint François d'Assise qui « affirma la dignité du corps » (34) ; et dans le cortège, Bérulle voisine avec Pascal... On est alors obligé de se demander, non pas : qui est humaniste ? mais : qui n'est pas humaniste ? Augustin Renaudet concède Luther, Calvin, Jansénius, mais sans référence particulière...

A parler exactement, on aurait pu ajouter Montaigne, au besoin avec un point d'interrogation ; car où serait dans les *Essais* « la mystique de la grandeur humaine » ? Cette simple possibilité montre le risque d'une définition trop œcuménique.

Mais laissons de côté les cas particuliers sur lesquels nous pourrions indéfiniment discuter (35) : dès que l'historien passe aux applications, il s'aperçoit que la définition le fait sortir de l'histoire ; ceci est clair quand elle lui découvre ce qu'Augustin Renaudet appelle « l'humanisme éternel » (36) : comment un historien pourrait-il détecter ce qui est « éternel » ? L'érudition, bien sûr, cède ici à la rhétorique ; il s'agit d'une pseudo-éternité : sous le nom d'humanisme, il faudrait voir une constante de la pensée humaine, une disposition permanente de l'esprit qui, à chaque époque, se manifesterait en informant, au sens scolastique du terme, les croyances, les mythes, les rêves mêmes liés aux divers états de la civilisation... Rentrons dans l'histoire.

« Humanisme » est un de ces mots que nous comprenons quand nous l'entendons et quand nous l'employons, mais Socrate se ferait un jeu de nous amener à reconnaître que nous ne savons pas ce qu'il veut dire. L'exemple d'Augustin Renaudet nous invite à chercher une définition qui ne prenne pas les choses de trop haut : à l'idée confuse de « grandeur » on proposera de substituer l'idée distincte de « suffisance », permettant de reconnaître l'humanisme à trois caractères précis :

1° Humanisme signifie une certaine suffisance de l'homme, fût-elle relative comme dans les humanismes chrétiens ; tel serait le cas si, même pêcheur, l'homme *peut quelque chose,* par les seules forces qui le font homme, raison et volonté notamment.

2° Ce qui signifie : par les seules forces de sa nature. Ce n'est point par hasard que la notion de nature a toujours été liée à l'humanisme, du moins jusqu'aux existentialismes contemporains où celle d'histoire la remplace. La suffisance que l'humanisme reconnaît est, en effet, celle de la nature. Or, à quoi suffit-elle ? Il s'agit pour la nature de *se réaliser :* sa suffisance signifie donc que, dans certaines limites au moins, la nature est capable de reconnaître et d'atteindre son bien ; autrement dit, elle implique une relative bonté de la nature.

3o Cette nature de l'homme a ceci de particulier qu'elle se réalise dans et par une culture. Ce n'est donc pas non plus par hasard que la notion de culture a toujours été liée à celle d'humanisme : on le voit bien aujourd'hui quand on parle d'« humanisme moderne » ou d'« humanisme technique ».

Concrètement, une culture n'a de sens que dans un contexte historique déterminé. Les humanistes du XVIIe siècle comme ceux des deux siècles précédents reconnaissent aux Grecs et aux Latins le privilège d'avoir bien connu la nature de l'homme : leurs leçons représentent, encore aujourd'hui, ce qui est vraiment fondamental dans la culture permettant à l'homme de réaliser sa nature. De là, même chez les chrétiens qui ne peuvent pas ne pas marquer une rupture entre l'avant et l'après Jésus-Christ, le sentiment d'une certaine continuité entre le monde antique et le monde moderne, continuité assurée par la culture.

Suffisance, nature, culture sont trois termes complémentaires : s'ils entrent dans la définition de l'humanisme, ils doivent se retrouver dans l'humanisme chrétien comme dans l'autre ; là où ils ne se retrouvent pas, il faut bien parler d'anti-humanisme, quitte à reconnaître des manières variées d'être *anti*.

Si nous commençons par l'humanisme libertin, ce n'est pas parce qu'il serait antérieur à l'humanisme chrétien. La vie d'un mot est une chose, la vie de ce qu'il signifie en est une autre.

Quand le sens du mot « humanisme » n'a plus été lié aux « humanistes » d'une certaine époque et a pu devenir une espèce de catégorie de la pensée historique, il semble bien qu'il ait été spontanément employé d'abord pour désigner les « libertins » et les « esprits forts » du XVIIe siècle, puis, plus généralement, les esprits qui se veulent affranchis, intellectuellement et spirituellement, de toute dogmatique. Le mot étant alors pourvu d'une auréole, il a été repris pour montrer que le christianisme pouvait être, lui aussi un humanisme.

En réalité, M. Roger Zuber l'a montré, ce que nous appelons « humanisme libertin » a existé après ce que nous appelons « humanisme chrétien » : « C'est dans une société et pour une science chrétiennes que s'épanouit l'humanisme » et « cet environnement, loin d'être seulement social, est intellectuel et philosophique » (37) ; mais cet humanisme ne savait pas encore son nom... Sans doute, « certaines curiosités humanistes » jouent un rôle « dans la montée de l'incroyance » (38), mais dans un monde où l'accord est normal entre la culture humaniste et la tradition chrétienne.

Humanisme libertin, humanisme chrétien et aussi ce que Henri Bremond appelle « humanisme dévot » désignent successivement trois fragments d'histoires qui se déroulent dans le même temps.

CHAPITRE II

L'HUMANISME LIBERTIN

Reconnaître une certaine suffisance de l'homme dans la recherche de la vérité et du bonheur, affirmer la bonté de sa nature et de la nature, établir par la culture une continuité vivante entre la sagesse, l'art, le droit des Anciens et nous, un tel humanisme conduit assez normalement à une vision du monde et de l'histoire extérieure ou même hostile à celle du christianisme. Et dans la mesure où elle paraît extérieure, comme celle de Montaigne ou de Pierre Charron, elle finit par agir dans le sens de celle qui est hostile.

L'histoire de cet humanisme est bien connue (1) ; pour simplifier, appelons-le « libertin », au sens large que Littré donnait encore à ce mot : « qui ne s'assujettit ni aux croyances ni aux pratiques de la religion », sens qui n'implique pas, quoiqu'il s'en accommode fort bien, le libertinage selon l'acception aujourd'hui banale : « déréglement par rapport à la moralité entre les deux sexes », comme il est dit dans le même Littré (2). Le mot couvre ainsi trois familles d'esprits : les athées, les déistes, les sceptiques (3). Entre elles « toutes les nuances sont possibles » et « les transitions parfois difficiles à marquer » (4) ; l'alliance de l'Eglise et de l'Etat ne favorise évidemment pas la liberté d'expression, le déisme est parfois un athéisme déguisé et la prudence, plus que la tartufferie, explique pourquoi l'incrédulité n'exclut pas nécessairement le respect des formes extérieures de la religion. Plus délicate encore est la question de la distance entre le scepticisme philosophique et l'incroyance religieuse : dans le cas d'un Pierre

Charron ou d'un Gassendi (5), il ne faut pas trop vite méconnaître la sincérité d'une espèce de fidéisme au delà des limites de la raison. Quoiqu'il en soit, athées, déistes ou pyrrhoniens, il y a, tout le long des siècles, des « esprits déniaisés » (6), des « esprits forts », comme on dira à partir de 1630 (7), qui, par leur culture, sont des humanistes et dont l'humanisme est plus ou moins ouvertement hostile au christianisme. On voit volontiers l'origine de cette tradition en Italie, dans cette école de Padoue dont le nom de Pietro Pomponazzi reste le symbole (8). Or, on reconnaît aisément dans les écrits ou les attitudes de ces libertins les trois caractères qui nous semblent définir l'humanisme.

La suffisance de la nature... Rappelons simplement la discussion sur la vertu des païens. Quelle meilleure preuve de cette suffisance que la grandeur morale, on serait tenté de dire : la sainteté, de certains païens ? Si l'homme, sans le secours de la révélation, peut devenir Socrate, comment douter des forces purement humaines dont il dispose en dépit de la chute ? L'affirmation de cette suffisance va s'imposer à l'intérieur d'une question soumise à la conscience chrétienne : comment admettre que les païens vertueux soient damnés ? Comment le Dieu juste punirait-il une ignorance qui tient uniquement à l'histoire et à la géographie ? Dans son *Dialogue sur la Divinité,* vers 1632 ou 1633, La Mothe le Vayer répond en rapportant l'opinion de saint Justin : « tous ceux qui suivent le droit usage de la raison naturelle, fussent-ils même réputés athées, ne laissent pas d'être véritablement chrétiens, puisque Jésus-Christ n'est autre chose que ce verbe divin, ce *logos* et cette raison naturelle, de laquelle tous les hommes sont participants, *quae illuminat omnem hominem venientem in hunc mundum ;* de sorte qu'avant la venue du Messie, ces hommes auraient été chrétiens, et ceux qui vivaient sans raison, *achristoi,* ou anti-chrétiens. D'où il conclut que Socrate, Héraclite, et assez d'autres tenus pour barbares et sans culte divin, étaient néanmoins véritablement chrétiens, puisqu'ils observaient les lois de cette droite raison... » (9). Il y aura, certes, des théologiens qui s'arrangent pour sauver Socrate, mais sans réduire aussi ouvertement le christianisme à une religion naturelle.

En tant qu'elle est suffisante, la nature est bonne à quelque chose, donc bonne tout court. Bien significatif est le chapitre *Des cannibales* dans les *Essais.* Il s'agit là non de « nature et péché » mais de « nature et art » ; Montaigne se plaît à retrouver « notre grande et puissante mère nature » « partout où sa pureté reluit », c'est-à-dire où la civilisation ne l'a pas « étouffée ». Cette exaltation de l'idée de nature postule un jugement sur la relativité des civilisations, à commencer par la nôtre. « Chacun appelle barbarie ce qui n'est pas de son usage », chacun tient pour absolues les « opinions et usances » de son pays ; ainsi, chez nous est « la parfaite religion », c'est le premier exemple que Montaigne donne de ces « opinions et usances ». Le thème du bon sauvage apparaît alors dans une image qui opère, si l'on peut dire, un transfert d'absolu : ces gens que nous nommons « sauvages » le sont au sens « où nous appelons sauvages les fruits que nature, de soi et de son progrès ordinaire, a produits » ; c'est pourquoi, si l'on s'obstinait à prendre le mot avec son sens usuel qui inclut un état d'infériorité, ce sont les sociétés civilisées qu'il faudrait dire « sauvages » : l'art « altère », il « détourne de l'ordre commun », « abâtardit », subordonne « au plaisir de notre goût corrompu » « les plus utiles et naturelles vertus et propriétés » (10).

La nature comme modèle introduit dans l'histoire un absolu par rapport auquel se définit le relatif. Le primitif est le meilleur. Relativisme et primitivisme sont complémentaires. Les nations dites barbares ont l'avantage d'« avoir reçu fort peu de façon de l'esprit humain, et être encore fort voisines de leur naïveté originelle ; les lois naturelles leur commandent encore, fort peu abâtardies par les nôtres... » (11). Entre la « naïveté originelle » et le déroulement de l'histoire aucune trace de ce que le christianisme appelle la chute. Les récits des voyageurs qui ont exploré le nouveau monde permettent une idéalisation des « sauvages » par comparaison avec les civilsés : leur anthropophagie, leur cruauté, leurs mœurs, tout cela ne découvre pas les traces d'un péché qui, même dans les sociétés les moins corrompues, nous empêcherait de reconnaître la pure nature ; Montaigne pense à nos guerres, à nos atrocités, ce qui atténue singulièrement « l'horreur barbaresque » (12) d'actions relevant, comme nous dirions aujourd'hui, d'une explication sociologique ; et si on parle de la polygamie des sauvages, il rappelle en souriant ces femmes de la Bible qui fournissent volontiers « leurs belles servantes à leurs maris » (13).

« Ces grands peuples sans Lois et sans Religion, vivants au gré de la Nature, ne se rencontrent point de vices parmi eux (si ce n'est en des monstres) ; une vertu innée en leurs cœurs, plus universelle que la nôtre, sans fard et sans Art, et qui s'explique ainsi qu'une faculté de leur Ame, les conduit à un usage modéré des choses nécessaires et plaisantes au corps et à l'âme, selon la simplicité de nature : ainsi guidés, ils passent bien et heureusement le cours de la vie. » Aussi, explique encore le médecin Guy De La Brosse, « quand la vertu parut », ce fut pour recommander de suivre la nature ; mais ce conseil peut avoir plusieurs sens et, sous la plume de ce libertin, ce sens est un refus de l'ascétisme chrétien. La religion, en effet, a fait de la vertu « son esclave et l'a mise à l'étroit, elle lui a rendu la nature suspecte, de sorte que d'amies qu'elles étaient elles ne font plus que se picotter » ; à « un usage modéré des appétits de l'homme, selon la simple et parfaite nature » s'oppose maintenant la volonté de renoncer à soi-même : « nous combattons continuellement contre la nature. » (14).

Bien entendu, « suivre la nature » est un conseil dont le contenu varie avec les philosophies qui l'explicitent. Guy De La Brosse, paraît-il, se nommait volontiers « pourceau d'Epicure » (15). Mais le médecin Guy Patin lui oppose le véritable Epicure (16) ; Montaigne, d'ailleurs, avait déjà mis les choses au point : « à la vérité, en fermeté et rigueur d'opinions et préceptes, la secte Epicurienne ne cède aucunement à la Stoïque. » (17). Car « la Stoïque » commande aussi de « suivre la nature », une nature qui est essentiellement raison, si essentiellement Raison qu'au-delà de ses formes éphémères et changeantes elle ne se distingue pas de la divinité.

La bonté de la nature n'implique pas nécessairement le panthéisme ; elle ouvre pourtant une voie qui conduit à un carrefour où le *Deus sive natura* marque une des directions possibles. Il est toujours difficile de détecter un pur panthéisme ; à plus forte raison à une époque où l'idée platonicienne d'âme du monde permet à la transcendance de survivre dans le langage philosophique même lorsque la pensée tend, comme celle de Giordano Bruno, à la divinisation de l'univers (18). A dire vrai, le mot « panthéisme » n'existe pas ; il sera inventé par John Toland au début du XVIIIe siècle (19) ; le concept qui lui correspond n'a donc pas encore été constitué, isolé, cerné par la pensée. Ni le P. François Garasse, ni le P. Marin Mersenne ne distinguent une catégorie d'impies qu'ils appelleraient panthéisme ; la polémique les confond avec les athées. Dans son *Dictionnaire,* Bayle ne disposera que de cette étiquette pour nommer Spinoza et lui chercher dans l'histoire des prédécesseurs ayant cru, comme lui, « que Dieu et le Monde ne font qu'un seul être » (20). En fait, platonisme et stoïcisme plus ou moins confusément superposés entretiennent ici et là un panthéisme diffus, état d'âme plutôt que système, thème poétique autant que notion métaphysique ; le titre d'un livre de Vanini en donne le ton : *De admirandis Naturae Reginae Deaeque mortalium Arcadis* (21). Nature, Reine et Déesse des mortels...

Jusqu'au milieu du XVIIe siècle, le libertinage est d'essence humaniste ; il est, comme dit M. René Pintard dans le titre même de son ouvrage, « érudit ». Il prolonge l'œuvre d'écrivains dont l'érudition devait faire revivre les doctrines et les sagesses de l'Antiquité telles qu'elles étaient enseignées avant le christianisme : Pomponazzi retrouve Aristote, Giordano Bruno se met à l'école de Platon et de Plotin ; Telesio fait revivre l'animisme stoïcien. AInsi, toute interprétation christianisante étant écartée, Grecs et Latins nous révèlent notre nature et nous apprennent comment vivre selon la nature. Ce mot, bien sûr, il ne faut pas le prendre au sens actuel qui vient d'une science positive que son positivisme a vidée de causes finales et efficientes ; il s'agit le plus souvent d'une nature pleine de dieux ou du moins imprégnée de forces occultes, sympathies, antipathies, de cosmologies ouvertes à l'alchimie et à l'astrologie. La physique de Descartes et des *physici-mathematici* se débarrassera de ces systèmes du monde comme de la philosophie de l'Ecole (22) ; mais peu importe ici : retenons seulement qu'un certain humanisme a cru pouvoir rajeunir d'antiques visions d'un univers sans surnaturel où la magie elle-même se dit naturelle (23).

Pour montrer que la nature se suffit, nous l'avons déjà vu, on disserte sur la vertu des païens qui furent si grands sans connaître l'Evangile et Socrate devient une sorte de symbole de ce que l'homme peut être par les seules forces de son humanité. Pour mettre en doute la création, on rappellera que l'Aristote de l'histoire croyait à l'éternité du monde, l'Aristote véritable et non l'Aristote « baptisé » par saint Thomas, comme dit Oratius Tubero dans son dialogue sur la divinité (24) ; rappelant au passage que Platon lui-même supposait « une matière éternelle à Dieu » (25). Cette matière éternelle, nul besoin d'un démiurge pour l'organiser dans le *De natura rerum* selon Savinien de Cyrano, sieur de Bergerac : les atomes de Démocrite et de Lucrèce, à coup de hasards, arrivent à former un arrangement, un *cosmos* (26), ce qui permet à un personnage de sa tragédie, *La Mort d'Agrippine,* de parler de

Ces Dieux que l'homme a faits et qui n'ont point fait l'homme. (27).

L'humanisme a donc favorisé une certaine forme de libertinage. Que le libertin se réclame d'Aristote ou d'Epicure, de Sénèque ou de Pyrrhon, il s'agit toujours d'une sagesse fondée sur l'idée de nature et que l'homme peut acquérir sans secours surnaturel. Sans doute, vers le milieu du siècle, on verra apparaître un libertinage qui cherche ses raisons non dans l'érudition mais dans la science moderne (28). Toutefois, la seconde n'exclut pas nécessairement la première. Oui, en déclarant périmés les modèles de l'Antiquité gréco-latine, le cartésianisme les condamne à rester où ils sont : sa naissance est incompatible avec leur renaissance (29). Mais il n'est pas sûr que, dans la seconde moitié du siècle, la philosophie des *Principes* ait tellement contribué à la formation d'un libertinage trouvant son idée de la nature dans la physique. Beaucoup plus importante semble avoir été l'influence de Gassendi (30). Or, avec Gassendi, c'est une autre perspective sur l'histoire de l'esprit : la science moderne, certes, a discrédité les vieilles cosmologies ; mais celles-ci ont pu être les expressions naïves et produites par l'imagination d'intuitions dont la science moderne, précisément, reconnaît la rationalité. Tel est le cas de l'atomisme de Démocrite et d'Epicure : on peut être physicien-mathématicien, écrire un livre violent contre les aristotéliciens, critiquer la métaphysique de Descartes et publier un *Syntagma Philosophiae Epicuri* (31).

Qu'au temps de Pascal, il y ait en France un humanisme libertin et que le christianisme doive s'en inquiéter, c'est ce que prouve l'histoire de l'apologétique depuis le début du siècle ; à dire vrai, c'est même cette histoire de l'apologétique qui nous en prouve l'importance. Il faut bien penser qu'ils existent, ces libertins, puisqu'on en parle tant ; mais, quand on demande des noms, les pourfendeurs de l'athéisme recopient la liste que Cicéron donne dans le *De Natura deorum* et à laquelle ils ajoutent Euripide, Pline, Lucrèce, Lucien ; mais pour les modernes, les bûchers de Jordano Bruno et de Vanini n'éclairent que deux visages. Henri Busson et Robert Lenoble qui ont dépouillé la littérature du sujet ne trouvent que peu de noms (32) ; et encore doivent-ils se méfier d'étiquettes venues sous la plume pour les besoins de la polémique : le bon P. Mersenne traite Pierre Charron ici d'athée, là de déiste (33). En fait, on comprend que les athées ne se vantent pas de leur athéisme et nous ignorons encore l'auteur de l'ouvrage *Les Quatrains du Déiste ou l'Antibigot* (34). Peut-être surtout faut-il penser que tous les libertins de ce temps ne sont pas des écrivains ; de Mersenne à Pascal, les apologistes chrétiens combattent dans une société où la culture humaniste a favorisé une indifférence religieuse que n'accompagne pas nécessairement un athéisme militant, un déisme provocant, un scepticisme affichant l'incrédulité ; ils se trouvent devant des gens du monde qui lisent Lucrèce, Ovide, Horace, plutôt que les Evangiles, Sénèque plutôt que saint Paul, Cicéron plutôt que saint Augustin.

Quelles que soient ses formes, les défenseurs de la foi prennent au sérieux les menaces de la pensée libertine comme le prouvent leur souci d'en bien connaître les arguments et le poids dans leurs réponses... En 1623, le P. François Garasse, jésuite, publie : *La Doctrine curieuse des beaux esprits de ce temps ou prétendus tels contenant plusieurs maximes pernicieuses à la religion, à l'Etat et aux bonnes mœurs,* in 4° de 1.025 pages (35). En 1625, c'est *La Somme théologique des vérités capitales de la Religion chrétienne,* in folio de LXXII-983 pages contre l'athéisme (36). Le P. Garasse est un pamphlétaire de profession : le P. Marin Mersenne est un des hommes les mieux informés sur la science de son temps ; or, en 1624, il publie : *L'impiété des Déistes, Athées et Libertins de ce temps, combattue et renversée de point en point par raisons tirées de la Philosophie et de la Théologie...* deux in-8° de 834 et 506 pages sans compter les pièces liminaires (37). L'année suivante, il publie *La Vérité des Sciences contre les Septiques* [sic] *ou Pyrrhoniens,* in 8° de 1.008 pages sans compter la Préface et les tables (38).

Dans l'abondante littérature polémique qui nous montre combien les défenseurs de la foi prenaient au sérieux le danger du libertinage, retenons ici le projet de Pascal. Un des derniers témoins de sa vie, le P. Beurrier, curé de sa paroisse, déclare lui avoir entendu dire que depuis, « deux ans », il avait « fui toutes les compagnies » ne voulant plus « songer qu'à son salut et à combattre fortement les impies et les athées qui étaient en grand nombre dans Paris » (39). Parlant de la même période, sa sœur Gilberte rapporte « qu'il se sentit tellement animé contre les athées » qu'il « s'appliquait à un ouvrage destiné à les convaincre et les confondre sans ressource » (40). Même information dans le mémoire de sa nièce Marguerite sur lui et leur famille : « Il s'engagea durant sa retraite par un ordre de la Providence à travailler contre les athées. » (41). Bien sûr, dans la préface qui, en 1670, présente les *Pensées de M. Pascal sur la Religion,* Etienne Périer va exposer le dessein de son oncle, pris toutefois avec toute son extension : « il ne se bornait pas seulement à réfuter les raisonnements des athées et de ceux qui combattent quelques unes des vérités de la foi chrétienne » ; il voulait aussi « déclarer la guerre » à ceux qui en « attaquent la sainteté » ; Etienne Périer insiste : « c'est-à-dire non seulement aux athées, aux infidèles et aux hérétiques... mais même aux chrétiens et aux catholiques qui étant dans le corps de la véritable Eglise ne vivent pas néanmoins selon la pureté des maximes de l'Evangile... » (42). Traduisons : l'apologie de la vraie religion à laquelle Pascal travaillait visait et les erreurs de l'humanisme libertin et les compromissions de l'humanisme chrétien.

CHAPITRE III

L'HUMANISME CHRÉTIEN

Il y a donc un humanisme libertin. Il y a aussi un humanisme chrétien. Mais, ici, il faut s'entendre : dans le cas de l'humanisme libertin, on voit clairement le lien qui unit l'adjectif au substantif, l'embarras commence quand il faut citer des noms ; dans le cas de l'humanisme chrétien, les noms ne manquent pas, la question porte sur le lien qui donne un sens à l'expression. Il ne marque pas une simple juxtaposition ; autrement dit, il y a des humanistes qui sont aussi des chrétiens : il n'en résulte pas que leur humanisme soit chrétien.

L'une des difficultés que rencontre l'historien du libertinage tient précisément à la coexistence d'un « esprit déniaisé » avec un christianisme plus ou moins suspect. Que signifie la fin édifiante de Théophile de Viau (1), de Des Barreaux (2), de Naudé (3), de Cyrano de Bergerac (4) ? Mais laissons de côté ces cas où il y aurait une coupure radicale entre la pensée ou même la vie, d'un côté, et, de l'autre, le christianisme des derniers jours. Il y a un scepticisme comme celui du médecin Guy Patin qui s'accommode d'un fidéisme où la foi semble être surtout fidélité : Henri Busson y voit même une espèce d'évangélisme, la phobie des « moines », Jésuites en tête, étant une façon sarcastique de souhaiter un retour à une Eglise du bon vieux temps (5). Beaucoup plus complexe encore est la pensée d'un Pierre Charron et d'un Pierre Gassendi, deux chanoines, deux prêtres, deux théologiens, que leur influence a classés parmi les maîtres du libertinage. Ils ne se contentent pas, en effet, de faire coexister deux vérités, celle de la raison éduquée par les Anciens et celle de la foi transmise par la tradition de l'Eglise.

Gassendi « baptise les atomes d'Epicure » (6), il introduit la création et la providence dans cette « nature des choses » livrée, selon Lucrèce, à un mouvement éternel et au hasard, il souligne la pureté quasi-chrétienne de la morale épicurienne. On peut estimer que la philosophie de Gassendi conduit logiquement à un matérialisme ; l'évolution même de sa pensée dans le sens de l'orthodoxie en éclaire la contradiction, mais personne ne met plus sérieusement en doute la sincérité religieuse de ses intentions (7).

Avec Pierre Charron, on doit vraiment parler de « sceptique chrétienne », car le non-savoir est comme l'envers de la foi, il est docte ignorance, comme dit Nicolas de Cues ; le livre *De la Sagesse* (8), où l'on a pu voir « le bréviaire des incrédules » (9), est complémentaire de *Les Trois Vérités, contre tous Athées, Idolâtres, Juifs, Mahumetans, Hérétiques et Schismatiques, le tout traité en trois livres,* ouvrage d'apologétique catholique conçu dans l'esprit du Concile de Trente (10). Les « trois vérités », en effet, sont celles de la religion contre les athées, celle de la religion chrétienne contre les Gentils, les Juifs et les Mahométans, celle de la religion catholique contre les schismatiques et les hérétiques. Ce n'est évidemment pas par hasard si le titre de l'ouvrage rappelle celui que l'apologiste protestant Philippe Du Plessis-Mornay a donné à un de ses livres : *De la vérité de la religion chrétienne contre les athées, épicuriens, payens, juifs, mahumétistes et autres infidèles* (11). De fait, « la troisième Vérité » de Charron vise explicitement le *Traité de l'Eglise* (12) de celui qu'on appelle « le pape des huguenots », lequel, Charron pouvait s'y attendre, va répondre. *Réponse pour le Traité de l'Eglise écrit par Philippe de Mornay, sieur du Plessis, aux objections proposées en un livre nouvellement mis en lumière, intitulé : Les Trois Vérités* (13). Il faut bien répondre à la réponse dans l'édition suivante des *Trois Vérités*... Comment ne pas alors poser la question : pourquoi Charron a-t-il déclanché une telle polémique ? Il vient de dépasser la cinquantaine ; il est chanoine de Bordeaux où il enseigne les humanités et la théologie aux futurs clercs ; sa réputation de prédicateur est bien établie : quel intérêt le porterait-il à se faire le champion d'une apologétique militante et provocante ? ne serait-ce pas simplement celui de ce qu'il croit être la vérité dans « les trois vérités » (14) ?

Quelle que soit sa façon d'interpréter ces « trois vérités », si complexe que soit la position théologique de celui qui va, quelques années plus tard, écrire le livre *De la Sagesse,* avec un Pierre Charron, nous approchons de ce que l'on peut appeler « humanisme chrétien ». En Gassendi nous avions rencontré un humaniste qui est aussi chrétien. Certes, on le dirait volontiers de l'auteur de la *Sagesse.* Mais de celui du livre des *Trois Vérités ?*

Il y a là un style de pensée tel que nous serions déjà tenté de voir dans l'expression « humanisme chrétien » un trait d'union entre le substantif et l'adjectif.

Il y a indiscutablement « humanisme chrétien » lorsque le christianisme découvre un humanisme dans l'anthropologie complémentaire de sa théologie, c'est-à-dire avec un homme qui peut quelque chose par les seules forces de sa nature, un homme dont, par conséquent, la nature reste relativement bonne malgré la chute d'Adam, un homme qui, de ce fait, doit reconnaître une certaine continuité dans l'histoire et recueillir les leçons de tous ceux qui ont bien usé de la raison même sans la révélation.

Cet humanisme chrétien, nous le trouvons dans l'œuvre de saint Thomas sous sa forme la plus pure, car, là, sa justification est proprement philosophique, non dictée ou téléguidée par la recherche d'une argumentation apologétique qui mêle toujours au souci de la vérité celui de l'efficacité (15). C'est cet humanisme de la synthèse albertino-thomiste que le futur fondateur de la religion de l'Humanité avait reconnu lorsque, dans le dernier tome du *Cours de philosophie positive,* il y voyait un « grand mouvement révolutionnaire », une « grande révolution intellectuelle » (16) marquant le commencement de la philosophie moderne (17) avec, selon le mot d'Etienne Gilson, « le premier système de vérités purement rationnelles qu'ait engendré la philosophie occidentale » (18).

La *Physique,* la *Métaphysique,* l'*Ethique,* la *Politique* d'Aristote ont montré aux deux maîtres dominicains ce que peut l'esprit humain bien conduit sans le secours de la révélation. Il y a une nature et celle-ci n'est plus seulement un système de signes qui, comme l'Ecriture mais à sa façon, parlent de Dieu : les choses existent en elles-mêmes et doivent être étudiées pour elles-mêmes (19). Mais celui qui, dans la *Somme théologique,* est appelé « le Philosophe » n'est pas seulement un maître de physique ; son œuvre est exemplaire : il faut reconnaître que la raison, seule, sans la foi, est capable de démontrer l'existence de Dieu (20) ; la volonté éclairée par la raison est capable, sans la grâce, d'atteindre son bien, ce qui est proprement la définition de la vertu (21) ; parmi ces vertus, il y a la justice et il est permis d'envisager une cité gouvernée selon les lois d'une politique raisonnable (22). Il y a donc une théologie naturelle (23), une morale naturelle, un droit naturel. Sans doute, le Premier Moteur n'est pas le Créateur de la Bible ni le Père dont Jésus-Christ est la parole : on ne se trompe pourtant pas en le nommant Dieu (24). Sans doute, les vertus ne sont pas parfaites sans la charité : cela ne les empêche pas d'être de vraies vertus (25). Sans doute, la cité terrestre ne saurait être conçue sans sa relation à la cité de Dieu et, concrètement, sans une certaine subordination du pouvoir temporel au pouvoir spirituel : il reste qu'une législation adaptant le citoyen au bien commun de la cité n'est pas exclue de la société chrétienne parce que le législateur était païen.

Que l'amour de la nature ait été aussi vif au Moyen Age qu'au temps de la Renaissance ou au XVIIIe siècle, il suffit pour le constater de regarder les portails de ses cathédrales, de lire le *Roman de la rose,* d'écouter le petit pauvre d'Assise pour qui le soleil, les arbres et les oiseaux chantaient (26). Or ce sentiment spontané et parfois exubérant ne choque pas tous les théologiens. En reconnaissant la permanence d'un ordre naturel, saint Thomas n'oublie certes pas la chute originelle mais dans une perspective où le mal ne peut complètement détruire le bien, ce qui est le cas quand le bien est « l'aptitude du sujet à son acte » (27) ; par exemple, le fait que l'homme est un être raisonnable l'incline naturellement à agir selon la raison, ce qui est agir selon la vertu ; le péché peut, certes, diminuer cette inclination à la vertu mais non la supprimer puisqu'il ne peut enlever à l'homme sa qualité d'être raisonnable (28). « Tout être, en tant qu'être, est bon » (29), voilà le principe qui justifie un certain optimisme.

Suffisance et bonté de la nature impliquent ici le troisième caractère que nous avons proposé d'inscrire dans la définition de l'humanisme : c'est, en effet, la découverte du *corpus aristotelicum* qui rend Albert le Grand et Thomas d'Aquin conscients de la nécessité, selon l'expression du P. Chenu, « de constituer dans un univers chrétien un ordre autonome de la nature » (30). Reconnaître un tel ordre, c'était, du même coup, admettre le devoir de se mettre à l'école de tous ceux qui l'ont bien connu. Les Anciens ont encore quelque chose à nous apprendre en physique, en morale, en politique, voire en métaphysique. La révolution historique liée à l'idée judéo-chrétienne de révélation n'est donc pas incompatible avec la continuité historique que suppose l'acceptation d'un héritage culturel.

L'humanisme chrétien d'inspiration thomiste est fondé sur la distinction de deux ordres, mais cette distinction ne saurait être conçue comme une séparation sans méconnaître l'unité concrète de l'homme pris dans sa vie de chaque instant. Très précisément : que devient l'autonomie de l'ordre naturel vu dans sa subordination à l'ordre surnaturel ? De là, de multiples difficultés qui mettent en question l'humanisme : physique et Ecriture, raison et foi, vertu et salut, liberté et grâce. On ne saurait, ici, même esquisser l'histoire des querelles directement provoquées par le dernier problème, qui, d'ailleurs, implique tous les autres. Retenons simplement que, au temps dit de la Renaissance et en accord avec cet esprit, le jésuite Molina donne son nom à un puissant courant de la pensée chrétienne qui, oriente la théologie dans un sens que nous pouvons appeler humaniste (31).

Il ne faut pas croire que, au XVIe et au XVIIe siècle, les querelles sur la grâce et son efficacité ont été simples disputes de docteurs, exercices d'écoles, joutes scolastiques ; les constructions doctrinales ont une substructure psychologique ; là est le sens ou du moins un des sens de l'opposition entre l'augustinisme et le molinisme : il ne s'agit pas de la même expérience de l'acte libre.

Le sentiment d'agir librement se manifeste dans une certaine impression d'aisance ; on dirait que l'action se fait toute seule ; sans trace d'effort dans une pensée détendue. Telle est, semble-t-il, l'expérience sous-jacente à l'augustinisme où la liberté se définit par l'absence de contrainte. Dans cette perspective, si la grâce incline l'âme de l'intérieur, si en quelque sorte elle se glisse dans la volonté, on ne pourra en aucune façon l'extérioriser pour en faire une force s'exerçant comme une contrainte : on ne dira donc pas que l'âme a perdu sa liberté. Bien plus : animant la volonté de l'intérieur, la grâce la rend capable de vaincre les passions, de couper les liens qui l'attachent aux choses périssables, de s'affranchir de l'esclavage des sens, des habitudes, de l'imagination. Ainsi, non seulement la grâce ne supprime pas la liberté mais c'est elle qui nous rend libres, car elle est ce secours qui nous rend capables de nous libérer.

Or dans l'expérience de l'acte libre il y a aussi un autre sentiment : celui de pouvoir agir autrement ; ma décision ne me paraît pas déterminée précisément parce que j'ai l'impression que j'aurais pu ne pas la prendre ou que j'aurais pu en prendre une autre. C'est cette possibilité ou plutôt le sentiment de cette possibilité que le molinisme inclut dans sa définition de la liberté sous le nom d'indifférence, marquant par là, bien sûr, une indifférence relative que fera disparaître une préférence. Telle est alors la liberté dont le théologien doit tenir compte quand il parle de la grâce : il faut que la grâce soit efficace en laissant notre acte lié au sentiment que nous aurions pu agir autrement ; sinon on devrait dire que la grâce détruit la liberté.

Ces deux expériences de la liberté dans l'homme commandent évidemment deux doctrines de la grâce vue en Dieu. Dans le premier cas, quand il donne la grâce qui produit son effet sans détruire une liberté définie par absence de contrainte, une grâce qui libère la volonté en la rectifiant de l'intérieur, Dieu opère le choix des élus dans un mystère impénétrable. Dans le second cas, pareille prédestination supprimerait une liberté définie par la possibilité d'agir autrement ; de là, la théorie de ce que les théologiens appellent « science moyenne » : le don de la grâce reste gratuit et ne doit rien à nos mérites ; toutefois, prévoyant l'usage que chacun ferait librement de cette grâce, Dieu l'accorde à ceux qui en useront bien.

Inutile d'ajouter que ces esquisses simplifient des doctrines complexes à multiples variantes. Ecrits à diverses époques, dans des circonstances différentes, pour réfuter des erreurs de tendances variées, les textes de saint Augustin sont, en fait, sources de plusieurs augustinismes et personne, surtout pas Molina, n'aura le sentiment de trahir le « vrai ». Mais, ici,

« augustinisme » et « molinisme » sont des étiquettes qui marquent des directions, dessinant un système de coordonnées théologiques par rapport auxquelles on essaie de situer les manifestations de l'esprit humaniste (32).

Dans la première perspective, la grâce, certes, achève la nature ; mais qu'est-ce que la nature ? Dieu, en créant l'homme, lui a bien donné une nature, toutefois avec une fin qui dépasse cette nature : vision béatifiante, union déifiante ; c'est pourquoi Dieu ajoute aux forces de la nature un secours surnaturel qui permet à l'homme de réaliser sa destinée, ceci avant et indépendamment de toute chute. On comprend alors la situation nouvelle qui est celle de l'homme après la chute : son péché l'a privé du secours surnaturel qui, si l'on ose dire, permettait à sa volonté d'aller jusqu'au bout d'elle-même ; ainsi la nature subsiste mais avec une inclination qui ne pourrait être satisfaite que par la possession d'un bien situé au-dessus de ses moyens. On voit alors le sens de la Rédemption : elle substitue la grâce de Jésus-Christ à ce don du Créateur qu'Adam a perdu.

C'est un principe aristotélicien que tous les êtres de la nature doivent avoir une fin qui leur soit proportionnée (33) : un être porté par sa nature vers une fin que cette même nature n'aurait pas les moyens d'atteindre, c'est là un paradoxe qu'un esprit formé à l'école d'Aristote peut difficilement penser. C'est pourquoi la relative suffisance que saint Thomas, assimilant l'aristotélisme, accorde à la nature, cette relative suffisance se clarifie et se solidifie dans « l'idée d'un ordre complet de pure nature » (34). Pareille idée vient, presque d'elle-même, s'insérer dans la théologie moliniste de la grâce (35). Dans cette perspective, Dieu crée l'homme en lui donnant une nature conforme au modèle hellénique : celle-ci a une fin qui est à sa portée ; cette fin est un bien qu'elle est capable d'atteindre ; le sage de l'*Ethique à Nicomaque* nous montre qu'elle est très élevée, si élevée qu'il est même permis de reprendre le mot « béatitude » pour parler de « béatitude naturelle ». Ceci posé, il est vrai que Dieu a créé Adam en vue d'une autre béatitude et qu'il a fait don au premier homme d'un secours surnaturel lui permettant d'y parvenir. En le privant de ce secours surnaturel qui l'élève à la béatitude surnaturelle, la chute laisse intacte une nature qui constitue un système complet avec une fin propre et des moyens proportionnés à cette fin.

Si nous regardons ces deux schèmes en pensant à la définition qui a été proposée de l'humanisme, le premier en paraît, immédiatement, être beaucoup plus loin que le second. C'est une question de savoir ce qui reste au pouvoir de l'homme dans la perspective augustinienne et les textes de saint Augustin sur la science, l'art, la vertu permettent au moins de ne pas écarter sans discussion l'épithète « humaniste » (36). Aucune hésitation devant le molinisme qui est historiquement la plus franche expression théologique de l'esprit humaniste. Invoquant « l'esprit du véritable Augustin », le R. P. Henri de Lubac ne pouvait s'en tenir à la conception moliniste de la nature, mais il y voit une réaction appelée par des erreurs de sens opposé et, très spontanément, le mot « humanisme » vient sous sa plume : « Ce qu'on voulait surtout montrer, c'était que l'homme, même déchu, garde encore au moins un peu de vraie liberté ; que les enfants qui meurent sans baptême ne sont pas voués au supplice de l'enfer ; que les actes des bons païens ne sont pas des péchés, etc. » ; par là, « contre les idées de Baïus sur la corruption originelle, qui rappelaient la théologie de Luther invectivant la nature comme un foyer de pestilence et la raison comme la prostituée du diable », pareil système « a contribué à maintenir les droits d'un sain humanisme. » (37).

Théologie et apologétique sont inséparables. Pas de théologie sans conscience d'une mission apologétique ; pas d'apologétique sans armature théologique. Il est donc difficile de savoir si le molinisme est plus ou moins consciemment téléguidé par le souci de répondre aux exigences d'un siècle humaniste ou si l'esprit humaniste a éprouvé le besoin de réformer la théologie. Il y a sans doute ici un cercle qui doit son mouvement au contexte historique.

Depuis Pomponazzi jusqu'à La Mothe Le Vayer et au delà, il y a un humanisme qui, sous des formes diverses, combat le christianisme ou lui reste étranger. Que des théologiens et des apologistes chrétiens jugent opportun de le combattre sur son propre terrain, leur foi même les y invite : au moment où Pascal entre en scène, l'apologétique sous-tendue par la nouvelle théologie a derrière elle une longue période d'humanisme flamboyant (38).

CHAPITRE IV

L'HUMANISME DÉVOT

S'il y a des chrétiens qui voient surtout de la suffisance dans la prétention de l'homme à se suffire au moins jusqu'à un certain point, des chrétiens qui ne peuvent croire à la bonté d'une nature déchue et, de ce fait, corrompue, des chrétiens qui n'ont pas besoin de chercher des maîtres en dehors du monde éclairé par la foi, il faut bien dire que ces chrétiens ne sont pas humanistes et si ce non-humanisme est agressif comment ne pas l'appeler anti-humanisme ?

Encore une fois, ces mots en *isme* ne sont ici porteurs ni de blâme ni d'éloge : ce sont de simples étiquettes ; aucune indication ne signifie : danger ; il s'agit de distinguer pour ne pas unir sous le même mot ce qui est différent. Aussi l'histoire doit-elle se débarrasser d'un schéma qui favorise la confusion, schéma lié à la notion d'« humanisme dévot », inventée par Henri Bremond dans le tome I de son *Histoire littéraire du sentiment religieux en France depuis la fin des guerres de religion jusqu'à nos jours,* dont le titre est précisément : *L'humanisme dévot.* Que voulait Henri Bremond (1) ?

Son point de départ est une définition de l'humanisme qui commence avec un air de flûte et qui s'achève aux grandes orgues. Elle exprime d'abord un sentiment modeste de la valeur humaine : « L'humanisme ne croit pas l'homme méprisable. Il prend toujours et cordialement le parti de notre nature. Même s'il la voit misérable et impuissante, il l'excuse, il la défend, il la relève. Confiance inébranlable dans la bonté foncière de l'homme, toute sa philosophie tient dans ces deux mots... ». Mais pareil sentiment peut s'enfler, se dilater : l'humaniste ne voit plus la misère, il « ne connaît que notre grandeur » et « il magnifie la nature humaine avec un enthousiasme éperdu ». Entre ce que Bremond appelle « humanisme modéré » et « humanisme flamboyant », il n'y a toutefois que différence de degrés : ici et là, il y a « une haute idée de l'homme » et, en définitive, « l'humanisme est essentiellement une tendance à la glorification de la nature humaine » (2).

Mais qu'est-ce que l'homme ? Les réponses relèvent de la théologie ou de la philosophie. Or, en gros, elles font immédiatement apparaître une divergence – que Bremond reconnaît en distinguant un « humanisme chrétien » et un « humaniste naturaliste » (3), ce que nous avions appelé « humanisme libertin ». Ce n'est plus ici une différence de degrés mais d'espèce. L'humanisme est un genre qui a donc deux espèces. L'historien du sentiment religieux en France déclare qu'il s'occupera uniquement de la première ; en fait, il oubliera presque complètement la seconde.

Voici donc Henri Bremond historien de l'humanisme chrétien. Or, c'est ici qu'il propose une nouvelle distinction entre l'humanisme chrétien proprement dit et ce qu'il appelle « humanisme dévot ». Est-ce là une différence de degrés, correspondant, à l'intérieur de l'humanisme chrétien, à la différence entre « humanisme modéré » et « humanisme flamboyant » (4) ? Henri Bremond, semble-t-il, ne se pose pas la question : il a devant lui une abondante collection d'écrits spirituels : alors, il juxtapose puis superpose deux analyses qu'il a l'air de présenter comme deux étapes d'un même itinéraire et qui, en fait, correspondent à deux points de vue relativement indépendants l'un de l'autre.

La première analyse explicite la théologie et l'anthropologie sous-jacentes à la définition de l'humanisme comme « tendance à la glorification de la nature humaine ». On y trouve le thème général de tout humanisme chrétien, à commencer par celui de saint Thomas : il y a un homme naturel, avec des dons simplement humains, que la chute a blessé mais non pas corrompu ni rendu incapable de tout bien ; le thème est développé dans le sens où il rencontre l'idée d'un « état de pure nature » qui demeure après le péché avec ses insuffisances mais avec sa bonté ; on nous laisse entrevoir, téléguidant ce développement, des souvenirs molinistes sur la distribution de la grâce et la liberté de l'âme qui la reçoit ; enfin pareille doctrine est accordée à une sensibilité plus émue par la promesse du Rédempteur que par la misère d'Adam et, dans les difficiles problèmes du salut, celui des païens ou des enfants morts sans baptême, par exemple, toujours prête à pencher vers les solutions les plus humaines (5). C'est bien là l'humanisme chrétien tel que nous le connaissons.

Or cette « tendance à la glorification de la nature humaine » qui définit l'humanisme, le christianisme lui donne une satisfaction à nulle autre pareille : comment mieux glorifier la nature humaine qu'en lui assignant pour fin cette espèce de déification qu'est l'union à Dieu ? C'est en méditant sur cette fin à la lumière de ses recherches sur l'expérience mystique qu'Henri Bremond isole et construit la notion d'« humanisme dévot ».

Que lui apprennent donc ses recherches ? Qu'il y a une métaphysique immanente à l'expérience mystique, une métaphysique de la vie dévote. Et en voici les principaux articles :

1° « Nous entendons par mysticisme, écrit Henri Bremond, cette disposition naturelle qui porte certaines âmes à saisir directement, amoureusement, par une sorte d'étreinte souveraine, le spirituel caché sous les apparences sensibles, l'un dans le multiple, l'ordre dans la confusion, l'éternel dans ce qui passe et le divin dans le créé. » (6). On est tenté de se demander comment cette « disposition » peut être « naturelle » et pourtant réservée à « certains ». Mais le recours à l'expérience esthétique éclaire la pensée de Bremond : un poème, une mélodie, une œuvre d'art, bref ce qui est senti comme beau, éveillent en nous une attention contemplative qui suspend tout effort intellectuel et qu'accompagnent des impressions de calme, de repos, d'unité ; or ce sont là des « états naturels profanes » qui doivent être rapportés à cette disposition que le théologien appelle mystique (7). Ainsi, en religion comme en art, cette disposition peut ne se manifester que chez « certains » en étant cependant virtuellement présente chez tous. Henri Bremond dira, à la limite : il n'y a « personne à qui toute espèce d'expérience mystique soit absolument impossible. » (8).

2° Il y a donc une disposition naturelle au mysticisme ; cette disposition naturelle s'exprime dans une sorte de spiritualité profane au niveau de la vie esthétique ; mais elle est tendue vers une fin surnaturelle : Dieu seul a le pouvoir de déifier. Le fait que la disposition soit naturelle signifie que sa fin est prômise à tous : l'union mystique à Dieu ne relève pas d'une intervention miraculeuse ; tous y sont appelés et tous doivent s'y préparer. Bien sûr, « l'esprit mystique souffle où et quand il veut » ; il n'y a « aucune méthode » permettant « d'atteindre à ces états supérieurs » ; on ne conçoit pas une « école de mysticisme ». Mais « s'offrir d'avance à cet esprit dans l'espoir timide qu'il daignera peut-être nous visiter, écarter les obstacles qui s'opposeraient à cette visite, seconder activement les humbles grâces qui semblent annoncer des faveurs plus hautes et nous façonner à les recevoir », voilà « la préparation » qui « nous est permise et possible » (9).

3° Jusqu'ici, nous ne voyons rien qui caractériserait une forme particulière d'humanisme chrétien. On a reconnu les grandes lignes d'une phénoménologie religieuse d'origine augustinienne, assimilée par la théologie thomiste, assez générale pour être reprise là où sera admis et là où ne sera pas admis un état de pure nature. La notion d'humanisme dévot semble liée à une réflexion sur la façon de glorifier la nature humaine : l'humanisme chrétien parlait d'une union à Dieu promise à tous dans l'autre monde, l'expérience mystique montre une telle union au moins possible pour tous en ce monde et c'est même là le sens de la vie dévote ; enfin, les mystiques tels que les voit Henri Bremond l'invitent à préciser : union à Dieu et dans le pur amour.

L'humanisme dévot est donc défini à partir d'une métaphysique de la dévotion. D'une part, la vie dévote normale est déjà la vie mystique commençante. D'autre part, le mysticisme et, du même coup, la dévotion sont, à la lettre, le pur amour.

Quatre traits définissent, en gros, ce que les spirituels du XVIIe siècle appellent « pur amour ». Ouvrons le *Traité de l'amour de Dieu* de François de Sales (10).

1° Le pur amour de Dieu postule une signification théocentrique de la création : l'homme et tout ce qui est existe pour Dieu ; l'entendement est fait pour le connaître, la volonté, pour l'aimer, le monde pour le glorifier.

2° La pureté de l'amour tient au désintéressement qui suit directement du théocentrisme : j'aime Dieu pour lui et non pour moi. Or la plus sûre condition d'un tel amour est évidemment la disparition du moi. Très exactement, il ne suffit pas de dire : je veux ce que Dieu veut ; mais je dois être dans un état tel que c'est alors Dieu qui veut en moi. En d'autres termes, l'amour est vraiment pur non pas quand ma volonté s'unit à la volonté de Dieu mais quand ma volonté s'anéantit afin que, seule, subsiste la volonté de Dieu. Le désintéressement de l'amour signifie l'abnégation du moi et de toutes ses puissances (11).

3° C'est pourquoi l'amour pur n'est pas lié à des raisons d'aimer, l'imagination n'a sur lui aucune influence, et surtout il n'est pas nécessairement accompagné d'un plaisir : « pur » veut dire à la fois pur de tout intérêt personnel et pur de toute affectivité. Plaisir, émotion, sentiment, autant de mots dont le dernier indique exactement le sens : ils désignent des états de la conscience de soi, qui me font sentir à la fois que je suis et comment je suis. Si dans le pur amour ma volonté cesse d'être mienne, il est normal qu'elle ne se sente plus (12). La théologie mystique postule ce que l'on appellera une vie inconsciente : la conscience de soi disparaît avec le moi ; au niveau de la conscience, l'âme peut fort bien éprouver le sentiment d'être dans un état de sécheresse, comme disent les spirituels, tandis qu'au delà de l'entendement et de la sensibilité, sa « fine pointe » est unie à Dieu.

4° Le vocabulaire platonisant de certains écrits ne doit pas faire prendre une pure *agapé* pour un *eros* purifié (13). Si haut qu'il s'élève, tout *eros* est désir et fût-il désir du Bien, du Beau, du Divin, il suppose la présence du moi qui éprouve le désir. Par suite, le désir doit disparaître avec le moi. Ainsi toute la phénoménologie religieuse peut tourner autour d'une disposition naturelle qui est une sorte de tension de l'âme vers Dieu : l'union à Dieu requiert un don surnaturel. En d'autres termes : la nature porte l'âme à s'élever jusqu'à Dieu ; mais cette fin n'est réalisée que si Dieu descend et, en quelque manière, se substitue à ses puissances.

Nous n'avons pas à envisager les difficultés que chacun de ces quatre points soulève. Dans quelle mesure est-il possible de ne plus voir dans le Souverain Bien *mon* bien, c'est-à-dire de faire aussi radicalement abstraction du moi ? Pareille élimination du moi ne supposerait-elle pas, d'autre part, une indifférence à *mon* salut ? Autrement dit, la première partie du *Pater* doit-elle supprimer la seconde ? « Que votre volonté soit faite ! » doit-elle dispenser de « donnez-nous notre pain quotidien » et même de : « délivresz-nous du mal » ? Autres questions : dans une adoration sans images, que deviennent les épisodes de la vie et de la passion de Jésus ? Le silence de Dieu dans l'âme dévote ne semble-t-il pas contredire une tradition augustinienne qui fait de la grâce un « saint plaisir » ? La seule difficulté à retenir ici ne concerne pas la spiritualité du pur amour mais le fait qu'Henri Bremond la présente comme la forme achevée, donc exemplaire, de l'humanisme sous le nom d'« humanisme dévôt ».

Cette difficulté frappe le lecteur du tome I de l'*Histoire littéraire du sentiment religieux en France* quand il passe de l'avant-dernier au dernier alinéa. Il a d'abord lu : « l'humanisme dévot... affranchit et dilate les âmes, leur enseignant que, bien que déchue par la faute originelle, la nature humaine reste la merveille de la création, que la blessure du vieil Adam n'a pas gangrené tout notre être, que la grâce rédemptrice est toujours offerte, et libéralement et à tous. » Ceci, pense le lecteur, c'est l'humanisme chrétien avec un fort accent moliniste ; mais la suite va lui apprendre ce qui le rend spécifiquement dévôt ; en effet, il lit : « L'humanisme dévot... nous invite à nous oublier nous-mêmes, à nous perdre dans les objets qui nous entourent, dans le spectacle du présent monde, notre royaume, dans la méditation des dons célestes ; à nous oublier davantage encore en montant à la cime de notre être, au plus haut de cet intérieur, où ni les sens ni la dévotion sensible ne pénêtrent. De toute sa pente logique, de tout son élan, l'humanisme dévot veut le pur amour. » (14). La continuité entre ces deux textes paraît évidente à l'auteur : c'est elle, pourtant, qui doit être mise en question.

Dans le premier texte, il s'agit de l'homme déchu et de la grâce de Jésus-Christ : le moi est là, présent dans le problème de son salut ; l'humanisme chrétien lui dit d'avoir confiance ; il peut être sauvé avec l'aide de Dieu, mais aussi en usant bien de ses facultés, puisque le péché n'a pas entièrement corrompu sa nature ni ne l'a privé de sa liberté. Dans le second texte, il s'agit de l'homme déifié et de la grâce sanctifiante : on ne parle que d'anéantir le moi et ses puissances ; tout en l'homme est trop humain... : parler d'humanisme, n'est-ce pas, ici, jouer sur un mot ? L'humanisme chrétien entend recueillir et baptiser l'homme de l'humanisme tout court : y a-t-il encore humanisme là où cet homme est invité à disparaître ?

On se demande comment Bremond n'a pas senti une discontinuité entre ce qu'il appelle « humanisme chrétien » et « humanisme dévot » lorsqu'il a déclaré le premier plus spéculatif s'adressant à une élite, le second plus pratique et s'adressant à tous (15) ? A propos de saint François de Sales, Bremond s'explique : l'humanisme chrétien était « réservé... à une élite de catholiques bien nés qui avaient du loisir, de la culture et le goût des lettres anciennes » ; tout naturellement, il devait prendre forme philosophique et théologique ; or l'auteur de l'*Introduction à la vie dévote* a extrait l'humanisme de ce contexte philosophico-théologique pour en faire « une école de sainteté » avec cette conséquence : si tous ne sont pas capables d'être philosophes et théologiens, tous peuvent devenir saints. La continuité est celle que recouvre le mot « vulgarisation », qui est de Bremond (16). En fait, n'a-t-on pas vidé l'humanisme de tout ce qui le faisait humaniste ?

L'étiquette « humanisme », rappelons-le, désigne un fait de culture et elle appartient au vocabulaire de la culture. Elle couvre des jugements liés à une réflexion sur l'homme dans le monde, jugements de réalité sur ses pouvoirs et de valeur sur la bonté de sa nature. Pareille réflexion a été historiquement provoquée et orientée par l'exemple des Anciens, de sorte que leurs œuvres jouissent d'une actualité permanente dans l'univers de la culture. Tout cela, même relativisé, reste vrai lorsque l'humanisme devient chrétien, avec une humanité blessée par le péché originel et le recours à une grâce surnaturelle pour sa guérison.

La spiritualité du pur amour est née d'une réflexion sur la relation de l'homme à Dieu et de Dieu à l'homme ; elle est vécue à l'intérieur de la conscience chrétienne et ne cesse d'être téléguidée par la foi. Elle est donc réflexion non sur la nature mais sur la vocation de l'homme et, si, pourtant, elle devient réflexion sur sa nature, c'est pour y déceler les traces de sa vocation. Lorsque Bremond découvre une disposition naturelle de l'homme qui le porte vers Dieu, la foi éclaire sous son regard le sens d'un mouvement dont la fin reste obscure dans la conscience non chrétienne. Et la foi fait accepter le paradoxe de notre condition : un désir naturel ne peut être satisfait que dans l'anéantissement de tout ce qui est naturel, la grâce n'achevant la nature qu'au-delà de la nature.

La mystique du pur amour n'est sûrement pas dans le prolongement de l'humanisme chrétien et ne saurait passer pour l'épanouissement de l'humanisme sans épithète. On serait même tenté d'y voir l'anti-humanisme le plus radical : n'y aurait-il pas, en effet, une incompatibilité vraiment essentielle entre l'humanisme et une spiritualité où la pureté de l'amour exige l'anéantissement de tout ce qui est humain ?

L'« humanisme dévot » selon Bremond semble bien être une notion confuse qui permet de gouper sous une étiquette commune des vues sur l'homme bien différentes sinon opposées. Prenons le cas de Pierre de Bérulle que l'abbé présentait comme « fidèle aux principes essentiels de l'humanisme dévot » (17). Certes, la pensée du futur cardinal est complexe ; il faut faire attention à la date des textes ; ceux-ci ne doivent pas être coupés de leur contexte, car il peut arriver que certains semblent suivre des lignes divergentes (18). Toutefois, si, comme Bremond nous y invite, on s'en tient à des « principes essentiels », en voici quelques uns qui mettent directement en question la possibilité d'un accord avec l'esprit de l'humanisme.

Pour Bérulle, dire ce qu'est l'homme, c'est le situer ; très exactement, dire ce qu'il *est,* ce sera donc le situer par rapport au *néant.* Or, « il y a trois sortes de néant : le néant duquel Dieu nous tire par la création, le néant où Adam nous met par le péché, et le néant où nous devons entrer avec le Fils de Dieu s'anéantissant soi-même pour nous réparer. » (19). Ce qui est primordial dans ces trois cas, c'est la notion de relation et, très précisément, la notion de dépendance, une dépendance que Bérulle n'hésite pas à appeler « servitude ».

Pour la créature, être, c'est dépendre de Dieu dans son être ; à proprement parler, cette relation définit sa nature et le mot « servitude » qualifie parfaitement cette nature : « Nous sommes tous nés serviteurs, écrit Bérulle, et la condition de servitude est tellement propre et comme essentielle à la créature que c'est... la premiře propriété de son être. ». Bérulle ajoute aussitôt : « servitude heureuse » puisqu'elle nous fait serviteur du « meilleur maître » (20).

Servitude perdue, hélas !, au profit d'une autre dépendance, très malheureuse, celle-là. « Par notre naissance d'Adam... nous naissons... esclaves du péché et du diable. » (21). La chute n'est pas un simple accident : elle fait apparaître un nouvel être que Bérulle appelle « le second néant » ; le péché est donc inhérent à notre être : « ... car il [Dieu] ne nous trouve plus dans le simple néant de la nature et de l'être où toutes choses étaient avant la création, mais dans le néant où le péché nous réduit » (22). Ainsi, le *ex nihilo* originel renvoie à un néant d'être et sortir de ce néant d'être par la création c'est exister sous l'heureuse dépendance du Créateur ; mais le péché néantise cette existence dans la servitude de Dieu pour lui substituer une existence dans la servitude du diable.

Comment ne plus être dans cette nouvelle servitude ? Evidemment en néantissant l'existence que Bérulle appelle « le second néant ». Il y aurait donc « un troisième néant ». Mais « il s'agit d'un néant où Dieu nous met lui-même, dont il est l'auteur, et qu'il opère en nous par son esprit et sa grâce » ; entendons : grâce de vivre en imitant Jésus-Christ, parfait modèle du renoncement à soi (23). Une telle grâce « nous donne un nouvel être » et, de ce fait, « nous impose une nouvelle dépendance » ou, en termes bérulliens, une nouvelle servitude, heureuse comme la première : enfants de Dieu par la création, enfants d'Adam par le péché, nous voici enfants de Jésus-Christ par la grâce du Rédempteur (24).

On ne saurait parler d'humanisme sans jouer sur les mots devant une doctrine où l'homme est naturellement néant par sa création, misérablement néant par son péché, glorieusement néant par la grâce de JésusChrist (25) ; devant ces trois néants et cette triple servitude, que deviennent, en effet, les conditions que nous avions proposées de mettre dans sa définition : un certain pouvoir propre à la nature humaine, ce qui implique une relative bonté de cette nature et, *ipso facto,* une espèce de continuité dans la vue de l'esprit avant et après Jésus-Christ ?

Que peut l'homme ne disposant que des seules forces de sa nature ? Après la chute d'Adam, « en cet état nous n'avons droit à rien qu'au néant et à l'enfer, et nous n'avons pouvoir de rien que de pécher ». Bérulle insiste : « nous n'avons rien en propre que l'erreur et le péché... » (26). La grâce de Dieu nous est nécessaire non seulement pour être délivré du mal mais pour lui pouvoir demander de nous détourner de nous-même et de nous convertir à lui (27). Sans doute, il faut faire la part de ce que l'abbé Cognet appelait « la fascination du vocabulaire néantiste » (28), sans doute aussi, dans l'immense œuvre écrite de Bérulle, on pourrait cueillir des citations dont l'arrière-plan théologique serait un augustinisme adouci (29). Il reste que, dans la spiritualité bérullienne et la direction de conscience qu'elle inspire, un principe est constamment repris : tout ce que l'homme peut par lui-même, c'est, à la lettre, aller au diable.

Si l'on ne peut vraiment rien reconnaître d'humaniste dans une spiritualité où l'homme est dit « néant » dans sa nature par la création et dans son histoire par son péché, ne serait-il pas permis d'appeler Bérulle un humaniste en considérant sa culture ? Mais être humaniste par la culture n'empêche nullement de ne l'être pas par la pensée. L'œuvre de Bérulle est même particulièrement remarquable à ce propos. Les recherches de Jean Dagens sur « les années de formation de Bérulle » et sur ses premiers écrits montrent que sa culture est celle d'un homme que nous dirions de la Renaissance ; il avait, d'ailleurs, chez les Jésuites fréquenté les poètes, les orateurs, les moralistes de l'Antiquité (30). Mais nous lisons dans l'ouvrage de Jean Dagens une remarque qui met en question l'humanisme comme vision de l'homme et non plus comme culture : « Bérulle, comme tous les grands spirituels de son temps a eu le sentiment des dangers que le triomphe de l'humanisme faisait courir à la conception chrétienne de la vie et de la culture. » (31). Soulignons ce dernier mot : il n'est pas question pour Bérulle de tenir les grands Anciens du monde païen pour nos éducateurs ; nul plus que lui n'aura la conviction que « ces leçons de la morale antique ne sont pas celles de l'Evangile » (32).

A cet égard, « il existe un curieux opuscule de Bérulle » – c'est l'abbé Cognet qui parle – qui par son pessimisme l'oppose aux humanistes de son temps (33). Il s'agit de notre n° XXXI. Là, Bérulle déclare : en le créant, Dieu a doué l'homme « de deux perfections dans l'ordre de la nature », celle de connaître qui a pour objet la vérité et celle d'aimer qui a pour objet le bien, réel ou apparent. Le péché a fait de nous des « infirmes », mais notre infirmité est un peu moins grande dans la faculté de connaître la vérité que dans celle d'aimer le bien : nous sommes radicalement incapables d'aimer le vrai Dieu, mais la connaissance des choses naturelles nous reste accessible ; on ne nie donc pas que ceux qui n'ont connu ni le vrai Dieu, ni notre origine, ni la chute, ont « fait de beaux volumes » où l'on voit « la philosophie fort étendue et appliquée dans la connaissance des choses de l'univers ». Ce qui est important, aux yeux du théologien, c'est le fait que le pécheur est totalement privé d'un amour qui le porterait vers Dieu ; ce qui est accordé à son entendement doit donc être tenu pour bien peu ; mais ce peu n'irait-il pas dans la direction de l'humanisme ? Bérulle, en effet, doit le savoir, il y eut des « philosophies » que « les choses de l'univers » ont élevées jusqu'à un premier principe, un premier moteur ? une Idée du Bien au dessus des Idées ? Nous sommes devant un des rares textes où Bérulle paraît faire une concession à l'esprit humaniste : or cette apparence est vite dissipée (34).

Les philosophes qui ont connu « les choses de l'univers » étaient dans une situation paradoxale : ils étaient condamnés « par leur infirmité » à n'aimer que les biens de ce monde, les seuls qui, depuis la chute d'Adam étaient à leur portée ; mais, d'autre part, « ils étaient trop instruits de leur bassesse » pour les reconnaître dignes d'être aimés ; ne pouvant « s'élever jusqu'à l'amour divin, ils sont demeurés sans amour en la terre » (35). Une telle situation tient à la condition humaine : la modifier n'est pas dans le pouvoir de l'homme ; aucune exception n'est concevable.

Or, cela veut dire qu'il faut exclure de la connaissance des « choses de l'univers » celle de l'homme. Sa création comme image de Dieu, sa déchéance, la possibilité de la Rédemption, « à ces trois points se réduit la connaissance que nous devons avoir de nous-mêmes ; connaissance que la philosophie et la raison humaine ne nous peuvent donner, et qu'il nous faut puiser dans la lumière de la grâce... » (36).

Pourtant, dans une alllusion faite, en passant, à l'union de l'âme au corps, il arrive à Bérulle de parler « selon divers respects et diverses lumières que Dieu a donnés aux deux plus grandes écoles du paganisme, c'est-à-dire à celle d'Aristote et à celle de Platon » (37). Mais il s'agit là d'une manière de parler et qui, d'ailleurs, ne fait pas quitter l'ordre de la nature. De même, dans un passage de cette longue lettre spirituelle envoyée aux « Pères de l'Oratoire... qui sont employés dans les Collèges » où, visiblement, il veut leur dire qu'ils ont mieux à faire et à enseigner que « de perdre leur temps dans l'étude des choses de l'univers » : « Ce peu de subtilités et de vérités que Platon et Aristote ont apprises au monde doit-il avoir plus de poids en notre esprit que les vérités et les effets de Jésus qui est la vie et la vérité tout ensemble ? » (38).

Que penser, alors, de ce que Leibniz appellera « théodicée » chez ces philosophes païens ? Deux lignes suffisent pour celle d'Aristote, dans une simple allusion rappelant que « en spéculation, il veut que nous remontions *ad altissimas causas* qu'il croit être discourues en sa *Métaphysique...* » (39) : *il croit* semble bien sous-entendre que celui qui écrit se réserve le droit d'avoir une autre opinion sur cette prétention... Soit ! Mais Platon ? mais « les Platoniciens qui sont les plus élevés entre les païens en la connaissance des choses sublimes, hommes vraiment divins entre les Naturalistes, et Théologiens entre les Philosophes... » (40) ? Comment le fervent augustinien qu'est Bérulle ne leur laisserait-il pas la place privilégiée que saint Augustin leur avait réservée ? Surtout si l'on admet qu'il connaissait un platonisme christianisé par Marcile Ficin où la prêtresse Diotime est dite « inspirée par le Saint Esprit » (41) ? Place privilégiée, certes, mais non place exceptionnelle... « La beauté, écrit-il, ... est attribuée au Verbe, non seulement par nos docteurs mais par les platoniciens mêmes, nos *imitateurs,* qui ont aperçu les ombres de nos mystères dans leurs figures, et vu quelque chose de leur grandeur *dans les énigmes de nos prophètes* » (42). Les mots que nous soulignons n'expriment-ils pas le souvenir d'une idée volontiers reprise dans l'apologétique humaniste et précisément par Marcile Ficin, à savoir que les platoniciens ont connu les livres des Hébreux (43) ? Mais ce qui était pour les humanistes une bonne raison de lire Platon devient, aux yeux de Bérulle, une bonne raison de juger une telle lecture parfaitement inutile.

Revenons à notre « curieux opuscule » où Bérulle semble bien vouloir marquer la coupure entre la pensée chrétienne et les philosophies païennes. L'attrait du stoïcisme dans l'esprit de chrétiens cultivés ne pouvait le laisser indifférent ; il revient donc aux effets de l'« infirmité » qui prive notre faculté d'aimer du pouvoir d'atteindre notre vrai bien par « l'élévement en Dieu » ; de là un impératif catégorique : « l'abaissement en soi-même ». Or voici que « quelques uns ont pensé prendre un chemin différent et s'élever plus haut, en tenant des maximes impossibles à la nature. Le monde les estime et ils me font pitié, un Sénèque, un Epictète : car ce peu de lueur qui reste en la nature, ils l'ont convertie en ténèbres. » Ce « peu de lueur qui reste en la nature » Bérulle pense au fait qu'« ils sentent l'infirmité de la nature », « qu'ils sentent quelque chose de la dignité première de leur nature » ; mais tout cela dans une totale ignorance de la condition humaine, car « ils ne savent pas ce que nous avons perdu en Adam et ce que nous avons recouvert en Jésus-Christ ». Alors, ils ne veulent pas « avouer » cette infirmité et « ils cherchent en eux-mêmes ce qui n'est point en eux-mêmes ». Que peuvent-ils trouver en eux-mêmes sinon l'amour de soi qu'ils essayent de prendre pour l'amour de Dieu (44) ?

Jamais Bérulle ne s'est approché plus près des humanistes chrétiens. Les stoïciens méprisent les biens de ce monde ; ils sont, dit-il, « mitoyens entre les philosophes chrétiens et les philosophes profanes » ; « ils ressemblent à ces autruches qui ont des ailes, mais sans voler » ; et encore « ils remuent leurs ailes comme des oiseaux, mais leurs pieds demeurent en terre ». Ainsi, même s'ils ont un vague pressentiment d'un amour qui les tient « toujours cherchant », ils ne sont « jamais trouvant » : ils sont « toujours égarés en leurs voies » (45) comme le prouve le fait qu'ils « sont toujours démentant à leurs discours et leur philosophie par leurs propres pratiques et sentiments ». Peut-être Bérulle pense-t-il au suicide que le stoïcisme admet dans certains cas. Ce qui est sûr, c'est que « les voies » suivies par les stoïciens, loin de les rapprocher du christianisme, les en écartent : le stoïcisme nous tourne vers nous-même : le christianisme nous en détourne ; il impose une « abnégation dont la terre n'a point ouï parler avant Jésus, et dont la philosophie est du tout ignorante » (46).

Comment parler d'humanisme dévot là où la dévotion exclut l'humanisme ?

Parlons clairement. Si l'on croit pouvoir mettre Pierre de Bérulle sous la même étiquette qu'Yves de Paris, l'étiquette est trompeuse. L'étiquette « humanisme dévot » n'est même pas équivoque, ce qui lui accorderait la possibilité d'avoir deux sens : elle n'en a aucun et il convient de ne plus s'en servir (47).

CHAPITRE V

L'HUMANISME CHRÉTIEN DANS L'APOLOGÉTIQUE

Même une fois dissipées les confusions crées par l'étiquette « humanisme dévot », il reste une abondante littérature théologique et apologétique qui peut être mise sous celle d'« humanisme chrétien ». Le signe de son importance est dans celle que lui accordent ses adversaires et notamment le plus illustre d'entre eux ; il faut, en effet, évoquer sa richesse et son exubérance pour comprendre le zèle agressif de l'auteur des *Provinciales* et entrevoir ce qu'eût été l'originalité de cette apologétique non-humaniste qu'eût été son « apologie de la religion chrétienne » (1).

Pascal nous dira lui-même quels textes il a lus ; mais ces textes tiennent à un contexte historique qu'il ne faut pas oublier : *La dévotion aisée* du P. Pierre Le Moyne, S.J., en 1652, *Le Paradis ouvert à Philagie par cent dévotions à la Mère de Dieu, aisées à pratiquer aux jours des Fêtes et Octaves qui se rencontrent à chaque mois de l'année,* par le R.P. Paul de Barry, S.J., 1636, 15e édition en 1660, ces livres ne sont pas des exceptions, ils ont été pris à Port-Royal comme représentatifs d'une abondante littérature apologétique. Que Pascal en ait connu d'autres, directement ou par ouï-dire, c'est probable ; mais ce n'est pas, ici, notre question : on voudrait essayer de recréer l'atmosphère qui serait celle d'une bibliothèque où cette littérature occuperait les rayons d'un mur, tandis que, sur le mur d'en face, seraient rangés les ouvrages de Saint-Cyran, Jansénius, Arnauld...

Revenons donc aux trois caractères proposés pour définir l'humanisme : suffisance au moins relative de l'homme, bonté au moins relative de la nature, continuité au moins relative dans l'histoire de l'esprit. Mais, cette fois, commençons par le dernier : c'est, en effet, une culture commune qui permet de mettre sous la même étiquette humanistes chrétiens et humanistes libertins ; c'est sur le terrain délimité par cette culture commune que les premiers portent le combat contre les seconds.

La révélation crée, certes, une discontinuité entre le monde païen et le monde de la Bible ; mais une certaine continuité ne pourrait-elle cependant subsister ? Elle serait plus aisément reconnaissable entre la pensée grecque et la pensée chrétienne si la pensée grecque pouvait être christianisée ; et la pensée grecque pourrait être plus aisément christianisée si déjà elle récelait des pressentiments des vérités chrétiennes.

C'est bien là ce que signifie le cheminement de Marcile Ficin devenu de païen soldat du Christ, *ex pagano miles Christi* (2). Ce prêtre florentin traduit en latin les œuvres de Platon et en publie des commentaires ; au XVIe siècle, ses éditions de Platon sont réimprimées en France ; Etienne Dolet, Bonaventure des Périers, et d'autres érudits traduisent des dialogues sur son texte ; on donne des versions françaises de ses commentaires. Marcile Ficin traduit aussi en latin Plotin, Jamblique, Proclus, Hermès Trismégite, Denys l'Aréopagite (3). Ses propres ouvrages naissent de la même intention que son œuvre de traducteur et de commentateur ; le lien est visible dans le titre même du livre qu'il publie peu avant ses *Platonis opera* (1484) : *Theologia platonica de immortalitate animorum* (4). Il y a donc une *théologie* platonicienne. La préface montre son auteur conscient de reprendre la mission qui fut celle d'Augustin : « Augustin a choisi Platon pour l'imiter, comme étant le plus proche de la vérité chrétienne et il affirme qu'en changeant peu de choses, les Platoniciens seraient chrétiens. » (5). En effet, pensant aux humanistes incrédules, en particulier à ceux qui lisent Aristote avec les lunettes d'Averroès ou d'Alexandre d'Aphrodise (6), Marcile Ficin ajoute : « la Providence divine a décrété que beaucoup d'esprits dépravés qui ne s'inclinent pas volontiers devant la seule autorité de la loi divine, se soumettraient du moins aux arguments platoniciens qui appuient solidement la religion... » (7). Or Marcile Ficin veut donc, selon le mot du P. Festugière, « ressusciter la foi et ramener les athées au Christ en leur enseignant la foi », programme qui tient en une ligne d'une lettre à Pic de la Mirandole en 1492 : *Philosophia ingenia ad Christum perveniunt per Platonem* (8).

Pourquoi ce privilège de l'école de Platon ? Dans la dédicace à Bernardo del Nero et Antonio Manetti de la traduction italienne du commentaire sur *Le Banquet* (9), Marcile Ficin disait, suivant le texte de la traduction française de 1578 : « L'amour souverain de la Providence divine... dès le siècle antique inspira en la Grèce une très chaste dame nommée

Diotime, prestresse Payenne : laquelle comme inspirée de Dieu [da Dio *spirata*] ... » ; plus loin il parle de « cette salutifère manne envoyée du ciel à Diotime » et la lettre se termine par une prière au « Saint Esprit, Amour divin, lequel inspira Diotime... » (10).

« En entrant à l'Académie, on n'étudie pas seulement Platon, mais aussi toute la loi mosaïque » : monothéisme, création du monde, homme image de Dieu, résurrection des morts (11)... Rien d'étonnant puisque la sagesse de Platon, comme celle de Pythagore et d'Orphée vient des Juifs (12). Marcile Ficin se plaît à rappeler le mot célèbre de Numenius d'Apamée : « Platon n'est qu'un Moïse parlant grec. » (13). Il y a là une vieille légende ; argument polémique chez les juifs de l'école d'Alexandrie avant Jésus-Christ, elle a été reprise par Justin et Clément d'Alexandrie notamment (14). Elle permet des transpositions comme celle que les humanistes chrétiens du XVIIe liront dans un des derniers chapitres du commentaire de Ficin sur *Le Banquet :* la mythologie grecque fournit le scenario de ce que saint Bonaventure appelait *itinerarium mentis ad Deum.* Le titre pose la question : « Par quels degrés [*gradibus*] les délires divins [*divini furores*] élèvent l'âme ». La réponse indique quatre degrés vers « les choses supérieures [*ad supera*], c'est-à-dire « quatre espèces de délires divins » ; chacun est rapporté à des divinités : le délire poétique [*poeticus furor*] dépend des Muses, le délire mystique [*mysterialis*], de Dionysos, le délire prophétique [*vaticinium*] d'Apollon, le délire amoureux [*amatorius affectus*] de Vénus. Ainsi le retour « vers l'Un qui est au-dessus de l'essence, c'est-à-dire Dieu », c'est « la Vénus céleste [*celestis illa Venus*] qui l'opère par l'amour [*per amorem*], c'est-à-dire le désir de la beauté et la soif du bien (15).

On comprend alors que « le disciple bien-aimé de Ficin » (16), Pic de la Mirandole salue dans le Verbe du prologue de saint Jean « l'Apollon véritable qui illumine toute âme venant en ce monde » (17). Cette image est tirée d'un livre dont le titre résume le programme de tout humaniste chrétien : *Oratio de dignitate hominis* (18) ; là, en effet, Pic de la Mirandole reconnaît, en bon platonicien, les deux natures de l'âme unie au corps, l'une qui nous élève vers les cieux, l'autre qui nous précipite aux enfers ; il résulte en l'âme une continuelle « guerre intestine et plus que civile » : or d'où viendra la paix ? de « la très sainte Théologie » qui semble bien être l'œuvre de la raison, une raison illuminée sans doute mais comme l'était celle des Pythagoriciens (19).

Dans une perspective pourtant bien différente, l'évangélisme d'Erasme reconnaît, lui aussi, une certaine continuité historique quand l'humaniste découvre la sagesse antique. « Bien que la première place doive être réservée aux Saintes Ecritures en tant qu'autorité, lit-on dans le *Convivium religiosum* (20), je trouve parfois des pensées dans les œuvres des anciens païens, même dans les œuvres des poètes, d'une nature si pure, si sainte, et si divine, que je ne puis me défendre de croire que quelque pouvoir bienfaisant guidait leur âme quand ils écrivaient. Et il se peut que l'esprit du Christ se soit répandu sur un espace plus grand que nous ne le croyons généralement. Plus d'un homme qui ne figure pas dans les annales des saints devrait y avoir sa place marquée. J'avoue sans crainte à mes amis que je ne puis lire les dialogues de Cicéron sur La Vieillesse et sur l'Amitié, ou bien le *De Officiis* et les *Tusculanes,* sans m'arrêter parfois pour baiser la page et penser avec vénération à cette âme sainte inspirée par une divinité céleste. » (21). Si telle est l'émotion d'Erasme en lisant Cicéron, que sera-ce quand il lit Platon ! Il nous le dit un peu plus loin dans le même *Convivium religiosum :* lorsqu'il assiste à la mort de Socrate telle qu'elle est racontée dans *Criton,* après avoir entendu le sage prononcer ces paroles : « Je ne sais si Dieu approuvera mes actions, mais j'ai fait mon possible pour lui plaire et j'ai bon espoir que mes efforts lui auront été agréables », il ne s'écrie pas : « Saint Socrate, priez pour nous », comme on le dit parfois, mais il avoue : « Je me retiens à grand peine de dire : Saint Socrate, priez pour nous. » (22).

Le platonisme flamboyant de Marcile Ficin et l'évangélisme critique d'Erasme acceptent l'héritage de la pensée antique, reconnaissant ainsi une certaine continuité qui signifie pour l'humanisme la possibilité de christianiser le paganisme et où d'autres verront surtout le risque de paganiser le christianisme. L'apologétique du XVIIe siècle donnera au thème une illustration abondante et souvent pittoresque.

Les humanités gréco-latines imprègnent si profondément la culture que, spontanément, la pensée des apologistes s'habille à la mode antique même pour exprimer des sentiments qui ne portent pas vraiment la marque de l'esprit humaniste.

Dans son chapitre *De Democritus et Heraclitus,* Montaigne explique comment « notre bien et notre mal ne tient qu'à nous », nos jugements dépendront souvent de nos humeurs ; une antique tradition lui rappelle alors un couple symbolique : « Democritus et Heraclitus ont été deux philosophes, desquels le premier, trouvant vaine et ridicule l'humaine condition, ne sortait en public qu'avec un visage moqueur et riant ; Heraclitus, ayant pitié et compassion de cette même condition nôtre, en portait le visage continuellement attristé, et les yeux chargés de larmes... » (23). Ces deux philosophes, écrit M. René Bady « naturalisés chrétiens, deviennent dans la littérature morale du temps, les prototypes, celui-là du pécheur repentant, celui-ci du sage bouffon » (24). Ainsi en 1615, Pierre de Besse, célèbre prédicateur, publie : *Le Démocrite chrétien, c'est-à-dire le Mespris et moquerie des vanités du monde* et *L'Héraclite chrestien, c'est-à-dire les Regrets et les larmes du pécheur pénitent.* Les railleries du premier commentent le mot fameux de *L'Ecclésiaste : Vanitas vanitatum...*, sarcasmes et invectives dénoncent la vanité du monde, la misère de l'homme. Les pleurs du second disent le repentir et la honte du pécheur qui ne veut plus avoir qu'une seule pensée et un seul désir : la mort (25). Un sentiment déjà pascalien de notre condition inspire à Pierre Du Moulin, ministre de Charenton, une espèce de danse macabre : raison, science, vertu, justice, enfance, tout est faussé, perverti de l'intérieur ; or le pasteur met ce pessimisme chrétien sous le nom d'un personnage du répertoire classique : *Héraclite ou de la vanité et misère de la vie humaine* (26).

Socrate chrétien, le titre du livre de Guez de Balzac qui paraîtra en 1652, ne doit pas tromper : il ne s'agit pas d'un Socrate qui aurait été chrétien avant le Christ ; le sage athénien prête ici son nom au porte-parole d'un fidéisme dont l'agressivité vis-à-vis de la raison est fort peu platonicienne ; c'est, d'ailleurs, dans une harangue à l'humaniste que Balzac invite la raison à s'incliner devant la foi (27). Ainsi, même en 1652, un libertin devenu hermite mais ancien élève du P. Garasse chez les Jésuites de Poitiers, trouve tout naturel de mettre sous le témoignage d'un sage athénien un livre qui célèbre le triomphe de la religion sur toutes les philosophies (28), et qui est, à bien des égards, un véritable manifeste anti-humaniste.

Si le décor antique paraît encore approprié aux jeux de la pensée qui se détache de l'esprit humaniste, il restera plus qu'un décor dans l'âme de ceux qui perçoivent une certaine continuité entre le monde de leur culture et celui de leur religion ; apologistes, ils trouvent dans les Pères de l'Eglise une invitation à faire ressortir les vérités pressenties par la sagesse des Anciens ou même dans leurs fables. Que les mythologies païennes préfigurent les mystères chrétiens ou que, par anticipation, elles en soient « une singerie démoniaque », selon le mot de M. Jean Dagens (29), dans un cas comme dans l'autre, des rapprochements sont possibles, ce qui est important quand le défenseur de la foi s'adresse à des libertins ou à des chrétiens tièdes dont l'intelligence et l'imagination ont pour patrie la Grèce liée à Rome par un trait d'union.

Un authentique spirituel, le P. Coton, reconnaît ainsi les vérités de la foi sous leurs caricatures démoniaques : « au lieu du Père qui nous donne son fils et l'expose pour nos péchés à la mort », on nous montre un « Saturne qui dévore ses enfants » ; et encore « au lieu du Verbe, Sapience émanée et increéée de l'entendement du même Père, une Minerve sortie de la cervelle de Jupiter ; au lieu d'une Vierge, miraculeusement enceinte, une Danaé rendue féconde par l'or d'une fabuleuse rosée... » (30). Si un

Jésuite, confesseur du roi, se plaît à de tels rapprochements dans son *Institution catholique* de 1610, on ne s'étonnera pas qu'un laïc, un magistrat, le successeur de Montaigne au Parlement de Bordeaux les multiplie avec délectation : « Vous croyez, dit-il aux païens, que votre Minerve est née du chef de Jupiter : Jésus-Christ est la vraie Minerve » ; les anges sont les « ambassadeurs » de Dieu comme Mercure l'était de Jupiter ; votre Hercule « a dompté les plus terribles monstres de la terre : notre Hercule chrétien est descendu ici-bas pour... chasser le péché du monde... » (31). Ce curieux déguisement vient peut-être du poème de Ronsard, *L'hymne de l'Hercule chrétien* (32). Le crucifiement de Jésus rappelle Prométhée cloué sur son rocher ; quand il descend aux enfers, Jésus a des prédécesseurs : Castor et Pollux, Orphée, Thésée, Hercule ; et aussi quand il monte au ciel : Ganymède et Endymion... Ce genre d'apologétique fleurit tout le long du siècle jusque dans les ouvrages de Huet, évêque d'Avranche, « héritier et continuateur de la Renaissance », comme l'appelle Sainte-Beuve (33) : la *Demonstratio evangelica,* de 1679, et *De concordia Rationis et Fidei,* de 1690, dont le paganisme christianisé indigne l'auteur d'*Esther* (1688) et d'*Athalie* (1691) (34).

Le seul fait de penser l'histoire de l'esprit selon un schème qui inclut dans notre culture les leçons de la pensée et de la littérature gréco-latines, ce fait suppose évidemment que, même éclairé par la foi et fortifié par la grâce, le chrétien use de pouvoirs dont le païen était parfaitement capable de s'assurer la maîtrise puisqu'ils tiennent à la nature humaine : cette raison dont se servait Aristote pour démontrer l'existence du Premier Moteur, cette volonté qui conduisait Platon jusqu'à l'idée du Beau et du Bien, cette liberté à laquelle le sage stoïcien doit une authentique vertu. Une apologétique est donc possible qui permet de se placer sur le terrain du libertin humaniste et de faire un bout de chemin avec lui.

Vous croyez, dira-t-on au libertin humaniste, que la raison, la volonté, la liberté peuvent quelque chose ? Mais nous aussi ! Et même, nous allons vous apprendre à vous en servir. La raison ? mais, bien conduite, elle vous interdit l'athéisme et même le scepticisme teinté d'incrédulité. La volonté ? mais consciente de sa vraie nature, elle échappe à la tentation matérialiste et pose sa fin au delà des plaisirs de ce monde. La liberté ? mais éclairée par l'idée de l'homme comme animal raisonnable, elle cesse d'incliner le libertinage de l'esprit vers le libertinage des mœurs.

Dans cette somme historique de l'apologétique au XVIIe siècle qu'était sa thèse sur Yves de Paris, le R.P. Charles Chesneau, plus connu sous le nom de Julien Eymard d'Angers, définit deux apologétiques humanistes, l'une inspirée par la philosophie aristotélico-thomiste, l'autre, par le platonisme christianisé de style Marcile Ficin ; chacune « s'adresse tout d'abord à la raison qu'elle conduit, par des motifs de crédibilité jusqu'au seuil de la foi » ; elle prouve, à partir de l'expérience, l'existence de Dieu, l'immortalité de l'âme ; chacune « met l'accent sur l'activité humaine et se prononce contre toute doctrine qui tend à diminuer l'humaine liberté » ; pratiquement le thomisme philosophique n'empêche pas la première, le platonisme truffé de souvenirs augustiniens n'empêche pas la seconde de s'appuyer sur une théologie d'esprit moliniste. La différence tient au fait que la seconde reconnaît dans la nature, « en plus de la raison, un certain sens divin orienté, bien que de très loin, vers la vision béatifique » (35). Ce « sens divin », d'ailleurs, mêle plusieurs thèmes : celui de l'illumination augustinienne liée à l'image du Verbe soleil des esprits, celui de la volonté tendue vers son Souverain Bien, celui d'une idée innée de l'infini (36) ; mais il s'agit toujours de la nature, ce qui est la condition du dialogue entre humanistes.

Citons quelques titres... *Theologia naturalis sive Entis increati et creati... ex naturae lumine investigatio,* du Jésuite Théophile Raynaud, en 1622 ; *La Théologie naturelle où les premières vérités de la foi sont éclaircies par raisons sensibles et morales* par le P. Yves de Paris, quatre tomes qui paraissent à partir de 1633 et dont les titres indiquent les « vérités » qui en relèvent : existence de Dieu, création du monde, immortalité, anges, démons, perfections de Dieu, sa providence, sa justice (37) ; *Le Philosophe chrétien ou les mystères de la Foi prouvée par des raisons naturelles,* du carme thomiste Philippe de la Très Sainte Trinité, en 1639 ; *Economie de la vraie religion chrétienne, catholique, dévote. Par un raisonnement naturel, moral, politique,* par le R. P. Frère Léon, nom de Jean Macé, de l'ordre des Carmes réformés, en 1643 (38). Jacques Forton, sieur de Saint-Ange, si vivement attaqué à Rouen par le jeune Pascal en 1647, ce docteur en théologie était donc en bonne compagnie en publiant *La conduite du jugement naturel où tous les bons esprits de l'un et de l'autre sexe pourront facilement puiser la pureté de la science,* trois volumes, de 1637 à 1645 (39).

Bien sûr, toute apologétique demande à la raison de réfuter les raisons de ne pas croire aux vérités de la foi et de montrer celles qui permettent de les appeler « vérités » : athées et déistes prétendent que les religions sont des inventions humaines, que leurs auteurs sont d'habiles législateurs qui voient en elles le meilleur moyen de garantir l'ordre social, que la divinité de Jésus, par exemple, est une fourberie destinée à imposer au peuple une morale vraiment efficace (40). Mais, ce qui caractérise l'apologétique humaniste, c'est l'idée de « théologie naturelle » : la raison peut marcher toute seule sur la voie qui aboutit au parvis du temple. Selon la tradition philosophique à laquelle sa pensée reste fidèle, l'apologiste présente tel ou tel genre de preuves de l'existence de Dieu ; mais certains les multiplient sans trop s'occuper de leur provenance et de leur contexte métaphysique originel (41). Ainsi, dans un de ses premiers ouvrages, *Quaestiones in Genesim* (1623), le jeune P. Mersenne en aligne trente-six ; il n'a certainement pas la naïveté de croire que leur addition produit un accroissement de vérité ; mais l'apologiste pense à ses lecteurs : il faut des arguments pour tous les goûts ; si celui-là ne vous convient pas, en voici un autre ; on peut espérer qu'il s'en trouvera bien un pour vous convaincre (42). Très significatif, à cet égard, était déjà l'exemple donné en 1593 par *Les Trois Vérités* : aux yeux de Pierre Charron, la seule démonstration probante s'appuie sur l'idée d'infini pour poser à la fois l'existence de Dieu et son inconnaissabilité ; ceci ne l'empêche pourtant pas de ramasser dans son Livre I les arguments classiques dirigés contre les athées ; dans la polémique comme à la guerre, l'humaniste érudit rafistole le vieux matériel (43).

Plus encore que l'existence de Dieu, Henri Busson l'a souligné (44), l'immortalité de l'âme est menacée par l'humanisme libertin. L'aristotélisme historique de l'école de Padoue est devenu un aristotélisme agressif qui, encore au XVIIe siècle, constitue une menace permanente pour cette vérité fondamentale. L'auteur de *La Pensée religieuse française de Charron à Pascal* donne une liste impressionnante d'ouvrages consacrés spécialement à sa défense (45). Les humanistes chrétiens combattent au premier rang, la tâche étant plus facile pour les apologistes qui pillent la *Theologia platonica* de Marcile Ficin que pour ceux qui s'appuient sur l'aristotélisme rectifié par saint Thomas : il s'agit pour eux, bien sûr, de défendre la religion attaquée par une anthropologie matérialiste, mais aussi de défendre la raison, de ne pas laisser s'installer la pratique de la double vérité, l'homme acceptant d'une main ce que l'autre ne peut saisir, pour ne pas dire ce qu'il repousse de l'autre. Le P. Richeome, jésuite, Zacharie de Lisieux et Yves de Paris, capucins, Polycarpe de La Rivière, chartreux, Jean de Silhon, un des rares apologistes laïcs avant Pascal, entendent obtenir des « lumières de la Nature » (46), intelligence ou sentiment, à seule fin de démontrer l'immortalité de l'âme, même si l'on concède que démontrer n'est pas toujours persuader et que la religion impose ici plus efficacement sa vérité (47). Il convient sans doute de ne pas oublier l'actualité de la question et, d'un certain côté, le souci de maintenir dans la réponse la part de la raison quand on voit le P. Mersenne, chargé de l'édition parisienne des *Meditationes de prima philosophia,* ajouter au titre : *in qua Dei existentia et animae immortalitas demonstratur* (48) ; de fait, dans son livre, Descartes ne traite pas directement de l'immortalité et, l'année suivante, en 1642, l'édition hollandaise portera un titre plus exact : *in quibus Dei existentia et animae humanae a corpore distinctio demonstrantur.* Au confluent de deux apologétiques, celle de l'humanisme érudit et celle de l'humanisme scientifique, le P. Mersenne, plus ou moins consciemment, tient compte du contexte historique et ce titre des *Meditationes* annonçant plus qu'elles ne contiennent signifie que, ancien ou nouveau, l'humanisme chrétien a la même ambition : montrer la raison capable de prouver l'immortalité de l'âme comme l'existence de Dieu (49).

Cette relative suffisance de la raison s'étend à la volonté qui est l'activité de l'animal raisonnable. Il n'y a donc pas seulement une théologie naturelle mais une morale naturelle et un droit naturel. Bien plus, quand il aborde le problème de notre vie *hic et nunc,* l'apologiste instruit à l'école de Molina peut, même ici, faire un bout de chemin avec le libertin honnête homme : par les seules forces de sa nature, il a le pouvoir de s'avancer sur la voie de la sagesse, ce qui est une façon de préparer l'âme à recevoir la grâce ; sans doute, le salut ne dépend pas de ma volonté ; mais ma volonté est pour quelque chose dans l'œuvre de mon salut ; même lorsque l'impulsion vient de Dieu, le libre-arbitre subsiste et dans la prédestination des élus Dieu tient compte de l'usage que j'en ferai.

Pareille théologie posait les fondements d'une pédagogie humaniste non seulement par la place accordée aux « humanités » mais par la culture de la volonté qu'elle invite à pratiquer. Dans les « Règles à observer pour avoir le sens vrai qui doit être le nôtre dans l'Eglise militante », saint Ignace formule ainsi la dix-septième : « Il ne faut pas s'étendre tellement sur la grâce et avec tant d'insistance, qu'on fasse naître *le poison qui va supprimer la liberté.* Il est donc possible de parler de la foi et de la grâce, autant qu'on le peut avec le secours divin, pour une plus grande louange de la divine Majesté. Mais non pas d'une manière ni avec une présentation telles que, surtout à notre époque si dangereuse, *les œuvres et le libre arbitre en reçoivent quelque préjudice ou soient comptés pour rien.* » (50). Les mots soulignés laissent entrevoir tout un programme d'éducation qu'il ne faut pas oublier quand on lit Descartes (51) ni quand on parle de l'apologétique humaniste au XVIIe siècle.

Cette suffisance de la nature est le plus souvent liée à un sentiment de sa bonté. Sentiment, car il ne s'agit pas seulement d'un optimisme métaphysique impliqué dans l'idée de création mais d'un mouvement de l'âme dont la spontanéité et la ferveur sont autant cause qu'effet de la contemplation des œuvres de Dieu.

Le sentiment de la nature comme invitation à la littérature n'est pas une invention du XVIIIe siècle : les humanistes chrétiens du XVIIe ont déjà répondu à son appel. « Allons donc nous ravir dans le tableau de la nature ! » s'écrit Yves de Paris (52) ; et le voici, promeneur solitaire en froc, qui rêve dans la campagne, tous sens ouverts, y compris celui de l'odorat : « Tant de parfums que les plus heureux climats produisent et qui se rencontrent avec tant de suavité sur nos fleurs sont des présents que la nature ne nous ferait pas s'il ne nous était permis de les recevoir » ; d'ailleurs, à condition de n'en point abuser, « il ne faut point douter qu'on ne puisse prendre le plaisir des bonnes odeurs, puisque de tout temps la piété s'en est servie dans les sacrifices » (53). Les preuves de l'existence de Dieu à partir de l'ordre du monde invitent l'âme dévote à s'attarder devant un lever ou un coucher de soleil, « ... il se couche, il meurt, il s'ensevelit enfin dans une nuée d'écarlate » (54) ; son platonisme apprend au capucin à contempler les Idées mais sans l'empêcher de contempler les choses sensibles ; comment voir « un parterre brillant de fleurs », « sans que le cœur ne se dilate par une secrète joie, sans que l'âme ne soit en fête et qu'*elle ne fasse cesser toutes ses autres occupations* pour se donner plus entièrement aux magnificences d'un spectacle si solennel ? » (55). Soulignons l'expression signifiant que la sensation même devient contemplative et, quand « l'oreille attentive aux moindres bruits... ne veut être remplie que d'un doux bruissement de feuilles agitées et du concert des oiseaux » (56), le mot « ravissements » (57) doit être pris dans son sens propre sous la plume d'Yves de Paris comme il le sera sous la plume de Rousseau.

Plus curieuse est la façon dont certains apologistes traitent notre corps, car l'ascétisme impliqué dans la morale chrétienne incline très souvent l'âme à mépriser son compagnon ou du moins à s'en méfier. Or, écoutons le P. Richeome dire « l'adieu de l'âme dévote laissant son corps » (58). On pourrait supposer qu'elle lui rappelle la parole de Iahvé à Adam : tu es poussière et tu retourneras en poussière (59) ; or, pendant des pages et des pages, elle chante la perfection de ses formes et de ses fonctions : « En tout le corps, il n'y a rien de plus beau que le visage... Le front doucement arrondi tient le haut bout, comme le trône de la raison ; les yeux suivent après comme torches, flambeaux et étoiles d'icelles ; ... le nez est le quatrième en rang, comme le canal des odeurs, gouttières du cerveau et huissier pour introduire le souffle aux poumons... Les sourcils limitent le front par deux belles arcades, servant de toit et couverture aux yeux... » (60). Et cela continue, l'âme émerveillée ne se lassant pas de regarder, de s'exclamer ; la naïveté de son lyrisme ne doit d'ailleurs pas nous cacher le pressentiment confus d'une idée qui trouvera son expression philosophique dans le bergsonisme : le corps comme instrument d'action et instrument dont l'extrême complexité multiplie les possibilités, c'est-à-dire condamne l'âme humaine à la liberté (61).

Le chartreux Polycarpe de la Rivière n'est pas moins enthousiaste devant le corps que le jésuite Louis Richeome. *Angélique* ou *Des excellences et perfections immortelles de l'âme* est un in-4° de 801 pages. Angélique est le nom de l'âme de sorte que son corps est, comme le nom, au féminin ;

le moine poète rêve dans sa cellule : « Ce beau visage, l'image des Anges ; cet ivoire poli de son front, le trône de l'innocence et de la candeur ; ces cheveux blond-dorés qui flottent au gré du vent... frisottés et recrespés en ondes ; le vif et doux éclair de ses yeux... ; ses joux fleuries de rose et de lys, sa bouche d'Héliante... ses dents de perles et de diamants, son col d'albâtre, son sein d'œillets et de flammes, son teint délié et caillé de lait et de neige... » (62) etc. Il lui arrivera, avec des peintres moins discrets, de revenir sur « ce beau sein où leurs yeux vont si souvent à la picorée, quand leur bouche ou leur main n'y peuvent prendre autre butin, la fin de leurs délices » (63).

Oublions l'imagerie païenne que brodent les poètes de la Renaissance, le maniérisme et les nudités de l'école de Fontainebleau, l'amour tel qu'on le parle dans la littérature romanesque, bref les exemples et les influences dont devraient tenir compte une psychologie et une sociologie du public auquel s'adresse l'apologétique humaniste : il reste que la jubilation de l'âme devant la nature exprime une composante de la pensée et de la sensibilité chrétiennes, celle qui correspond à l'idée de création. A partir du troisième jour, après nous avoir appris ce que le Créateur vient de créer, le récit de la *Genèse* ajoute : « Et Dieu vit que cela était bon » ; au soir du dernier jour, regardant « tout ce qu'il avait fait », il aurait même vu que « cela était très bon ». Les humanistes chrétiens n'ont certes pas perdu le sens du péché, ils prêchent le combat spirituel et Yves de Paris dénonce en deux volumes, de plus de 500 p. chacun, *Les vaines excuses du pécheur* (64) ; mais une théologie d'inspiration moliniste permet de conserver à l'homme selon la nature la bonté que celle-ci tient de son origine, même quand il est devenu l'homme selon l'histoire, une histoire d'homme déchu.

Henri Busson disait que l'apologétique humaniste a voulu « se faire séduisante » (65). Certes, comme toute apologétique, elle procède par démonstration et, c'est la loi du genre, la démonstration ne doit pas seulement paraître irréfutable : elle doit persuader ; de là l'appel à l'imagination et aux puissances de sentiment. Mais, comme la raison, imagination et puissances de sentiment peuvent être tournées contre les habitudes ou les goûts du temps. Au contraire, en usant de la séduction pour persuader, les défenseurs humanistes de la religion vont, au moins dans la forme, sacrifier aux modes littéraires et artistiques : mythologie classique, style fleuri, nature grandiloquente. Cela reconnu, reconnaissons aussi que cette apologétique est animée par une conviction qui tient à l'essence du christianisme. Le pessimisme n'a pas le privilège de la profondeur : il y a un optimisme immanent au thème judéo-chrétien de la création, qui est en quelque sorte la résonance affective d'une vérité fondamentale de la révélation. La forme prise par l'apologétique humaniste est loin d'être simple affaire de tactique.

C'est même pourquoi l'opposition de Port-Royal à l'humanisme chrétien s'affirme au plus haut niveau de la conscience religieuse et à l'intérieur de la pensée chrétienne. Pascal et ses amis se croyaient certainement en face d'une théologie de basse qualité, qui, ayant perdu le sens du surnaturel, n'était plus chrétienne que de nom : en fait, l'apologétique humaniste exprimait un sentiment joyeux de la nature fondé sur une logique affective dont le principe est posé dans les premiers versets de la *Genèse.*

CHAPITRE VI

Y A-T-IL UN ANTI-HUMANISME LIBERTIN ?

Si nous acceptons les trois conditions proposées pour définir l'humanisme, ne faudrait-il pas parler d'anti-humanisme dans tous les cas où elles ne sont pas remplies ? Or, on ne voit pas *a priori* pourquoi ces conditions impliqueraient une référénce à la pensée chrétienne. La logique ne nous inviterait-elle pas à dire : puisqu'il y a un « humanisme chrétien » et un « humanisme libertin », n'y aurait-il pas aussi un « anti-humanisme chrétien » et un « anti-humanisme libertin » ? Etant bien entendu que l'adjectif « libertin » vise moins les mœurs que la pensée.

Mais il arrive que la logique simplifie l'histoire. Or il s'agit ici d'histoire et très précisément de l'histoire du XVIIe siècle.

D'abord, il n'y a pas dans le libertinage des raisons historiques et théologiques de marquer une coupure entre l'Antiquité gréco-latine et l'Antiquité chrétienne : rien, ici, n'invite à se méfier des maîtres à penser privés des lumières de la révélation puisque ces lumières sont éteintes. Il est certes permis au libertin de ne trouver satisfaisante aucune des philosophies de l'Antiquité gréco-latine ; il en trouve une, d'ailleurs, qui se charge d'une telle critique : celle des pyrrhoniens ; mais c'est alors la philosophie elle-même qui reconnaît ses limites.

Ces limites, évidemment, ne sont pas la conséquence d'une chute qui aurait laissé l'homme irrémédiablement infirme. Il est permis au pyrrhonisme de mettre en question les capacités de nos facultés et la bonté de la nature ; il n'y a pourtant dans le libertinage aucune raison d'envisager une corruption originelle, quitte à discuter sur l'étendue et la profondeur de cette corruption. Son expérience de la vie dans le monde et ce que lui apprend l'histoire des nations peuvent inspirer à un libertin une très triste idée de notre condition : nous ne sortons cependant pas d'une sagesse sans dimension surnaturelle.

A l'intérieur du christianisme « l'avant » et « l'après » marqués par la Croix, la chute irréversible signifiée par le péché d'Adam introduisent une invitation à l'« anti-humanisme ». Or ces deux exigences ne se trouvent pas à l'intérieur du libertinage, quelles que soient ses formes : y en aurait-il d'autres qui, même en puissance, conduiraient à ce que nous pourrions appeler un « anti-humanisme » ?

Une fois mis en garde contre les déductions de la pensée logicienne, revenons à l'histoire.

Quand le libertinage est érudit, comme l'appelle M. René Pintard, son érudition trouve chez les auteurs païens un scepticisme et un pessimisme qui obligent, en effet, à se demander s'il est alors vraiment humaniste. Ecoutons la chanson de Vallée des Barreaux.

> Mortels qui vous croyez, quand vous venez à naître,
> Obligés à Nature, ô quelle trahison !
> Se montrer un moment, pour jamais disparaître,
> Et pendant que l'on est, voir des maux à foison,
> Tenant plus au néant que l'on ne fait de l'être,
> . . . .
> Je renonce au bon sens, je hais l'intelligence.
> D'autant plus que l'esprit s'élève en connaissance,
> Mieux voit-il le sujet de son affliction. (1)

Et encore :

> Dieu, Nature ou Destin, que tu nous fais grand tort !
> De peine et de chagrin toute la vie est pleine,
> Au lieu de ton amour tu nous montres ta haine,
> Qui que tu sois des trois qui conduises le sort. (2)

Nous sommes très loin de l'humanisme *ad majorem hominis gloriam* selon la définition traditionnelle (3) et même de cet humanisme selon notre définition que l'on pourrait dire *ad minorem hominis gloriam.* Allons-nous pourtant parler de l'anti-humanisme de Des Barreaux ?

Des spirituels chrétiens pourraient annexer le vers :

> Tenant plus du néant que l'on ne fait de l'être

Or sous la plume de certains, Pascal par exemple, le vers aurait des résonances anti-humanistes qu'il n'a pas dans le sonnet de Des Barreaux : il exprimerait la néantisation du pécheur par son péché. Etrange équivoque ! Pour essayer d'en éclaircir les raisons, l'histoire nous offre un cas privilégié avec Montaigne (4).

Au premier abord, le scepticisme et le pessimisme ne pourraient trouver plus parfaite expression que dans les *Essais* et même sous une forme presque systématique dans le chapitre XII du Second livre, *Apologie de*

Raymond Sebond. Quand nous nous comparons aux bêtes, même sans exagérer les avantages de l'instinct, c'est « par une fierté folle et opiniâtre, que nous nous préférons aux autres animaux ». Certes, nous avons la raison et la faculté de juger : mais à quel prix ! « ... nous avons pour notre part l'inconstance, l'irrésolution, l'incertitude, le deuil [douleur], la superstition, la sollicitude [inquiétude] des choses à venir, voire après notre vie, l'ambition, l'avarice, la jalousie, l'envie, les appétits déréglés, forcenés et indomptables, la guerre, le mensonge, la déloyauté, la détraction [le dénigrement] et la curiosité. » (4). Montaigne peut donc écrire : « La présomption est notre maladie naturelle et originelle. La plus calamiteuse et fragile de toutes les créatures, c'est l'homme... » (5). De fait, « il semble, à la vérité, que nature, pour la consolation de notre état misérable et chétif, ne nous ait donné en partage que de la présomption... l'homme n'a rien proprement sien que l'usage de ses opinions. Nous n'avons que du vent et de la fumée en partage. » (6).

Montaigne, lui aussi, oppose à cette « présomption » une impitoyable conscience de notre néant. « Le moyen que je prends pour rabattre cette frénésie et qui me sembla le plus propre, c'est de froisser [écraser] et fouler aux pieds l'orgueil et humaine fierté ; leur faire sentir l'inanité, la vanité et dénéantise [néant] de l'homme... » (7). Dans un autre chapitre nous lisons aussi, devant les misères qui sont le lot du sage comme de tous les autres mortels : « Tant sage qu'il voudra, mais en fin c'est un homme : qu'est-il plus caduque, plus misérable et plus de néant ? » (8).

Où est l'humanisme dans de tels propos ? Pascal ne les a-t-il pas fait passer dans la partie de son apologétique que nous appellerions anti-humaniste ? Il est vrai que Montaigne a lui-même, dans l'*Apologie,* préparé l'annexion. Aussitôt après avoir opposé à l'orgueil des hommes leurs « dénéantise » il continue : « ... leur arracher des points les chétives armes de leur raison ; leur faire baisser la tête et mordre la terre *sous l'autorité et révérence de la majesté divine.* » (9). Et dans la conclusion du « discours », nous lisons : « O la vile chose et abjecte que l'homme », lamentation aussitôt suivie d'une parole d'espoir, avant le point d'exclamation : *« s'il ne s'élève au dessus de l'humanité ! ».* Ce qui est précisé quelques lignes plus loin : « Il s'élèvera si Dieu lui prête extraordinairement la main. » (10). Parlons-nous, alors, d'anti-humanisme chrétien pour Montaigne comme pour Pascal qui commente ces textes à l'intention de M. de Sacy et qui les retrouve dans sa mémoire lorsqu'il rédige les pages sur la condition humaine destinées à son « Apologie de la religion chrétienne » (11) ?

Bien que les étiquettes « humanisme » et « anti-humanisme » ne désignent pas des catégories du vocabulaire pascalien, nous trouvons dans celles-ci d'utiles leçons sur la façon de s'en servir.

Pas plus que M. de Sacy, Pascal ne croit qu'un chrétien a besoin de lire Montaigne, entendons : un vrai chrétien, qui reconnaît la vraie vie dans la spiritualité de Saint-Cyran, la vraie théologie dans celle de saint Augustin, le vrai augustinisme dans l'*Augustinus* de Jansénius. Mais, dans la société où, après sa « conversion », Blaise Pascal se sent appelé à défendre la vraie religion, il y a aussi ce qu'un ami de son père, le savant P. Mersenne, avait dénoncé dans le titre d'un énorme livre : *L'impiété des déistes, athées et libertins de ce temps* (12). L'apologétique doit donc essayer d'amener ces impies à sortir de leur impiété ; elle ne peut évidemment pas faire appel à des arguments présupposant une foi qu'ils n'ont pas ; elle doit les rejoindre là où ils sont, se mettre sur leur propre terrain, et, en quelque sorte, entrer dans leur univers culturel. Or voici qu'elle y rencontre Montaigne. Celui-ci, aux yeux de Pascal, n'est ni un déiste, ni un athée, ni un libertin (13), mais, c'est un fait, ces impies le lisent et le tiennent pour un maître à penser. Que M. de Sacy comprenne alors la tactique que propose « le nouveau converti » : montrer à ces impies que l'homme selon Montaigne est aussi l'homme selon la religion véritablement chrétienne de sorte que, sans le savoir, en suivant Montaigne, ils arrivent au seuil du Temple.

Après avoir entendu un discours soigneusement rédigé dont les thèmes et les termes les plus frappants viennent directement de Montaigne, comment ne pas partager la satisfaction de Pascal ? « Je vous avoue, Monsieur, que je ne puis voir sans joie, dans cet auteur, la superbe raison si inviciblement froissée par ses propres armes, et cette révolte si sanglante de l'homme contre l'homme, qui, de la société avec Dieu, où il s'élevait par les maximes, se précipite dans la nature des bêtes. » (14).

Dans le bilan final de l'entretien, Pascal justifie cette « joie » en quelques lignes disant exactement ce que doit à Montaigne l'apologétique telle que, dès cette époque, il l'envisage. Quand le libertin rejette les vérités de la foi parce qu'elles échappent à la raison ou même choquent la raison, qu'il relise Montaigne ! Si la raison ne peut atteindre des certitudes dans l'ordre de la nature, elle n'a vraiment aucune autorité pour juger celles du surnaturel. « Montaigne est incomparable pour confondre l'orgueil de ceux qui, hors la foi, se piquent d'une véritable justice ; pour désabuser ceux qui s'attachent à leurs opinions et qui croient trouver dans les sciences des vérités inébranlables, ... ». Suit la conséquence de ce scepticisme et de ce pessimisme pour la religion : « et pour convaincre si bien la raison de son peu de lumière et de ses égarements qu'il est difficile, quand on fait un bon usage de ses principes, d'être tenté de trouver des répugnances dans les mystères. » (15).

« Le pyrrhonisme est le vrai », écrira Pascal dans un fragment destiné à son Apologie de la religion chrétienne (16).

Assistons-nous dans l'Entretien avec M. de Sacy à la rencontre de deux anti-humanistes, celui de Pascal et celui de Montaigne ?

Mais pouvons-nous parler d'un anti-humanisme de Montaigne ?

Pour répondre à cette question, passons à la partie critique du discours sur Montaigne que Pascal soumet à M. de Sacy. Soulignons les premiers mots de ce discours : « Montaigne... étant né dans un état chrétien... fait profession de la religion catholique... mais... il a voulu chercher quelle morale la raison devrait dicter sans la lumière de la foi... » (17). Il s'agit donc d'un projet essentiellement humaniste : chercher ce que serait une morale naturelle ; le postulat d'un tel projet est que le moraliste compte uniquement sur la lumière naturelle et sur la volonté. Certes, sa recherche le conduit d'incertitude en incertitude, d'insuffisance en insuffisance : elle aboutit à un constat d'échec. Mais cet échec, Montaigne s'en accommode, Pascal ne l'accepte que pour y voir l'impérieuse nécessité de regarder l'homme sous un autre éclairage. « Cette révolte sanglante de l'homme contre l'homme » qui devrait réjouir M. de Sacy est la traduction pascalienne de ce qui est dans Montaigne la soumission raisonnable de l'homme à sa pauvre humanité.

Sans doute, nous l'avons vu, Montaigne n'ignore pas la religion et Pascal le souligne dès le début de l'exposé le concernant : « Pour Montaigne... il a pris ses principes... en considérant l'homme destitué de toute révélation... » (18). Le contexte permet de penser que cette « révélation » existe mais mise « à côté », sinon « de côté ». Et elle y reste tout le long de la recherche morale ; puis, si on la retrouve au moment où l'échec de la recherche est manifeste, elle est encore « à côté », serait-ce dans l'esprit du lecteur qui ne la mettrait pas « de côté ».

Tel est le sens de la longue critique qui suit l'analyse des textes justifiant « l'utilité » de la lecture de Montaigne, « utilité », bien sûr, aux yeux d'un M. de Sacy (19). Ce qu'il ajoute alors nous montre que « la révolte sanglante de l'homme contre l'homme » est une réaction de Pascal lisant Montaigne et non de Montaigne écrivant ses *Essais.* « Et j'aurais aimé de tout mon cœur le ministre d'une si grande vengeance si, étant disciple de l'Eglise par la foi, il eût suivi les règles de la morale en portant les hommes qu'il avait si utilement humiliés, à... » : l'« utilité » de la lecture des *Essais* n'est pas en cause mais le fait que n'ayant pas trouvé « les règles » d'une « morale » naturelle, leur auteur n'ait pas alors pris le parti de défendre celles de la morale impliquée dans la religion dont il faisait profession, c'est-à-dire : « en portant les hommes... à ne pas irriter par de nouveaux crimes celui qui peut seul les tirer des crimes qu'il les a convaincus de ne pouvoir pas seulement connaître » (20).

En clair : Montaigne a voulu chercher ce que pourrait être une morale naturelle, une fois la religion mise à part ; or il a constaté la radicale déficience de la raison théorique et pratique, incapable même de savoir pourquoi elle est si déficiente ; puisqu'il « fait profession de la religion catholique », comment n'a-t-il pas vu que le moment était venu de ne plus la mettre à part ? Montaigne eût alors trouvé « la morale » dans les vérités de la foi qui révèlent le sens de notre vie : le crime d'Adam, l'humanité devenue criminelle par héritage, la grâce rédemptrice, l'impossibilité de rester indifférent au problème du salut, et de ne pas se tourner vers les mystères chrétiens. En continuant à mettre à part la religion, Montaigne « agit en païen » puisqu'il raisonne comme s'il ignorait le christianisme, ce qui est la définition même du paganisme.

Le projet de Montaigne répondant à une question de l'esprit humaniste : que peut l'homme livré aux seules capacités de sa nature comme l'étaient les moralistes de l'Antiquité greco-latine ? La réponse est qu'il ne peut pas grand'chose et nous avons entendu Montaigne employer les mots les plus durs pour qualifier sa misère, parlant même de « néant ». Qu'en résulte-t-il ? Une révolte contre l'humanisme ? Est-ce que Montaigne opère le virage que marque le préfixe « anti » ? Non : Montaigne accepte l'homme tel qu'il est.

Si dans ce dialogue qui a pour décor Port-Royal des Champs on peut parler de « révolte », ce n'est pas en lisant Montaigne pour assister avec lui à une révolte exemplaire de l'homme contre l'homme, mais en écoutant Pascal en révolte contre la trop facile résignation de Montaigne à son « néant ». Le vrai et le bien sont inaccessibles ? Eh bien ! n'y pensons plus ; cherchons « la tranquillité » (22), « le repos » (23), le critère de la sagesse devient « la commodité » (24) ; le plus commode, et donc le plus sage, est de suivre « la coutume » (25) ; celui qui sait vivre selon cette morale « agit comme les autres hommes, et tout ce qu'ils font dans la sotte pensée qu'ils suivent le vrai bien, il le fait par un autre principe qui est que les vraisemblances étant pareilles d'un et d'autre côté, l'exemple et la commodité sont des contrepoids qui l'entraînent » (26).

Le regard de Montaigne sur l'homme est sans complaisance mais l'humanisme continue à donner le ton. Pas un humanisme flamboyant, mais un humanisme sans illusions, un humanisme sans drame, un humanisme même souriant. « La vertu », Pascal le souligne, devient « plaisante, enjouée et pour ainsi dire folâtre, elle sait ce qui la charme et badine négligemment des accidents bons ou mauvais... » ; Montaigne ne le dit-il pas lui-même ? « l'ignorance et l'incuriosité sont deux doux oreillers pour une tête bien faite. » (27).

Dans une note jetée sur un bout de papier dont le développement eût, dans son « Apologie de la religion chrétienne », établi un bilan des « défauts de Montaigne », Pascal prend la présence et l'absence du péché originel comme marquant une coupure radicale entre les anthropologies qui se veulent chrétiennes et celles qui ne le sont pas, même, comme dans le cas de Montaigne, si elles laissent subsister l'édifice religieux dans le voisinage. L'auteur des *Essais* « inspire une nonchalance du salut, sans crainte et sans repentir ». Avec cette circonstance aggravante : « Son livre n'étant pas fait pour porter à la piété, il n'y était pas obligé, mais on est toujours obligé de n'en point détourner. ». Pascal voyait la montée des périls : « On peut excuser des sentiments un peu libres et voluptueux en quelques rencontres de la vie... mais *on ne peut excuser* des sentiments tout païens sur la mort. » : il s'agit d'une impossibilité radicale. « Car il faut renoncer à toute piété si on ne veut au moins mourir chrétiennement. ». Or Montaigne « ne pense qu'à mourir lâchement et mollement par tout son livre » (28). C'est cette « mollesse » qui interdit toute excuse.

Si le scepticisme et le pessimisme ne font pas sortir Montaigne de l'humanisme mais en font sortir Pascal ou plutôt ne permettent pas à Pascal d'y entrer, c'est que les pensées communes aux deux auteurs ont des fondements radicalement différents.

Montaigne, on l'a lu à la fin de l'*Apologie de Raymond Sebond,* sait que l'homme est « une vile chose... s'il ne s'élève au dessus de l'humanité » ; il sait aussi qu'« il s'élèvera si Dieu lui prête extraordinairement la main », Dieu seul pouvant être l'auteur de « cette divine et miraculeuse métamorphose ». Montaigne parle donc comme parlera Pascal. Mais, pour Montaigne, cela veut dire : à Dieu de jouer ! En attendant, débrouillons-nous afin de vivre le moins mal possible. Pour Pascal, cela veut dire : n'attendons pas, efforçons-nous de vivre en vue de cette « métamorphose » que dans le langage chrétien on appelle « conversion ».

Le pyrrhonisme et le pessimisme de Montaigne sont immédiatement pensés par Pascal à l'intérieur de la vision chrétienne de l'homme dans le monde : là, ils apparaissent avec leur origine qui est le crime d'Adam ; ils signifient un mal radical, une corruption de notre nature, une chute qui n'est pas un simple accident de parcours mais après laquelle la grâce de Jésus-Christ, seule, a le pouvoir de nous relever. En termes qui sont d'une autre époque : religion et anthropologie ne sont pas l'une à côté de l'autre ; la religion est dans l'anthropologie ; elle introduit une dimension transcendante dans notre misère, elle dit pourquoi notre condition est vile ; avec Montaigne, nous sommes dans « la comédie humaine » ; avec Pascal, dans « la divine comédie » qui est une tragédie.

En laissant hors de son anthropologie la transcendance introduite dans l'histoire de l'humanité et dans celle de chaque homme par l'obsédant souvenir d'une irrémédiable offense à Dieu, Montaigne n'y trouve aucune raison de tomber dans un quelconque anti-humanisme : son expérience de la vie et du monde l'invite simplement à faire profession d'un humanisme modeste, sans prétention à la grandeur, sans nostalgie existentielle. Au contraire, une sainte colère agite l'âme de Pascal devant un humanisme qui ignore ou laisse entre parenthèses le péché originel et la grâce, qui ne fait pas du salut le centre de sa sagesse, qui n'éveillera jamais le sens tragique de la vie.

Ainsi, dans Montaigne, un scepticisme et un pessimisme qui ne se prennent pas au tragique ne contredisent pas l'esprit de l'humanisme mais le rendent conscient de ses limites. Au contraire, ils tournent spontanément à l'anti-humanisme dans l'apologétique de Pascal. Nous pouvons reprendre pour l'entendre à notre façon une « Pensée » de Pascal : « Ce n'est pas dans Montaigne mais dans moi que je trouve tout ce que j'y vois. » (29). Traduisons : lisant les textes pyrrhoniens et pessimistes de Montaigne, Pascal les retrouve en lui immédiatement « pascalisés ».

Le cas Montaigne représente, semble-t-il, un exemple privilégié lorsqu'on pose la question d'un anti-humanisme libertin ou plus précisément d'un anti-humanisme non chrétien au XVIIe siècle : si une partie de l'anthropologie de Montaigne a pu être récupérée dans l'apologétique anti-humaniste de Pascal, ne serait-ce pas parce qu'elle était déjà anti-humaniste avant d'être « pascalisée » ? N'y aurait-il pas dans les *Essais* une espèce d'anti-humanisme primordial, quitte à le juger inconséquent et en contradiction avec une sagesse profondément humaniste (30) ? Mais, on l'a vu, lorsque Pascal se réjouit de voir dans les *Essais* « une révolte de l'homme contre l'homme », sa joie n'est pas l'effet d'un contre-sens, de lectures trop rapides, partielles... Usant de nos étiquettes, à aucun moment, ni dans l'*Entretien avec M. de Sacy* ni dans les *Pensées*, Montaigne n'apparaît comme anti-humaniste ; si Pascal ne met pas en question sa religion et s'il ne le rangerait pas parmi les francs libertins, il ne cesse de voir et de viser en lui le séduisant essayiste en qui tant de libertins trouvent un maître à penser : c'est même pourquoi il tient à l'enrôler, au moins pendant un certain temps, dans son combat contre ces derniers.

Bien sûr, un exemple même privilégié ne suffit pas pour résoudre une question qui est question de fait : la réponse exigerait un inventaire de tous les faits ou, puisqu'on n'est jamais sûr de connaître *tous* les faits, un échantillonage. Ce que nous avons lu dans *La Sagesse* nous montre un Pierre Charron si proche de Montaigne que son cas ne présente rien de vraiment nouveau : ici encore, le scepticisme et le pessimisme n'empêchent pas le moraliste de rester un humaniste. Il est donc certain qu'il n'y a, ici, aucune prétention à prouver quoi que ce soit. On voulait simplement montrer que la question d'un anti-humanisme non chrétien au XVIIe siècle existait : or la meilleure façon se montrer qu'une question doit être posée, c'est de la formuler à l'intérieur d'une réponse hypothétique.

Posons donc : au XVIIe siècle, nous ne trouvons pas d'anti-humanisme libertin. Reste à se demander pourquoi.

Nous sommes à une époque où l'anti-humanisme que nous avons rencontré suppose une conception de l'humanité à l'intérieur de laquelle la pensée humaniste se heurterait à un mal radical dont l'homme ne saurait triompher par les seules forces de la nature. Précisons : la virulence agressive du préfixe *anti* suppose une certaine culpabilité de l'homme à l'origine de ce mal ; ainsi on pourrait, certes, regretter la finitude de l'homme en tant qu'être créé mais non l'en tenir pour responsable. Bref, à l'époque qui nous intéresse, l'emploi des étiquettes « humaniste » et « anti-humaniste » est, au moins en grande partie, déterminé par le rôle que tiennent la notion de péché originel dans les diverses anthropologies et ce que Henri Bremond appelait « le cauchemar du péché » (31) dans la conscience populaire.

Il est normal que ce rôle soit capital dans les anthropologies accordées à la théologie chrétienne de l'histoire, quoiqu'il puisse être fort différent. Si le péché n'a pas radicalement corrompu la nature, si la raison reste capable d'édifier non seulement une physique mais une « théologie naturelle », si la volonté reste capable d'accomplir sans la grâce, quelques bonnes actions, un « humanisme » chrétien est concevable. Mais dans une perspective où le péché a si radicalement corrompu la nature que la vie dans le monde se déroule « sous le soleil de Satan », l'homme, comme dit Pascal, ne peut se sentir qu'« en révolte contre l'homme », le « contre », avec son dynamisme agressif, devenant « anti » dans l'étiquette composée avec le mot « humanisme ».

Il est normal aussi que l'idée de péché originel ne joue aucun rôle dans les anthropologies élaborées par la seule raison et à partir de l'expérience. Ici encore, il y a deux perspectives : d'un côté, en grande partie à cause de cette idée de péché originel, il s'agit d'anthropologies plus ou moins ouvertement anti-chrétiennes ; de l'autre, d'anthropologies qui restent à côté, donc en dehors de la révélation chrétienne. Dans le premier cas, l'humanisme entend éliminer l'idée de péché originel ; dans le second cas, pratiquement, il ne la rencontre pas.

C'est ce dernier cas que nous avons au moins entrevu dans les *Essais* de Montaigne et dans « la sagesse humaine » de Pierre Charron. C'était sans doute l'attitude de « l'honnête homme » tel que Pascal pouvait le voir dans le chevalier de Méré (32) et dans Damien Mitton (33). Ici, la Bible est fermée, même si elle est sur la table ; l'homme est simplement en face de l'homme et rien de l'invite à être contre l'homme ; situation propice à un humanisme dans lequel on chercherait vainement des raisons d'une conversion à l'anti-humanisme. Certes, l'humaniste peut juger bien pauvres nos moyens de connaître, bien faible le pouvoir de notre volonté, bien insensées l'histoire des peuples et l'histoire des religions ; mais puisqu'il ne met pas fin à cette vie, c'est qu'il l'accepte, c'est qu'il s'accommode de sa condition, c'est que son scepticisme rend plus tolérable son pessimisme et l'humanisme continue *moderato cantabile*.

La notion de péché originel provoque une tout autre réaction lorsqu'elle est tenue par la pire des superstitions : elle introduit dans notre vie la menace permanente d'un au-delà terrifiant, la peur impose une ascèse que la vraie sagesse condamne, une prétendue condition humaine est artificiellement substituée à la nature. On remarquera le ton assuré de Théophile de Viau lorsqu'il célèbre l'innocente béatitude de « la bête » ; il s'agit simplement d'évidences :

Le remords d'un forfait en son cœur ne la mine,
Elle ignore le mal pour n'en avoir la peur,
Ne connaît point l'effroi de l'Achéron trompeur (34)

Par suite, aucun « désespoir » devant la mort et une éthique dont le fond antichrétien était suffisamment transparent pour envoyer l'auteur en prison :

J'approuve qu'un chacun suive en tout sa nature ;
Son empire est plaisant et sa loi n'est pas dure
. . . .
Jamais mon jugement ne trouvera blâmable
Celui-là qui s'attache à ce qu'il trouve aimable.

Et ce n'est pas la crainte d'un jugement dernier qui peut troubler ce plaisir de vivre :

La barque de Charron à tous inévitable
Non plus que le méchant n'épargne l'équitable,
Injuste nautonnier, hélas ! pourquoi sers-tu
Avec même aviron le vice et la vertu ? (35)

Pour Des Barreaux également, aucun problème, aucune angoisse.

Mortel, qui que tu sois, n'aye plus à frémir
De l'horreur de la mort et de la sépulture.
Ce n'est qu'un doux repos où tombe la Nature

C'est pourquoi

Des pensers de la mort n'affligeons point la vie. (36)

Même sérénité, mais ton plus agressif dans *La Mort d'Agrippine ;* rappelons d'abord, mais avec son contexte, le vers déjà cité où Cyrano de Bergerac annonce d'abord le crépuscule des dieux :

Qui les craint ne craint rien.

car « ces enfants de l'effroi »

Ces beaux riens qu'on adore sans savoir pourquoi
. . . .
Ces dieux que l'homme a faits et qui n'ont point fait l'homme. (37)

Ces dieux une fois partis, nous pouvons regarder la mort en face :

Etais-je malheureux lorsque je n'étais pas ?
Une heure après la mort, notre âme évanouie
Sera ce qu'elle était une heure avant la vie. (38)

Ainsi, avec ces francs libertins, on ne se propose plus de séparer la foi et la raison : la raison élimine la foi. La Bible reste donc ouverte et voici les esprits forts en arrêt devant les mêmes pages que les augustiniens de stricte observance : celles qui racontent la chute d'Adam. Mais les seconds y lisent une histoire aux conséquences tragiques, *in saecula saeculorum* ; puisque tous les pécheurs sont condamnés à être éternellement séparés de Dieu, leur salut dépend de la seule volonté de Dieu : pour être intégral, leur christianisme se fait anti-humanisme. Les premiers, eux, déchirent les pages de la Genèse qui introduisent l'angoissante hantise du salut dans notre vie et ils adhèrent à un humanisme essentiellement anti-chrétien.

En attendant des recherches moins restreintes la conclusion ne peut être qu'hypothétique. Nous dirons donc : il n'y a pas d'anti-humanisme libertin ou non-chrétien au XVIIe siècle parce que l'anti-humanisme est alors une réaction de la conscience chrétienne : précisons même : de la conscience chrétienne hantée par l'idée du péché originel.

L'anti-humanisme que nous avons rencontré au XVIIe siècle est donc lié à un certain contexte historique ; la possibilité d'un anti-humanisme qui ne serait pas d'inspiration chrétienne est donc concevable dans un autre contexte historique.

CHAPITRE VII

LE VRAI SAINT AUGUSTIN ?

Au XVIIe siècle, l'anti-humanisme est une réaction de la conscience chrétienne à la fois contre les humanismes libertins et contre les infiltrations humanistes qui la menacent de l'intérieur. Mais la conscience chrétienne se manifeste toujours par la voix d'un docteur : or nous sommes à une époque que l'on a pu très justement appeler « le siècle de saint Augustin » (1). Où donc la voix de saint Augustin pourrait-elle mieux être entendue que dans l'*Augustinus ?* C'est, ne l'oublions pas, un ouvrage de théologie positive ; Jansénius prétend seulement rapporter ce que saint Augustin a pensé sur la grâce. A sa suite, les théologiens de Port-Royal, quand ils se distinguent des calvinistes et des molinistes, s'appellent non pas, certes, « les jansénistes » mais « les disciples de saint Augustin » (2). Or, au XVIIe siècle, bien d'autres se disent fidèles à la doctrine de saint Augustin. Alors ?

Alors, ce n'est pas le même saint Augustin qui est vu par les uns et par les autres.

Luther et Calvin prêchent un retour à saint Augustin (3) ; mais lisant les mêmes textes, les défenseurs de l'*Augustinus* s'opposent d'autant plus violemment à Luther et Calvin que les adversaires de Jansénius se plaisent à le rejeter, lui, et par suite ses amis, du côté des Réformateurs. Le P. Malebranche trouve dans saint Augustin non seulement une philosophie de l'esprit mais une théologie de la Rédemption ; or Arnauld accuse de pélagianisme son *Traité de la Nature et de la Grâce* (4). Dans les dernières années de sa vie, Fénelon travaille à la préparation d'un *Augustinus* qui serait un *Anti-Jansénius* (5)... Ainsi « le siècle de saint Augustin » est surtout un siècle à la recherche du vrai saint Augustin.

M. Philippe Sellier a pu distinguer au XVIIe siècle un « augustinisme philosophique », dont la principale aventure a sans doute été la rencontre avec le cartésianisme, « un augustinisme théologique » particulièrement attaché aux problèmes complémentaires de la prédestination et de l'efficacité de la grâce, « un augustinisme littéraire » important dans l'histoire de la sensibilité et de la rhétorique (6). En gros, les deux premiers augustinismes se retrouvent dans « la double tradition augustinienne » que le R.P. Aimé Solignac discerne pas seulement au XVIIe siècle mais dans toute l'histoire de la pensée chrétienne : « la tradition lumineuse » et « la tradition ombreuse ». Il y a un augustinisme où la foi cherche l'intelligence, où l'intelligence récupère le platonisme et le néoplatonisme, où le docteur Arnauld reconnaît un *cogito* et une voie intérieure qui débouche sur la transcendance divine ; « la luminosité » est bien celle d'une philosophie. L'autre augustinisme est celui d'une théologie qui souligne les malheurs de la condition humaine après la chute, la faiblesse de notre liberté, notre extrême dépendance par rapport à Dieu (7).

L'augustinisme « lumineux » peut, semble-t-il, tourner l'esprit vers des recherches de style humaniste ; l'augustinisme « ombreux » semble plutôt lui imposer un devoir de vigilance anti-humaniste. Mais s'il est relativement facile de reconnaître un augustinisme « lumineux » propice aux aspirations humanistes – la sympathie d'Arnauld pour la théodicée cartésienne – et un augustinisme « ombreux » foncièrement anti-humaniste – la théologie de la grâce du même Arnauld –, il l'est beaucoup moins dans les cas où la frontière entre le « lumineux » et l'« ombreux » est peu perceptible ; très précisément : n'y aurait-il pas, à l'intérieur de la tradition dite « ombreuse » de l'augustinisme un principe de divergence introduit par le désir de la rendre moins « ombreuse », comme si la tentation humaniste n'était tout de même pas complètement écartée.

Prenons un cas précis, celui du carme Léon de Saint-Jean. Il s'agit d'un personnage important dans son Ordre où, sauf celle de Prieur général, il exerça toutes les charges : prieur à Angers, puis à Paris, provincial de Toulouse, visiteur apostolique de France, assistant. C'est aussi un prédicateur de grand renom : il prononce les oraisons funèbres de Richelieu et de Mazarin. Son œuvre apologétique est abondante. Pour Henri Bremond puis pour le P. Julien-Eymard d'Angers, aucune question : c'est un humaniste chrétien (8). Or il y a une question pour M. Jean-Pierre Massaut qui la pose dans le titre même d'un remarquable article : *Humaniste ou augustinien ?*, « ou » signifiant non pas une possibilité de choix mais la substitution du second terme au premier (9).

Son érudition et ses projets de mission encyclopédique expliquent la réaction spontanée d'Henri Bremond et du P. Julien-Eymard d'Angers. Les titres mêmes de certains ouvrages postulent une certaine confiance dans les facultés naturelles de l'homme. Ainsi : *L'Œconomie de la vraye religion chrétienne, catholique, dévote, par un raisonnement naturel, moral, politique* (10). « Ce travail, écrit l'auteur, ayant pour but l'instruction de tout esprit raisonnable, je croirai avoir produit une démonstration suffisante pour convaincre lorsque par induction de plusieurs choses sensibles... j'aurai conclu quelque suite nécassaire de vérités. » (11). Citons encore : *Le Portrait de la sagesse universelle avec l'idée générale des sciences...* qui sera réédité sous le titre : *L'Académie des Sciences et des Arts pour raisonner de toutes choses et parvenir à la Sagesse universelle* (12). On trouve aisément sous la plume de Léon de Saint-Jean des textes qui célèbrent l'excellence de l'homme, sa position au centre de l'Univers, sa domination sur les être matériels. D'autre part, il cite volontiers les philosophes de l'Antiquité, notamment Platon. Enfin, il n'aurait pas écrit seulement contre les libertins et contre les protestants : il aurait attaqué les jansénistes (13).

Mais, le P. Julien-Eymard d'Angers remarque lui-même que Léon de Saint-Jean occupe « une position de juste milieu » (14) ; on est obligé de se demander quel sens peut bien avoir ici le mot « milieu ». Dans l'œuvre foisonnante et en apparence dispersée du Carme il semble y avoir comme un « unique nécessaire » qui exclut l'espèce d'égalité entre deux termes impliquée dans l'image confuse de « milieu » : la quête mystique. Les fleurs de l'apologétique à résonance humaniste sont des lieux communs que la tradition chrétienne a toujours véhiculés (15). Mais écoutons le P. Léon de Saint-Jean prêcher à la Cour : l'homme est, certes, la seule créature douée de liberté ; mais à quel prix ! « O heureux esclavage, ô bienheureuse ignorance qui fait que les cieux... les plantes, les animaux ne s'égarent jamais du droit chemin... Il n'y a que toi, ô homme, dont la connaissance est criminelle, et le privilège de ton franc-arbitre est l'occasion de ta révolte et de ta réprobation. » (16). Après le péché, pauvre nature humaine ! Quel pouvoir lui reste-t-il ? Ouvrons l'*Economie de la vraie religion* : « La nature de tous les hommes, faible et impuissante en elle-même, est incapable de rendre ses devoirs à Dieu, et par un surcroît de malheur, le péché l'a rendue indigne des secours nécessaires pour cet effet. » A l'état d'innocence, « elle ne peut tout au plus produire dans les actions qu'une honnêteté morale ; mais depuis qu'elle a été corrompue par l'iniquité, elle n'engendra que des enfants vicieux » (17). « La nature est sans connaissance de sa vraie lumière, sans persévérance au vrai bien. » « Dieu et la nature sont contraires. » Ne disons pas, alors : la grâce ne détruit pas la nature mais l'achève. « La nature doit être anéantie », c'est-à-dire « absorbée par les qualités de la grâce pour faire un ouvrage digne de Dieu » ; un tel « vide » est la condition de l'union à Dieu : « si nous retournons à notre néant, Dieu deviendra tout en nous. » (18). Ces propos à résonance bérullienne ne sont certes pas d'inspiration humaniste.

Nous avions proposé de considérer dans la définition de l'humanisme une relative suffisance des facultés que l'on peut attribuer à la nature humaine, raison et volonté par exemple, ce qui suppose une certaine bonté de cette nature ; de là, aussi, lorsqu'il s'agit de la connaissance de la nature, la possibilité pour la pensée chrétienne de puiser dans celle de l'Antiquité gréco-romaine. Si les deux premières conditions ne se trouvent pas vraiment dans la doctrine de Léon de Saint-Jean, la troisième ne saurait y être très assurée. Sans doute, le carme distribue des louanges aux Anciens, notamment – à la suite de saint Augustin d'ailleurs – aux platoniciens (19). Bien plus, lorsqu'il compose son traité de morale chrétienne : « je commence, déclare-t-il, par recueillir tout ce que j'ai trouvé de plus précieux dans l'Antiquité » et le P. Julien Eymard d'Angers peut publier une étude judicieuse sur son stoïcisme (20).

Toutefois, quand il est question de la pensée chrétienne en quête de l'union à Dieu, d'un écrit qui voudrait être une introduction à la vie dévote, l'auteur de *La France convertie* déclare avec saint Jérôme : « la sagesse humaine est d'ordinaire un obstacle à la conversion et la subtilité de la philosophie, une très grande opposition à la simplicité de la foi. Y a-t-il rien de plus opposé au Calvaire de Jérusalem que l'Aréopage d'Athènes ? » Et, un peu plus loin : « La philosophie est la fille du démon et la mère des hérésies. » (21). Quel scandale, alors, de voir tant de chrétiens « plus versés dans la lecture d'Aristote et de Cicéron, de Tacite et de Virgile, que de David et d'Isaïe, de saint Luc et de saint Paul » (22). La condamnation de la culture humaniste est sans appel.

Une fois admise une définition de l'humanisme, il devrait être assez facile de distinguer un humanisme chrétien et un christianisme opposé aux humanistes. Oui, tant qu'il s'agit de notions abstraites. Mais, concrètement, reconnaître ceux qui sont des humanistes chrétiens et ceux qui sont des chrétiens anti-humanistes, c'est une autre histoire ou, plus exactement, c'est descendre dans l'histoire, là où il y a des situations complexes et des évolutions, là où banalités traditionnelles et réflexions personnelles sont juxtaposées, là où il y a des contradictions dont on ne sait si elles sont apparentes ou réelles... Le carme Léon de Saint-Jean est à cet égard un bon exemple. Son œuvre est loin d'être insignifiante dans l'histoire de « l'invasion mystique » ; elle fait penser à Bérulle quand on s'intéresse à ses sources, à Pascal quand on regarde ses voisins. Or il est possible de réunir sous son nom une collection de textes dictés par un christianisme nettement anti-humaniste ; mais il est également possible d'en réunir d'autres imprégnés de l'esprit humaniste. Et M. Jean-Pierre Massaut peut reconnaître des souvenirs de saint Augustin et dans les textes de tendance humaniste et dans ceux qui font pencher vers l'anti-humanisme. Tout invite à ne pas voir dans les écrits du carme deux territoires aux frontières claires et distinctes.

Une histoire des augustinismes au XVIIe siècle coïnciderait avec une histoire des humanismes et des anti-humanismes. Il n'est évidemment pas question de traiter ici un tel sujet. Esquissons seulement quelques lignes indiquant les directions de la pensée chrétienne.

La tradition dite « ombreuse » de l'augustinisme ayant été, si l'on peut dire, poussée au noir par les Réformateurs, nous allons assister au XVIe siècle et tout le long du XVIIe à des combats où, des deux côtés, saint Augustin fournit ce qu'on appellerait sans doute aujourd'hui l'appui logistique. Mais remarquons la prudence de l'Eglise.

Le Concile de Trente dans sa sixième session, en janvier 1547, « se borne à affirmer d'une manière générale l'existence et la réalité du libre arbitre, ainsi que la nécessité de la grâce pour toutes les bonnes œuvres, mais sans rien dire de leurs rapports » (23). D'où la tendance anti-humaniste à souligner la seconde exigence au risque de compromettre la première, ce qui sera le cas de Baïus à l'Université de Louvain (24), et la tendance inverse représentée par le jésuite espagnol Luis de Molina dont le *De Concordia liberi arbitrii cum divinae gratiae donis* paraît en 1588 (25).

On sait comment ce livre fait rebondir la polémique, Molina devenant le Pélasge du temps présent. Or, ici encore, l'Eglise, par la bouche du pape cette fois, entend rester au-dessus de la mêlée. Clément VIII invite les défenseurs et les adversaires de Molina à développer devant lui leurs arguments. Les congrégations *de auxiliis divinae gratiae* sont réunies en 1598. Paul V les suspend le 28 août 1607 ; aucune sentence de condamnation n'est portée contre la nouvelle théologie ; au dernier moment le pape renonce à publier la bulle qu'il avait fait préparer contre elle ; il interdit simplement aux adversaires de se traiter d'hérétiques. En décembre 1611 puis en mars 1625, Rome essaie vainement d'interdire les polémiques sur ce sujet (26).

Ce qui doit être souligné dans cette rapide esquisse c'est, selon la très juste observation de M. Bruno Neveu, que « l'Eglise tient la\doctrine de saint Augustin pour une référence privilégiée, non pour une norme doctrinale. » (27). Or on le voit dans l'affaire Lessius en 1586 ; à la veille de celle que déclanche Molina, il y a un augustinisme qui s'affirme comme « une norme doctrinale » ; avec quelle hauteur et quelle assurance les théologiens de l'Université, à Louvain, puis ceux de Douai le font savoir au célèbre professeur du Collège de la Compagnie ! « Si nous croyons que saint Augustin est tombé en erreur dans l'explication d'une matière si importante », celle de la grâce, ou même « qu'il a donné dans quelque excès », non seulement « son autorité s'affaiblit dans les autres sujets », mais « nous disons hardiment qu'il faut que l'Eglise ait été honteusement trompée elle-même et soit dans l'erreur puisqu'elle a cru avoir vaincu et terrassé les ennemis de la Grâce de Jésus-Christ en suivant la conduite et les jugements de saint Augustin » ; les docteurs ajoutent, conséquence logique, en effet : « ce qu'on ne peut seulement penser sans impiété et sans crime » (28). *Ubi est Augustinus, ibi est Ecclesia* (29).

On n'oubliera pas les réticences des autorités romaines devant les prétentions d'un tel augustinisme : on les retrouvera devant celles des « jansénistes ».

Quand on demande, en effet, ce que nous devons mettre sous le mot « jansénisme », la première réponse ne peut être que : des épisodes d'un combat qui le précède. Or, dans ce combat qui continue, l'*Augustinus* va, évidemment, donner une nouvelle vigueur au conflit qui a pour objet la portée de l'augustinisme dans l'Eglise : est-il un système privilégié dans l'histoire de la doctrine chrétienne ou bien est-il la doctrine chrétienne elle-même ? Si, en les condamnant, les autorités ecclésiastiques semblent ôter à l'augustinisme cette espèce de « canonisation » que « dix siècles » lui ont conférée, on peut voir chez les « jansénistes » « une crise de la conscience théologique » (30) ou, plus précisément encore, un « drame de conscience augustinien » (31).

CHAPITRE VIII

ANTI-HUMANISME ET JANSÉNISME

Le jansénisme est donc une des réactions de la conscience chrétienne, à une certaine époque, devant les humanismes. Mais nous venons de voir en Léon de Saint-Jean une spiritualité à dominante anti-humaniste qui est aussi celle d'un anti-janséniste. Evitons, par conséquent, une confusion en ne cédant pas à la tentation de tenir anti-humanisme et jansénisme pour synonymes.

Méfions-nous, d'abord, du vocabulaire. Nous parlons couramment de « jansénisme » bien avant l'époque où pareille étiquette pouvait être employée ; parfois il arrive que celle-ci désigne une véritable catégorie de la pensée morale et religieuse ; Henri Bremond a même parlé d'un « jansénisme éternel » (1). Mais restons dans l'histoire : que disent les dates ? La mère Angélique Arnauld réforme l'abbaye de Port-Royal en 1609. L'*Augustinus* de Jansénius paraît en 1640 à Louvain et en 1641 à Paris. Il y a donc trente et une années de l'histoire de Port-Royal au cours desquelles il ne peut être question de « jansénisme ». Au cours de cette période, si nous reconnaissons la réaction anti-humaniste dans la spiritualité et la théologie qui règnent à Port-Royal, nous ne pouvons historiquement pas les qualifier de « jansénistes ». Tel est le cas lorsque nous arrivons devant Saint-Cyran.

Sa biographie intellectuelle offre un exemple particulièrement remarquable des satisfactions qu'un chrétien cultivé pouvait trouver dans la culture humaniste puis des scrupules qui devaient l'en détourner, cela dans la première moitié du XVIIe siècle, avant 1640.

Jean Duvergier de Hauranne est né en 1581 ; il est abbé de Saint-Cyran en 1620 ; il meurt en 1643, donc peu après la publication de l'*Augustinus* (2). Sans doute, il est ami intime de Jansénius depuis 1610 ou 1611 (3) et, ayant longuement constitué avec lui « un fichier méthodique » des Pères de l'Eglise (4), il n'avait pas besoin d'attendre la publication de l'*Augustinus* pour avoir une idée de l'interprétation que son auteur donnait de la théologie augustinienne (5). Toutefois, l'influence de son ami flamand n'est qu'une composante, et peut-être pas la plus importante, dans la formation de la doctrine spirituelle qui aura une si forte influence chez les religieuses et les Messieurs de Port-Royal. Ce parfait humaniste chrétien devient anti-humaniste, ne disons pas : indépendamment de Jansénius mais bien avant que Corneille Janssen ne soit devenu « janséniste » sous le regard de ses adversaires.

Elève des Jésuites à Agen, le futur abbé de Saint-Cyran va étudier la théologie dans leur collège de Louvain ; là, le célèbre théologien moliniste Léonard Lessius, « préfet des études », a la haute main sur tout l'enseignement doctrinal. En même temps, le jeune homme attire l'attention de Juste Lipse qui enseigne le latin à l'Université et qui le pousse vers l'étude des Pères, avec le sentiment d'un accord profond entre leur enseignement et les doctrines les plus élevées de l'Antiquité gréco-romaine, surtout celles des stoïciens (6). Tel est le milieu culturel dans lequel Jean Duvergier consacre plusieurs années à se donner une connaissance approfondie de la Bible et des Pères, ayant pour compagnon et ami un flamand de son âge, Corneille Janssen (7).

Jean Orcibal peut donc écrire dans sa biographie de Saint-Cyran un chapitre sous le titre : *Un chanoine bel esprit.* « Un chanoine », car Jean Duvergier est d'abord chanoine de la cathédrale de Bayonne, sa ville natale, – il a vingt-sept ans – puis de Poitiers, « Bel esprit », car ce « jeune intellectuel », « brillant élève des Jésuites », Orcibal dit même « trop brillant » (8), fait bonne figure dans le monde ; il tient à sa réputation d'écrivain, il entretient d'excellentes relations avec Richelieu, bref, « le chanoine bel esprit » accepte volontiers la belle carrière qui s'ouvre devant lui dans l'Eglise et même dans la politique.

Or deux amitiés vont exercer leur influence dans un autre sens.

Sa première formation théologique dans les maisons de la Compagnie, sa culture d'homme de la Renaissance, dirions-nous aujourd'hui, son exceptionnelle connaissance de la littérature patristique prédisposent Jean Duvergier de Hauranne à devenir un des maîtres de l'humanisme chrétien. Mais précisément, ses recherches patristiques le conduisent de l'Antiquité païenne à l'Antiquité chrétienne ; le passage de l'érudition profane à l'érudition sacrée le tourne vers ce que l'on nomme déjà la théologie positive (9) pour la distinguer de la théologie spéculative. Par exemple, nous tenons pour une vérité que l'action de la grâce n'abolit pas le libre arbitre ; il ne s'agit plus alors d'expliquer comment cet accord est possible avec les descriptions et les concepts de telle philosophie, mais de savoir ce que l'Ecriture, les Pères, les Conciles nous apprennent à ce sujet. Or dans cette recherche des sources chrétiennes, il convient sans doute de faire intervenir dans la pensée de Jean Duvergier une influence de son compagnon de travail, Janssen, qui le portait à privilégier l'œuvre de saint Augustin (10).

Seconde influence, encore plus importante peut-être : en 1620, l'abbé de Saint-Cyran fait la connaissance du Père Pierre de Bérulle, fondateur et Supérieur général de l'Oratoire, un des trois Directeurs des Carmels de France, commencement d'une amitié qui durera jusqu'à la mort du second. Le futur cardinal est, lui aussi, un humaniste par la culture mais sa vocation le porte vers d'autres recherches : quelles sont les exigences de la vie spirituelle, du cheminement de l'âme vers Dieu dans la prière, dans l'oraison, et, à la limite, dans l'union à Dieu ? Il n'est certes pas question de rapporter à cette seule amitié ce que ses historiens appellent la conversion de Saint-Cyran : mais, dans une âme que, déjà, ses propres réflexions détachent des biens de ce monde et qui est en train de découvrir la primauté de l'oraison mentale dans la vie dévote, le théocentrisme de la spiritualité bérullienne dévalorise, dirions-nous aujourd'hui, l'anthropocentrisme qui, plus ou moins explicitement, structure les visions humanistes du monde et de l'homme dans le monde (11).

L'amitié de Saint-Cyran avec Jansénius, l'amitié de Saint-Cyran avec Bérulle sont plus que des relations interpersonnelles à mettre au premier plan dans la biographie de chacun d'eux. Si l'on songe au rayonnement de leur pensée et à leur influence dans d'importantes communautés religieuses, elles représentent une ligne de résistance anti-humaniste établie bien avant qu'il ne puisse être question de « jansénisme ».

Bérulle publie en 1623 ses *Discours de l'état et des grandeurs de Jésus, par l'union ineffable de la divinité avec l'humanité et de la dépendance et servitude qui lui est due et à sa très sainte Mère en suite de cet état admirable* (12). Le jésuite humaniste le plus brillant et le plus lu, nous l'avons déjà rencontré, est alors le P. Garasse qui, en cette même année 1623, vient de publier une violente attaque contre les humanistes libertins : *Doctrine curieuse des beaux esprits de ce temps ou prétendus tels contenant plusieurs maximes pernicieuses à la religion, à l'Etat et aux bonnes mœurs* (13) ; et il annonçait la publication d'un ouvrage plus théologique dont la première partie parut, en effet, deux ans plus tard, sous un titre étrangement ambitieux, *Somme théologique des vérités capitales de Religion chrétienne* (14). Cet ouvrage étant, de fait, une « somme » des

« vérités » selon l'esprit de l'humanisme chrétien, directement opposé à celui des *Discours* bérulliens, Saint-Cyran décide de ne pas attendre la suite pour prendre l'offensive et écrire *La Somme des fautes et faussetés capitales contenues en la Somme théologique du P. François Garasse, de la Compagnie de Jésus* (15).

Jean Orcibal remarque dans ce livre « certains traits vraiment originaux, qui ont dans l'histoire religieuse du XVIIe siècle une importance certaine » (16). Tel est bien, en effet, celui qui esquisse un tournant dans l'histoire des anti-humanismes, à savoir l'étonnant retournement opéré par Saint-Cyran lorsqu'il récupère le scepticisme et le pessimisme de l'humanisme cher aux libertins, et cela contre les humanismes chrétiens.

Pierre Charron était, bien sûr, un « des beaux esprits » dont le P. Garasse avait jugé « la doctrine curieuse » font « pernicieuse » dans son livre de 1623. Or, dans sa *Somme théologique* de 1625, il semble bien être, à ses yeux, l'ennemi n° 1 (17). Garasse a lu *Les Trois vérités* et les *Discours chrétiens,* ce qui ne l'empêche pas pourtant de parfaitement comprendre pourquoi *La Sagesse* est le bréviaire des libertins : il s'agit d'une sagesse fondamentalement païenne, d'un athéisme déguisé, bref d'une œuvre du Diable (18). Le Révérend Père avait solennellement déclaré qu'il s'attaquerait à la doctrine de Charron mais non à sa personne (19) : il compare néanmoins cet « ecclésiastique de profession » à Julien l'Apostat (20) ...

Or l'abbé de Saint-Cyran déclare qu'il n'avait pas lu les livres de Pierre Charron avant d'avoir ouvert ceux du P. Garasse. Il les achète donc (21) et il a l'heureuse surprise de ne pas trouver en leur auteur ce que le jésuite avait vu : « un sommaire de toutes les méchancetés, ordures et athéismes qui ont maintenant vogue dans ce monde » (22). En conséquence, 150 pages in 4° de la *Somme des fautes* sont réservées à une réhabilitation des écrits de Pierre Charron avec l'art de s'en servir dans une apologétique chrétienne (23).

« Il est temps de défendre l'innocence de Charron... Il est temps de se déclarer et d'épouser son parti, quand on falsifie ses écrits par une effronterie non pareille, et quand on blâme par un esprit de haine et de rancune les paroles que la vérité approuve. » (24). Quel est le sens général de la « somme des faussetés » que Saint-Cyran découvre dans la « somme des vérités » selon le P. Garasse ? On dirait aujourd'hui : Saint-Cyran dénonce le modernisme qu'une nouvelle théologie inspirée par l'esprit humaniste fait prédominer en apologétique, en morale, en pédagogie ; la question est, ici, de savoir qui juge de la « fausseté » et de la « vérité » : la raison ou la révélation dont la tradition a le dépôt ? Tout ce que Pierre Charron enlève à la première incline l'esprit vers la seconde.

Le jésuite humaniste reproche à Pierre Charron d'avoir oublié que Dieu a créé l'homme à son image. Pour Saint-Cyran, au contraire, tout ce que l'auteur de *La Sagesse* écrit sur les injustices de ce monde, sur les conflits des vertus entre elles, sur l'inconstance de nos désirs est une description profondément vraie de notre condition après la chute ; de même ce qu'il dit sur la faiblesse de la raison, sur l'infirmité de notre esprit (25). Charron recommande de ne pas trop discourir sur les desseins secrets de Dieu : scepticisme, libertinage pour Garasse, simple rappel de ce qu'enseigne l'Ecriture pour Saint Cyran : lorsque nous voulons savoir « pourquoi Dieu permet-il les crimes, la félicité des méchants, le malheur des gens vertueux », à plus forte raison « pourquoi Dieu donne-t-il gratuitement la grâce aux élus et abandonne-t-il les réprouvés », c'est avoir la prétention de juger les jugements de Dieu selon les règles de notre entendement. Dieu est inconnaissable dans la bouche de Charron, c'est là, selon Garasse, de l'athéisme déguisé : selon Saint-Cyran, c'est, en quelque sorte, la vérité majeure qui unit la spiritualité à la théologie (26).

Pierre Charron s'était permis de donner un conseil aux missionnaires de la Compagnie en Chine : « Il semble que pour planter et installer la chrétienté en un peuple mécréant et infidèle, ... ce serait une très belle méthode de commencer par ces propositions et persuasions, que tout le savoir du monde n'est que vanité et mensonge... que Dieu a bien créé l'homme pour connaître la vérité, mais qu'il ne la peut connaître de soi ni par aucun moyen humain. Et il faut que Dieu même... la révèle comme il a fait. » L'auteur de *La Sagesse* met les points sur les *i* : « Ayant rendu les hommes comme académiciens et pyrrhoniens, il faut présenter les principes de la chrétienté comme envoyés du ciel... » (27). On devine ce que pouvait être la réaction du P. Garasse à de pareilles « propositions », lui qui se vantait d'avoir sur Dieu des lumières « aussi puissantes que si nous le voyions face à face » (28). Mais à chacun sa lecture... Celle de Saint-Cyran trouve son sens dans des expériences d'un autre ordre. Le théocentrisme bérullien définit moins un thème théologique qu'un certain style de piété ou plutôt le thème théologique n'est compréhensible que dans un amour si exclusif de Dieu qu'il élimine tout amour de soi ; « rendre les hommes comme académiciens et pyrrhoniens », cela veut alors dire : les obliger à reconnaître la faiblesse de leur raison, la fragilité de leur esprit, voire à éveiller la conscience de leur néant.

« Le pyrrhonisme est le vrai », écrira Pascal (29). La transplantation du pyrrhonisme dans son apologie de la religion chrétienne (30) est une reprise de celle qu'avait opérée l'abbé de Saint-Cyran, une trentaine d'années plus tôt, dans son plaidoyer pour Pierre Charron.

Ce duel entre le P. Garasse et Saint-Cyran, allié de Bérulle, est un épisode significatif. D'une part, la réaction anti-humaniste n'a pas attendu le « jansénisme » pour se manifester, contre l'esprit païen de la Renaissance qui envahit la théologie et l'apologétique chrétiennes. Inversement, les

Jésuites humanistes mènent campagne contre Bérulle et ses amis bien avant le temps où ils attaqueront les défenseurs de l'*Augustinus.* Si nous trouvons Saint-Cyran parmi les plus zélés adversaires de l'humanisme chrétien, c'est par solidarité avec Bérulle et non en raison de ses relations avec les religieuses de Port-Royal qui, d'ailleurs, ne commencent qu'en 1625.

La publication de l'*Augustinus* en 1640 nous fait alors entrer dans une nouvelle époque : désormais il y a des « jansénistes », c'est-à-dire les « disciples de saint Augustin » selon l'*Augustinus* sous le regard et sous la plume de leurs adversaires, lesquels ne sont pas nécessairement, mais le plus souvent, des humanistes chrétiens. Avec eux une autre histoire commence ; une guerre de plus de soixante dix ans, dont la destruction du monastère de Port-Royal des Champs en 1712 ne sera même pas le dernier épisode.

Cette guerre commence immédiatement. Remarquons l'étonnante promptitude avec laquelle les humanistes chrétiens se sentent visés et ripostent. En 1645, Yves de Paris, l'auteur de la *Théologie naturelle* publie *Les Miséricordes de Dieu dans la conduite de l'homme ;* ce n'est pas une œuvre de polémique mais un traité de théologie et de spiritualité ; toutefois, les historiens du capucin ont sans doute raison d'y voir une sorte de barrage moliniste contre « le jansénisme naissant » (31). Dès 1644, d'ailleurs, dans une brochure d'une vingtaine de pages, *Très humble remonstrance faite à la Reyne* par le R.P.F. Yves de Paris, Capucin, celui-ci avait dénoncé « ce prodige d'erreur » qu'est *La Frequente communion* publiée par Arnauld en 1643 et aussitôt rééditée (32), erreur menaçant « l'intégrité de l'Eglise » et, du même coup, comme jadis la Réforme, « le repos de l'Etat » (33). La riposte (131 p.) vient aussitôt, on prend donc, à Port-Royal, l'attaque au sérieux : *Response à la Remontrance que le P. Ives capucin a adressée à la Reyne Régente sur le sujet du livre de la Fréquente Communion* (34).

A Louvain, les Jésuites prennent l'offensive au lendemain de la publication de l'*Augustinus.* Le 22 mars 1641, dans leur Collège, des thèses accusent ouvertement son auteur qui avait été professeur à l'Université, de reprendre les erreurs de Baïus et de favoriser celles de Calvin. La querelle provoquée par l'*Augustinus* était donc un nouvel épisode du conflit qui, à Louvain, opposait depuis longtemps le Collège de la Campagne et l'Université. A Paris, la querelle est plus que le rebondissement d'une vieille histoire locale. Le 1er juillet 1649, Nicolas Cornet, syndic de la Faculté de théologie, dénonce devant la Sorbonne sept propositions cueillies dans des thèses de licence et de doctorat, point de départ de discussions qui aboutissent, au milieu de l'année 1650, à l'envoi à Rome d'une lettre signée par quatre-vingt cinq archevêques et évêques français demandant la condamnation de cinq propositions dont l'origine est explicitement dénoncée : l'*Augustinus* de Jansénius. Le pape Innocent X les déclare hérétiques dans la Bulle du 31 mai 1653 (35). On connaît la suite.

Qu'y a-t-il de proprement « janséniste » dans cette forme prise par la réaction anti-humaniste qu'est l'augustinisme selon l'*Augustinus ?*

Bien sûr, c'est une vieille querelle sur la grâce qui rebondit. C'est pourquoi il serait difficile de reconnaître ce qui serait proprement janséniste en ne considérant que les doctrines sur la prédestination et sur l'efficacité du secours divin. Tout a déjà été dit par ceux qui se veulent « les disciples de saint Augustin ». Pourtant, par sa longue histoire, par sa diffusion dans toute la chrétienté, par son retentissement en dehors des milieux ecclésiastiques et des monastères, par ses répercussions politiques, le jansénisme représente tout de même plus qu'une dispute d'école venant après quelques autres sur des questions depuis longtemps classiques.

De là une tendance à répondre à la question : « Qu'est-ce que le jansénisme ? » en considérant moins la doctrine qu'un certain style de vie ou plus exactement un certain style de vie impliqué dans la doctrine (36). Sans doute, M. Jean Orcibal a raison de le rappeler, il y a dans le jansénisme un souci de perfection, un goût du dépouillement, un désir de pureté qui se trouvent ailleurs : toutefois les pages que M. Orcibal consacre à cet idéal ascétique du « jansénisme » font ressortir une sévérité qui semble lui être vraiment propre (37). M. Jacques Plainemaison voit, lui aussi, l'originalité du « jansénisme » au delà des doctrines, dans un « esprit d'indépendance » qui, sans compromettre la volonté d'orthodoxie religieuse et le loyalisme politique, affirme la primauté du spirituel au-dessus de tous les pouvoirs (38). Il convient de retenir tout ce que nous apportent et la partie critique et les analyses de ces deux études écrites avec la finesse érudite qu'exige ce difficile sujet. Nous touchons là, en effet, quelque chose d'essentiel au « jansénisme » : le sentiment « d'une rupture profonde entre le christianisme et la société ambiante », sinon « déchristianisée », du moins menacée de déchristianisation (39). On ajoutera simplement une remarque. Cette remarque ferait, en un sens, participer la doctrine à l'originalité de l'augustinisme selon l'*Augustinus.*

Dans son article, M. Jean Orcibal montre bien qu'il serait difficile de parler comme Jean Laporte de « la doctrine de Port-Royal ». Ou bien l'expression aurait une portée très générale et elle déborderait Port-Royal, renvoyant à tous ceux qui se disent les disciples de saint Augustin. Ou bien, il faudrait attacher au mot « doctrine » un nom propre : la doctrine de M. de Sacy, d'Antoine Arnauld, de Nicole, de Quesnel, d'autres encore, à commencer par Jansénius lui-même dont la pensée est fort complexe (40). L'historien, en effet, est sensible aux nuances de la pensée et aux circonstances qui imposent à cette pensée des contextes différents. Toutefois, irait-il jusqu'à dire avec Fortunat Strowski non pas « le jansénisme mais des jansénismes » (41) ? N'y aurait-il pas un augustinisme fondamental qui introduirait une unité concernant la doctrine dans la réponse à la question : « qu'est-ce que le jansénisme ? ».

S'il n'y a pas « des jansénismes », nous avons vu qu'il y a « des augustinismes ». Or, celui du jansénisme est un augustinisme qui se présente comme étant ce que l'Eglise enseigne sur la prédestination et sur la grâce efficace. Bien sûr, nous avons rencontré à Louvain et à Douai cet augustinisme avant qu'il ne puisse être question de « jansénisme » (42), toutefois ici comme dans le cas de l'idéal ascétique, l'originalité n'est pas tellement dans la pensée que dans la tonalité, dans l'insistance et l'assurance avec lesquelles est affirmée la coïncidence de la soi-disant hérésie janséniste avec la doctrine chrétienne. Non seulement il est entendu que l'*Augustinus*, ouvrage de théologie positive, expose exactement ce que saint Augustin a pensé ; mais il doit être entendu aussi que ce que saint Augustin a pensé est ce que pense l'Eglise.

Saint-Cyran voit en lui « le saint » qui eut « plus particulièrement que tout autre écrivain ecclésiastique le don d'intelligence de la matière de la grâce » (43). Rien d'étonnant si Saint-Cyran, de sa prison de Vincennes, écrit au jeune docteur Arnauld, le 9 novembre 1642 : il s'agit de défendre la vérité « qui est non pas de M. d'Ypres, mais de saint Augustin, non pas de saint Augustin mais de toute l'Eglise ». Prenons donc à la lettre ce qui suit parce que cette « vérité » est celle de « toute l'Eglise », il faut être prêt « non pas à la défendre simplement, mais à mourir pour elle, en prison ou ailleurs » (44). Ce sera bien, en effet, la conviction d'Arnauld : « on peut dire, déclare-t-il, que dans chaque ordre de matières, il y a quelque Père qui semble avoir été destiné tout exprès par Dieu pour réfuter les hérétiques ou prévenir ou réparer leurs égarements. ». Ainsi, saint Hilaire et saint Athanase en ce qui concerne la Trinité, saint Jean Chrysostome pour l'Eucharistie... De même, saint Augustin pour la grâce (45)... C'est dans cette perspective qu'Arnauld explique le propos attribué à l'évêque d'Ypres dans ses deux *Apologies pour Jansénius* (46), celui-ci « avait accoutumé de dire souvent à ses amis que les autres Pères étaient utiles mais que S. Augustin était nécessaire, voire même, qu'il suffisait seul pour toute sorte de matières de théologie » (47). Mais n'est-ce pas l'Eglise elle-même qui le reconnaît ? Arnauld n'hésite pas à écrire des sentiments de saint Augustin sur la grâce « *c'est-à-dire* de la voix et de l'organe de l'Eglise en cette matière » (48). Il déclare présenter « la Doctrine toute divine du plus grand Docteur de l'Eglise après les Apôtres » (49). Il parle de « la doctrine de saint Augustin sur le sujet de la Grâce, que l'Eglise a témoigné tant de fois être la sienne » (50).

C'est là ce que Pascal ne cesse de répéter dans ses *Ecrits sur la grâce :* « ... Voilà le sentiment des disciples de saint Augustin, ou plutôt celui des Pères et de toute la Tradition et *par conséquent* de l'Eglise, les autres ne devant être considérés que comme des égarements de l'esprit humain », « les autres » étant ici, explicitement, les Calvinistes et les Molinistes (51).

On voit alors la portée de la querelle sur le droit et le fait au sujet des cinq propositions. Telles qu'elles sont formulées dans les condamnations, elles sont, en effet, condamnables et les théologiens de Port-Royal les condamnent : il y a donc accord sur cette question de droit. Déclarer que ces propositions condamnées et condamnables sont dans Jansénius, c'est là une question de fait ; elle n'a rien à voir avec la révélation ; ni le Pape ni même un Concile n'ont autorité pour dire ce que Jansénius a écrit. On ne peut tenir pour vrai, dira Arnauld, que l'Eglise est infaillible dans la décision des faits non révélés, que par « un renversement d'esprit... une ignorance prodigieuse » (52). Si les évêques, avec l'approbation de Rome, prescrivent aux ecclésiastiques et aux religieux des deux sexes la signature d'un formulaire rejetant les cinq propositions condamnées et condamnables, les théologiens de Port-Royal le signent ; mais si le formulaire comporte une attribution de ces propositions à Jansénius, les théologiens de Port-Royal ne signent pas cette clause ; ils ne peuvent, à ce sujet, qu'observer et recommander un silence respectueux. La question de fait est d'ordre historique ; elle relève d'opérations qui sont simplement des explications de textes, lesquelles n'ont à tenir compte d'aucune vérité de foi. Soit. Mais...

Mais si ces textes expriment la doctrine de l'Eglise ? la question de foi n'a-t-elle pas alors des conséquences qui la font apparaître sous un autre jour ? Les évêques et même le Pape se trompent quand ils déclarent que les cinq propositions condamnées sont dans Jansénius, erreur humaine sur une question de fait, erreur qui ne met aucunement en cause l'infaillibilité de l'Eglise ; simplement, s'ils avaient mieux lu l'*Augustinus,* ils y auraient vu la doctrine de saint Augustin. Or la situation prend un autre sens si cette doctrine de saint Augustin est aussi celle de l'Eglise ; en lisant l'*Augustinus,* les évêques et le Pape n'ont pas reconnu la doctrine de l'Eglise, et c'est elle qu'ils condamnent en condamnant ce qu'ils croient être « le sens de Jansénius ».

Cette doctrine, « les disciples de saint Augustin », Pascal notamment, la désignent par ces simples mots : « la grâce efficace » qui, sans discours, signifient les vérités sacrifiées par ces néo-pélagiens que sont les molinistes ; lesquels accordent à la liberté humaine ce qu'ils retirent à l'efficacité de la grâce. De là, cette conséquence clairement formulée par Pascal dans un *Ecrit sur la signature :* « Il faut premièrement savoir que dans la vérité des choses, il n'y a point de différence entre condamner les doctrines de Jansénius sur les cinq propositions, et condamner la grâce efficace,

St. Augustin, St. Paul. » (53). Le nom de saint Paul après celui de saint Augustin oblige à voir sous les mots « la grâce efficace » beaucoup plus qu'une doctrine simplement augustinienne.

Cette conséquence ne doit-elle pas, alors, en entraîner une autre ? Si une bonne lecture de l'*Augustinus* y découvre la doctrine de l'Eglise sur la grâce efficace, peut-on se contenter d'un silence respectueux lorsque des autorités ecclésiastiques mal informées exigent la signature d'un formulaire attribuant à Jansénius cinq propositions théologiques condamnées et condamnables ? La logique de la situation ne fait pas reculer la sœur de Pascal ; à Port-Royal des Champs, sœur Sainte-Euphémie écrit dans une lettre qui devait être montrée à Arnauld : « Qui nous empêche et qui empêche tous les Ecclésiastiques qui connaissent la vérité, lorsqu'on leur présente le Formulaire à signer de répondre : Je sais le respect que je dois à MM. les Evêques, mais ma conscience ne me permet pas de signer qu'une chose est dans un livre où je ne l'ai pas vue... » (54). Blaise ira jusqu'au bout de cette logique : il y a bien une question de fait distincte de la question de droit tant qu'il s'agit de substituer l'évêque d'Hippone à l'évêque d'Ypres dans la lecture de l'*Augustinus ;* mais si l'on ajoute qu'à travers et au-dessus de l'évêque d'Hippone nous sommes devant la doctrine de l'Eglise sur la grâce efficace, la question de fait se double d'une question de droit. C'est la vérité de la foi qui est mise en question quand condamner Jansénius, c'est condamner saint Augustin et dans saint Augustin l'enseignement de l'Eglise : alors, comment se taire ?

Le silence respectueux sur la question de fait recommandé par Arnauld et Nicole n'était pas, soulignons-le, une concession aux humanistes chrétiens ; il n'y a aucun désaccord avec l'auteur des *Provinciales* sur les accommodements qui leur sont reprochés en théologie et en morale. Arnauld et Nicole, eux aussi, estiment que Jansénius exprime sur la grâce la pensée de saint Augustin et aussi celle de l'Eglise ; mais ils tiennent compte d'une situation sans doute inconséquente et pourtant réelle : parmi les évêques et les théologiens qui condamnent Jansénius, il y en a qui croient fermement ne pas condamner la grâce efficace selon saint Augustin et qui rejettent le « modernisme » comme le pélagianisme des molinistes. Lorsqu'ils recommandent un silence respectueux devant la question de fait, Arnauld et Nicole pensent à ces gens de bonne foi qui, par ignorance ou par erreur, donnent une réponse historiquement fausse sur l'attribution des cinq propositions à l'évêque d'Ypres. Le conflit qui oppose, ici, Pascal à ses amis de Port-Royal ne porte pas sur la doctrine : mais ils n'ont pas la même façon de voir ceux d'en face : Arnauld et Nicole ne veulent pas les mettre tous dans le même sac.

Cette « guerre civile », comme disait Nicole (55), n'est pas un épisode dans l'histoire de l'opposition de la conscience chrétienne aux humanismes. Pour Arnauld et pour Nicole, il n'est pas plus question que pour Pascal de faire des concessions aux humanistes, du moins dans la théologie de la grâce et en morale. Si les disciples de saint Augustin, se considèrent, en tant que tels, comme ne faisant rien de plus que suivre l'enseignement traditionnel de l'Eglise, comment pourraient-ils faire un pas pour se rapprocher de ce qu'il faut bien appeler l'hérésie (56) ? C'est pourquoi, même chez les « jansénistes » les plus modérés, une intransigeance doctrinale est de rigueur.

CHAPITRE IX

ANTI-HUMANISME ET APOLOGÉTIQUE

Un anti-humanisme où « anti » est exigé par la vraie religion a évidemment de graves conséquences dans l'apologétique.

1° D'abord, il introduit un combat à l'intérieur de la pensée chrétienne au XVIIe siècle. Qu'il soit question de théologie, de direction de conscience, de pédagogie, d'apologétique, l'humanisme chrétien occupe des positions privilégiées : il faut donc l'en déloger. L'anti-humanisme implique une volonté de rupture partout où il soupçonne des concessions à l'esprit du monde.

2° Mais une fois l'humanisme éliminé de l'apologétique, que reste-t-il ? Plus exactement : une apologétique est-elle encore possible ? L'idée même d'apologétique ne suppose-t-elle pas dans la raison et dans la volonté un certain pouvoir qui, si relatif qu'il soit, reste tout de même au-dessus de ce que la logique de l'esprit anti-humaniste pourrait leur concéder ?

Dans l'histoire de l'apologétique au XVIIe siècle, le nom de Pascal se détache en gros caractères : son apologie de la religion chrétienne eût peut-être été la première tentative d'une apologétique anti-humaniste ; entendons : non seulement sans alliances avec la pensée humaniste mais en opposition explicite avec tous les humanismes, fussent-ils chrétiens. Il y a là, certes, un cas particulier et même très particulier, toutefois si parfaitement exemplaire qu'il devient une sorte de modèle sur lequel il est possible de procéder aux analyses qui découvrent dans l'apologétique les impératifs anti-humanistes (1).

Dans les papiers laissés par Pascal il n'y a pas seulement ceux que l'on a l'habitude de rapporter à un projet d'« apologie de la religion chrétienne » et que nous retrouvons dans le recueil des *Pensées* ; il y a d'assez longs morceaux qui relèvent d'un autre projet, sans doute celui dont parlera Nicole et qui concerne l'exposé de « la doctrine de saint Augustin » : « Feu M. Pascal, écrit-il, quoiqu'il fût la personne du monde la plus raide et la plus inflexible pour les dogmes de la grâce efficace » – par conséquent, pas question d'assouplir la doctrine – « Feu M. Pascal... disait néanmoins que s'il avait eu à traiter cette matière, il espérait de réussir à rendre cette doctrine si plausible et de la dépouiller tellement d'un certain air farouche qu'on lui donne, qu'elle serait proportionnée au goût de toutes sortes d'esprits ». Ce qui suit est important : « Il m'a même dit que, s'il eût disposé de son esprit et que ses maladies continuelles ne lui en eussent pas ravi l'usage, il n'aurait pu s'empêcher de s'y appliquer... » (2). Les textes publiés sous le titre *Ecrits sur la grâce* permettent de supposer qu'il n'a pu, en effet, s'empêcher au moins de commencer à s'y appliquer (3).

Lisons ces textes : il sera vraiment difficile de poser la question de savoir si Pascal peut être appelé humaniste.

Côté théologie ? « Adam... par son libre arbitre... s'étant révolté contre Dieu par un mouvement de sa volonté... a corrompu et infecté toute la masse des hommes, en sorte qu'elle a été le juste objet de la colère et de l'indignation de Dieu. ». Ainsi « cette masse » est « toute également coupable et toute entière digne de damnation ». Pourtant Dieu « en a voulu sauver une partie par une volonté absolue fondée sur sa miséricorde toute pure et gratuite... laissant l'autre dans la damnation... où il pouvait avec justice laisser la masse entière... ». Dans ces conditions, donc, « Dieu a envoyé J. C. pour sauver absolument et par des moyens très efficaces ceux qu'ils a choisis et prédestinés... » (4). Mais pourquoi ceux-là ? Réponse : « par des raisons inconnues aux hommes et aux anges et par une pure miséricorde sans aucun mérite » (5). La doctrine de saint Augustin ainsi comprise exclut, sans discussion possible, celle des théologiens humanistes que Pascal résume dans une courte note : « Des pécheurs sans pénitence, des justes sans charité, un Dieu sans pouvoir sur la volonté des hommes, une prédestination sans mystère. » (6).

Côté anthropologie ? Le péché originel en est évidemment le principe. La « colère de Dieu » est l'image de sa relation aux fils d'Adam ; la raison est incapable par ses seules lumières de découvrir le vrai Bien et la volonté incapable par ses seules forces de s'élever jusqu'à lui (7) ; la prière qui demande la grâce est elle-même l'effet d'une grâce (8) ; l'amour d'un homme pour Dieu est toujours l'effet de l'amour de Dieu pour cet homme (9)...

Si l'humanisme se définit par le fait de reconnaître un certain pouvoir à l'homme selon la nature, si relatif soit-il, la pensée de Pascal rentrerait difficilement sous cette définition.

A dire vrai, la pensée de Pascal provoque alors des réflexions sur le sens que peut bien avoir l'idée même d'apologétique dans une perspective anti-humaniste. Devant l'ambitieux projet apologétique auquel nous pouvons rapporter une grande partie des *Pensées,* se pose alors la question : à quoi bon ? Si la « conversion » dépend de Dieu seul, pourquoi un pareil travail qui est, par définition, inefficace ?

N'oublions pas, d'abord, ce que veut dire : dépend de Dieu. Les théologiens n'hésitent pas à parler du « plaisir de Dieu » (10). Dans la théologie opposée aux humanismes, on ne cherche nullement à présenter le mystère de la prédestination sous la forme qui choquerait le moins la raison. Le Mémorial de la « nuit de feu » conserve le souvenir d'une heure de grâce : « ... Certitude, certitude, sentiment, joie, paix ». Mais rien n'assure que le lendemain matin Dieu sera encore là. Cette joie tremble de crainte : « ... Mon Dieu me quitterez-vous, Que je n'en sois pas séparé éternellement... ». Cette crainte hante l'âme pourtant pleine de grâce ; elle répète donc : « ... Que je n'en sois jamais séparé » (11). Pascal est formel dans son commentaire augustinien d'un article du Concile de Trente sur le pouvoir réel du « Juste » : « agissant par l'amour de Dieu », c'est-à-dire par la grâce, il « peut faire des œuvres exemptes de péché », mais sans avoir pour cela « le pouvoir prochain de conserver cette charité qui les rend possibles » ; Pascal insiste : il n'a pas « le pouvoir de persévérer sans un secours spécial... dans l'instant suivant... » (12).

Anti-humanisme bien inhumain aux yeux de l'humaniste ; simplement logique impitoyable aux yeux de Pascal ; il dit tout sur ce sujet en quelques lignes qui semblent être un simple *constat.*

« Que tous les hommes du monde sont obligés de croire, mais d'une créance mêlée de crainte et qui n'est pas accompagnée de certitude, qu'ils sont de ce petit nombre d'Elus que Jésus-Christ veut sauver, et de ne juger jamais d'aucun des hommes qui vivent sur la terre, quelque méchants et impies qu'ils soient, tant qu'il leur reste un moment de vie, qu'ils ne sont pas du nombre des Prédestinés, laissant dans le secret impénétrable de Dieu le discernement des Elus d'avec les réprouvés. Ce qui les oblige de faire pour eux ce qui peut contribuer à leur salut. » (13).

La dernière phrase définit la mission de l'apologétique.

S'adressant donc aux hommes de son milieu social et culturel, en quoi l'apologétique de Pascal peut-elle « contribuer à leur salut » ?

D'abord, on le verra en suivant Pascal depuis l'affaire Saint-Ange jusqu'au grand projet que nous connaissons par les *Pensées,* il y a ce que nous appellerons une apologétique critique : il s'agit, si l'on peut dire, de déblayer le terrain, d'éliminer les sagesses qui ont la prétention de nous conduire sur le chemin de la vérité et du bonheur : constater l'échec de la philosophie est une introduction indispensable quand on veut « contribuer à la conversion » de l'honnête homme de formation classique qui, athée, déiste, sceptique ou chrétien, a pour maîtres à penser des moralistes, des orateurs et des poètes de l'Antiquité.

Cette apologétique critique n'est pas simplement une entreprise de démolition. Elle doit être conduite de telle façon qu'elle s'achève dans une apologétique que l'on pourrait dire positive au moins d'intention ; une fois convaincu que le chemin de la vérité et du bonheur ne se trouvera jamais en restant au niveau de la nature, l'honnête homme va souhaiter que la religion soit vraie. Il faut donc lui montrer que la religion peut être vraie. Si elle est au-dessus de la raison, elle n'est pas contre la raison. Dans une courte note Pascal jette sur le papier les titres des principaux chapitres de cette partie de son apologie : « Preuves de la religion – Morale – Doctrine – Miracles – Prophéties – Figures. » (14). Sans doute, Pascal le reconnaît, « la foi est différente de la preuve », « la preuve est humaine, la foi est un don de Dieu » ; celle-ci, c'est « Dieu lui-même qui la met dans le cœur », elle « fait dire non *scio* mais *credo* » (15). Dans le célèbre morceau sur le pari, aussitôt après l'argumentation de Pascal, son interlocuteur reconnaît que la raison le porte à croire mais il constate qu'il ne le peut (16). L'apologie, pourtant, continue ; après sa victoire dans l'ordre du savoir elle poursuit le combat dans l'ordre de l'action : puisque votre « impuissance à croire » ne vient plus de la raison, ne viendrait-elle pas de vos passions ? « Travaillez donc à vous convaincre... par la diminution de vos passions » ... Pascal a-t-il quelques doutes sur cette « diminution » ? Toujours est-il qu'il va encore plus loin : vous connaissez des gens qui vivent dans la foi ; eh bien ! faites ce qu'ils font ; prenez de l'eau bénite, faites dire des messes (17)...

Certes, à aucun moment il ne peut y avoir relation de cause à effet entre les exercices mis au point par la nouvelle apologétique et le don divin. Mais si la raison condamne l'âme à la volonté de croire, si la résistance aux passions fortifie cette volonté, si « la machine » se met à son service en prenant de pieuses habitudes, il est permis de dire que l'apologétique prépare le terrain... Ensuite, à la grâce de Dieu !

Pascal n'a donc pas le sentiment de perdre son temps en travaillant à l'élaboration d'une nouvelle apologétique, donnant l'exemple peut-être unique alors d'une apologétique liée à une théologie et à une anthropologie anti-humanistes.

Cela veut dire : une apologétique qui se passe des facilités de l'humanisme. Nous avons entendu Nicole le déclarer « raide » et « inflexible » quant à la doctrine de saint Augustin. Par conséquent, pas question de « s'accommoder à la faiblesse des hommes » (18). Au contraire, Pascal se plaît à heurter les pseudo-évidences de l'honnête homme : « Le péché originel est folie devant les hommes, mais on le donne pour tel. Vous ne devez donc pas reprocher le défaut de raison en cette doctrine puisque je la donne pour être sans raison. » (19). Pascal cherche les formules provocantes : « La seule religion contre la nature, contre le sens commun, contre nos plaisirs est la seule qui ait toujours été. » (20). Et, bien sûr, qui sera toujours.

« Le monde veut naturellement une religion, mais douce. » (21). Il ne faut certes pas compter sur Pascal pour répondre à ce vœu du « monde ». Or, cette religion adoucie, il ne la trouve pas seulement du côté des humanistes « libertins » ; le R. P. Le Moyne a promis une « dévotion aisée » ... On ne sera donc pas surpris si la vocation apologétique de Pascal s'est manifestée d'abord dans des combats où l'adversaire directement visé semble avoir été l'humaniste chrétien, de sorte que l'apologie de la religion chrétienne se confond avec la défense de la religion non « aisée » selon la doctrine de Port-Royal.

Précisons : quand il s'agit de « s'accommoder à la faiblesse des hommes », il faut entendre : « des hommes d'aujourd'hui » ; de même « le monde » qui veut une religion « douce » est « le monde d'aujourd'hui ». Ici apparaît une opposition de principe entre l'esprit anti-humaniste et l'esprit humaniste. Pour en parler, on va employer un mot en *isme* qui n'appartient pas au vocabulaire de l'époque ; mais il convient si exactement qu'on ne voit pas comment le remplacer.

Pascal n'a cessé d'attaquer dans l'humanisme chrétien ce que nous appellerions un « modernisme ». Il ne manque que le mot dans des pages écrites vers 1651 et publiées sous le titre : *Fragment de Préface pour un Traité du vide.* Là, se souvenant sans doute d'un texte de Jansénius, Pascal distingue, d'une part, « les matières » dont la connaissance a pour fondement l'autorité, d'autre part celles dont la connaissance a pour fondement le raisonnement et l'expérience. Or il constate chez trop de ses contemporains un « aveuglement » qui provoque une confusion aussi nuisible à la science qu'à la religion : certains physiciens invoquent l'autorité d'Aristote et certains théologiens oublient d'invoquer celle « de l'Ecriture et des Pères ». Ecoutons Pascal insister sur ce dernier point : « Le malheur du siècle est tel qu'on voit beaucoup d'opinions nouvelles en théologie, inconnues à toute l'antiquité, soutenues avec obstination et reçues avec applaudissement ; au lieu que celles qu'on produit dans la physique... semblent devoir être convaincues de fausseté dès qu'elles choquent tant soit peu les opinions reçues. » (22). Si le zèle de la vraie religion excite l'esprit naturellement combatif de Pascal et le jette dans la mêlée, ce sera donc au service de vérités dont le critère objectif est l'appel à la tradition et, comme Jansénius, comme Saint-Cyran, comme son ami Arnauld, il accordera dans cette tradition une place privilégiée à la doctrine de saint Augustin.

A peine « converti », au sens qu'a ce mot dans le vocabulaire de Port-Royal, à Rouen, au printemps de 1647, Pascal a vu de près un théologien moderniste si parfait dans le genre que son image devenait aisément caricaturale (23) : Jacques Forton, sieur de Saint-Ange, conférencier mondain ayant eu quelque succès dans les salons parisiens, ex-capucin venu en Normandie, où il a des amis bien placés, avec l'espoir d'y trouver une cure avantageuse. Les titres de ses ouvrages sont significatifs : *La Conduite du jugement* naturel *où tous les bons esprits de l'un et de l'autre sexe pourront* facilement *puiser la pureté de la science,* trois volumes publiés en 1637, 1641, 1645 ; soulignons « naturel », « tous », « facilement » ; et *Discours sur l'alliance de la Raison et de la Foi, Ensemble les questions de toute la Philosophie et de la Théologie, respondues par les Escholiers de Monsieur de S. Ange Monteard,* 1642. Or, peu après son arrivée à Rouen M. de Saint-Ange se heurte à trois jeunes gens, Raoul Hallé de Monflaines (ou (Montflaines), Adrien Auzoult (ou Ausoult), Blaise Pascal qui, à des degrés divers, s'intéressent à la physique et aux mathématiques (24), tout en appartenant à un milieu où vit l'esprit de Port-Royal sous l'influence d'un fervent disciple de Saint-Cyran, Jean Guillebert.

La philosophie exposée dans les ouvrages de M. de Saint-Ange n'est pas aussi superficielle que leurs titres pourraient le laisser croire. Mais les trois mousquetaires de la vraie religion ne les ont pas lus : tout au plus connaissent-ils quelques pages du second par la lecture que leur en fit son auteur. Le procès qu'ils instruisent trouve les faits qui le justifient dans les réponses que l'accusé apporte à leurs questions. Lesquelles questions sont alors posées de telle façon qu'elles appellent des réponses d'une imprudente simplicité. Par exemple, des dissertations de l'ex-capucin sur la Trinité, ses interlocuteurs vont tirer la première « proposition » de l'acte d'accusation remis à l'archevêque : « Qu'un esprit vigoureux et puissant peut sans la foi parvenir par son raisonnement à la connaissance de tous les mystères de la religion », avec une seule exception qui ne diminue pas le rationalisme abusif de la « proposition » : « excepté seulement pour comprendre que Dieu est notre fin surnaturelle. » (25). Bien sûr, les jeunes gens n'oublient pas les questions qui sont dans leur milieu d'une brûlante actualité : « ... Comme un chacun eût bien souhaité savoir quelles lumières il avait sur la matière de la grâce, on lui demanda quelle opinion il estimait la plus conforme à la vérité, celle de Jansénius ou celle des Jésuites », distinguant, comme il convient le droit et le fait, on ajoute : « et s'il pensait que Jansénius eût bien entendu saint Augustin ». Nullement embarrassé, Saint-Ange répond : il y a du vrai des deux côtés ; il concède que saint

Augustin a « assez approfondi » la question de l'efficacité de la grâce ; mais tout cela pour signifier : Enfin, M. de Saint-Ange vint... » (26). Ce qui devient dans l'acte d'accusation : « Que les Pères n'ont connu qu'une partie de la vérité... » (27).

Ainsi, le face à face qui met aux prises le jeune Blaise Pascal avec le sieur de Saint-Ange nous découvre dans son zèle apologétique un anti-humanisme ayant la pureté d'un archétype comme, d'ailleurs, l'humanisme chrétien de l'adversaire. Tout se passe comme si un malin génie avait voulu faire entrer Pascal dans l'histoire des idées à la faveur d'un combat où le modernisme et l'anti-modernisme ressemblent, *mutatis mutandis,* à deux bandes dessinées.

La conversion de Pascal à Rouen au cours de l'année 1646 le pousse à intervenir dans un conflit intérieur avec l'Eglise de France. Or la polémique avec M. de Saint-Ange n'est pas uniquement un épisode pittoresque dans la jeunesse impétueuse et déjà batailleuse du futur auteur des *Provinciales.* Le fond de l'affaire est un engagement très sérieux. Quelques mois plus tard, Blaise Pascal est à Paris avec sa sœur Jacqueline. Or, à la fin de l'année 1647 et au début de la suivante, il rend visite à M. de Rebours, alors confesseur des religieuses et des jeunes pensionnaires de Port-Royal ; il rend compte aussitôt de ses entretiens à sa sœur Gilberte ; « je lui dis... que nous [c'est-à-dire lui et les membres de sa famille] avions lu leurs livres [c'est-à-dire des textes de Jansénius, Saint-Cyran, Arnauld] et ceux de leurs adversaires : que c'était assez pour lui faire entendre que nous étions de leurs sentiments. » (28). Qui sont donc ces adversaires ? Admettons que certains libertins cultivés suivent, en curieux, les querelles sur la grâce : ils n'y participent pas et, d'ailleurs, leur hostilité ne gênerait nullement Port-Royal ; au contraire. Les adversaires auxquels pense Pascal sont des humanistes chrétiens : peut-être ceux dont on parle le plus dans le milieu des amis de Port-Royal, le P. Garasse, le P. Sirmond, le P. Pinthereau, tous de la Compagnie de Jésus.

Or, dans cette conversation avec M. de Rebours, aussitôt après s'être déclaré du côté de Port-Royal, voici que, sous forme d'une simple possibilité mais qui laisse entrevoir un projet, Pascal ajoute : « Je lui dis ensuite que je pensais que l'on pouvait... ». Que « pouvait-on » ? Continuons : « puisque leurs adversaires » jugent « leurs sentiments » contraires au « sens commun » « on pouvait » montrer que « les principes mêmes du sens commun » étaient de leur côté et que « le raisonnement bien conduit portait à les croire » (29). Il y a là, semble-t-il, un fait important.

D'abord, ce « on » est un « je » à peine voilé. Il est sans doute permis de supposer que le jeune physicien déjà connu que M. de Rebours a devant lui ne demande qu'à recommencer à Paris ce qu'il vient de faire à Rouen avec M. de Saint-Ange. Mais il y a plus dans la proposition virtuellement esquissée par Pascal : il s'agit de retourner contre les humanistes chrétiens les armes dont ils se servaient quand ils attaquaient la théologie et la morale de Port-Royal. N'y aurait-il pas ici comme un pressentiment de ce que sera l'apologétique pascalienne ? Elles exprimera, en effet, deux tendances qu'il ne faudrait pas trop vite juger opposées : en même temps que Pascal se montrera adversaire des nouveautés en théologie, et cela sans la moindre concession, nous trouverons en lui la conviction que la société moderne aurait besoin d'une nouvelle apologétique.

Au lendemain de la seconde conversion, la réaction de Pascal va bien dans le même sens : offres de services à Port-Royal ; mais, cette fois, il laisse entrevoir les grandes lignes d'un projet. En janvier 1655, quelques semaines après la nuit du Mémorial, 23 novembre 1654, Pascal est à Port-Royal des Champs, il s'entretient avec M. de Sacy, un des fils spirituels de Saint-Cyran ; nous avons un compte rendu de cette conversation ou de ces conversations connu sous un titre dont l'exactitude doit être soulignée : *Entretien de M. Pascal et de M. de Sacy sur la lecture d'Epictète et de Montaigne.* Il est certain que l'esprit anti-humaniste établit un accord préliminaire entre M. Pascal et M. de Sacy. Mais le premier constate un fait : il y a des gens du monde cultivés, libertins ou même chrétiens, qui tiennent Epictète et Montaigne pour des maîtres à penser ; si nous voulons leur communiquer la bonne parole, entrons dans leur univers : une lecture critique d'Epictète et de Montaigne doit les conduire au delà d'Epictète et au delà de Montaigne, très précisément au-dessous de l'humanisme stoïcien qui a bien connu la grandeur de l'homme mais en lui accordant la puissance de l'atteindre par les seules forces de sa nature, au-dessus de l'humanisme pyrrhonien qui s'accommode paresseusement de nos misères (30). Ainsi, nous retrouvons le combat contre l'ennemi intérieur, l'humanisme chrétien, devenu toutefois une partie d'un combat contre l'humanisme en général, celui des libertins comme celui des théologiens modernistes. De là, une conséquence : cette critique de l'humanisme selon Epictète et de l'humanisme selon Montaigne ne peut évidemment être entreprise que par un auteur qui connaît Epictète et Montaigne, qui, surtout, sait comment il faut parler aux gens que séduisent Epictète et Montaigne. Est-ce le cas de M. de Sacy ? Est-ce le cas des religieux dont les sermons et les livres relèvent de l'apologétique traditionnelle ?

Tel est le schème du projet qui va prendre forme dans l'esprit de Pascal à partir de 1656 environ. Pascal accumule les notes et les brouillons préparatoires en vue d'un ouvrage dont il n'a pas eu le temps de prévoir le titre et que l'on a l'habitude d'appeler « apologie de la religion chrétienne » : la condamnation du stoïcisme, le bon usage du pyrrhonisme, l'échec de la raison dans toutes les philosophies devant la question primordiale du Bien, la distinction radicale entre le Dieu des savants et des philosophes, et le Dieu de Jésus-Christ, voilà ce que Pascal aurait voulu faire entrer dans l'entendement et dans le cœur de gens que ne sauraient toucher une prédication et une apologétique d'un autre âge (31).

Condamnation du modernisme et appel au sentiment de la modernité, n'y a-t-il pas contradiction ? En aucune façon. Lorsqu'il s'agit des vérités de la religion chrétienne, aucune nouveauté n'est même concevable : la tradition est en quelque sorte leur lieu et leur fondement. Avec l'apologétique il s'agit de la communication de la vérité et la communication pose un problème d'efficacité qui introduit dans l'esprit de l'orateur ou de l'écrivain la présence de l'interlocuteur. L'orateur ou l'écrivain doit savoir à qui il s'adresse, ce qui intéresse son public, ce qui peut l'émouvoir. Or, voici que nous sommes à une époque où les disputes classiques chez les théologiens n'intéressent plus seulement les spécialistes ; la pénitence et l'eucharistie, la prédestination et l'efficacité de la grâce ne sont plus des sujets réservés aux couvents et aux sacristies ; on en parlera dans les salons. Lorsque Pascal met sa plume au service de la vraie religion, ce n'est évidemment pas pour donner des leçons aux théologiens de profession ; ce n'est pas davantage pour s'adresser à un public populaire comme doivent le faire les prédicateurs dans leurs sermons du dimanche ; il pense à « l'honnête homme », qui peut, d'ailleurs, être une femme, pourvu d'une certaine culture, philosophique, voire théologique, parfois même scientifique. C'est pourquoi, lui, laïc, se charge d'une mission qui est habituellement l'œuvre de religieux : ayant longtemps été *du* monde et ne cessant pas de vivre *dans* le monde il a une expérience qui le met en état de parler aux gens du monde de son temps avec quelque chance d'être entendu, ce que ne sauraient faire ni M. de Sacy, ni le docteur Arnauld.

N'est-ce pas, d'ailleurs, ce qu'aurait reconnu le docteur Arnauld lui-même ? Une apologétique vraiment moderne par son style au service d'une théologie radicalement anti-moderniste, tel est bien le vœu plus ou moins consciemment formulé dans le milieu qui va faire de Pascal l'auteur des *Provinciales*. On connaît l'anecdote racontée par Marguerite Périer ; vraie ou non, elle est significative : Arnauld va être condamné en Sorbonne, les Messieurs de Port-Royal le poussent à publier une défense, il leur lit donc un écrit, mais si froidement accueilli qu'il comprend... ; alors, il se tourne vers Pascal qui fait une retraite à Port-Royal des Champs : « Mais vous qui êtes jeune... ». Le jeune Pascal écrivit donc « la première lettre », en fit lecture... « Cela sera goûté », s'écrie Arnauld, « il faut le faire imprimer. » (32). « Cela » le fut aussitôt sous le titre : *Lettre écrite à un Provincial par un de ses amis, sur le sujet des disputes présentes de la Sorbonne,* avec la date : « de Paris, ce 23 janvier 1656 ».

Mais ici, il n'est plus directement question d'apologétique, c'est-à-dire d'écrits dont la finalité première est la conversion. Il s'agit de l'esprit anti-humaniste dans l'exercice de la mission combattante qui est signifiée par le mot : anti.

CHAPITRE X

L'ANTI-HUMANISME COMBATTANT

La Première Provinciale paraît donc le 23 janvier 1656. Dix-sept autres suivront, la dix-huitième étant datée : 24 mars 1657 (1). Il reste quelques pages non datées d'une dix-neuvième. Blaise Pascal tient la plume ; ses amis Arnauld et Nicole sont, si l'on peut employer ce mot, ses « documentalistes » (2).

Les Provinciales sont sans doute le chef d'œuvre de l'esprit anti-humaniste. « Le premier livre de génie qu'on vit en prose fut le recueil des *Lettres provinciales* », écrit Voltaire dans son tableau de la littérature française au siècle de Louis XIV. Et il ajoute : « Il faut rapporter à cet ouvrage l'époque de la fixation du langage. » (3). Cet ouvrage, d'autre part, arrive, au milieu du siècle, en un temps où la querelle « janséniste » bat son plein ; des deux côtés, l'arsenal des arguments est rempli ; il n'y a plus de vérités à découvrir ; restent l'art de persuader et aussi celui de dissuader. La réussite des *Provinciales* est telle qu'elles deviennent l'expression la plus nette et la plus complète de l'esprit anti-humaniste, révélant, de ce fait, sa signification historique.

La réussite des *Provinciales* a une autre conséquence : faire croire que toute la Compagnie de Jésus est alors engagée dans le conflit. On ne saurait, certes, exagérer chez les Jésuites l'importance et, par suite, l'influence du courant humaniste si l'on songe au rôle de leurs collèges dans la formation des Français cultivés ; elle ne doit pourtant pas faire oublier la présence continue d'un courant proprement mystique dont les « tendances » seraient plutôt « anti-humanistes », le mot est de Michel de Certeau (4), ou du moins certainement opposées à l'humanisme des Pères attaqués dans *Les Provinciales.* Très tôt, Michel de Certeau cite des textes de 1606, des jeunes jésuites souhaitent « un enseignement spirituel plus développé » et même insistent « sur les dangers qui accompagnent l'action », allant jusqu'à se demander dans quelle mesure « le travail apostolique » peut rester compatible avec « l'épanouissement intérieur de la vie religieuse » (5). Bien mieux : à l'époque où Arnauld puis Pascal dénoncent la théologie de la grâce et la morale des Jésuites, il y a des Jésuites, par conséquent d'autres Jésuites en qui survit l'enseignement du P. Louis Lallemant (6) ; si l'expression « jésuite bérullien » ne convient pas puisque, semble-t-il, celui-ci a élaboré sa doctrine spirituelle avant de connaître la théologie mystique de Bérulle, on trouve dans les sources de sa pensée, ou plus exactement de sa prière, Harphius et sainte Thérèse (7), ce qui, dirait-on aujourd'hui, nous met sur une autre longueur d'ondes que *La dévotion aisée* du P. Le Moyne et *Le Paradis ouvert à Philagie* du P. de Barry.

Les quatre premières *Provinciales* traitent de la grâce ainsi que la dix-septième et la dix-huitième. Dans la cinquième, comme il l'avait annoncé dans la quatrième, Pascal déplace le sujet et dénonce la morale logiquement accordée à la nouvelle théologie de la Compagnie. Il ne fait là que relancer, mais le style sera bien différent, la polémique déclenchée en 1643 par une brochure anonyme, et fort justement attribuée à Arnauld : *Théologie morale des Jésuites Extraite fidèlement de leurs livres contre la morale chrétienne en général.* Les ripostes arrivent aussitôt (8). Paraissent en 1644 :

Les Impostures et les Ignorances du libelle intitulé « La Théologie morale des Jésuites », par l'abbé de Boisic, pseudonyme du R. P. Pinthereau ou Pintereau (9).

Le Libelle intitulé « Théologie morale des Jésuites » contredit et convaincu en tous ses chefs, par un Père Théologien de la Compagnie de Jésus ; précisons : le R. P. Annat (10).

Manifeste apologétique Pour la Doctrine des Religieux de la Compagnie de Jésus, Contre une prétendue Théologie morale et d'autre Libelle diffamatoire, publiés par leurs Ennemis, par le P. Pierre Lemoine de la même Compagnie. (On a respecté l'orthographe de ce titre et du nom de l'auteur qui est généralement écrit : Le Moyne) (11).

Réponse au Libelle intitulé « La Théologie morale des Jésuites », par le P. Nicolas Caussin, dédiée à Nosseigneurs les Eminentissimes Cardinaux, et Illustrissimes et Révérendissimes Archevêques et Evêques de France (12). La même année, le P. Caussin publie : *Apologie pour les religieux de la Compagnie de Jésus, A la Reine Régente* (13).

Ces Pères et plus particulièrement ces ouvrages-là vont se retrouver dans *Les Provinciales* (14). Si l'on songe qu'Antoine Arnauld est un conseiller théologique de leur auteur, on est tenté de dire qu'il donne une suite à son ancienne polémique par personne interposée. Mais quelle personne !

Sous la plume de Pascal, l'argumentation théologique de ses amis de Port-Royal et les critiques alors banales du laxisme deviennent des scènes de comédie qui sont de géniales caricatures. Racine a déjà parlé de « comédies » mais avant sa conversion et pour exprimer son mépris (15) ; Sainte-Beuve le reprend volontiers mais pour approuver « M. Villemain », disant : « J'admirerais moins les *Lettres Provinciales* si elles n'étaient pas écrites avant Molière. » (16). Or il arrive que la comédie soit la forme théâtrale d'un drame qui ne veut pas avoir l'air de ce qu'il est : c'est ainsi qu'on a pu risquer l'expression : « la tragédie des *Provinciales* » (17).

Cette « tragédie » est précisément dans la signification historique du conflit qui oppose aux humanismes la pensée chrétienne dont Pascal est le porte-parole. Pour comprendre cette signification, le plus court sera de voir ce que Pascal reproche à « la morale des Jésuites » dans certains « cas » – c'est bien ce mot qui convient lorsqu'il s'agit précisément de casuistique – « cas » que n'importe quel honnête homme pourrait rencontrer dans le monde de son temps.

Sans doute, Pascal a sous les yeux le livre ou des extraits soigneusement choisis du livre d'Escobar *Liber Theologiae moralis* (18) ; mais plus dangereux aux yeux de Pascal devraient être des ouvrages de langue française dont les auteurs se piquaient d'être de bons écrivains, voire des poètes comme le P. Paul de Barry et le P. Pierre Le Moyne.

Le premier a rimé des cantiques à la gloire de sainte Ursule et on aimerait pouvoir imaginer Blaise Pascal lisant ces bonnes résolutions de sainte Madeleine :

J'ai brûlé tous mes vieux romans
Et les lettres de mes amants.
J'ai craché dessus la peinture
De ce portrait que je gardais... (19)

Mais l'auteur des *Provinciales* connaissait au moins des morceaux du livre paru en 1636 : *Le Paradis ouvert à Philagie par cent dévotions à la Mère de Dieu, aisées à pratiquer aux jours de ses Fêtes et Octaves qui se rencontrent à chaque mois de l'année,* ouvrage dont une quatorzième édition est publiée en 1653 (20).

Quant au P. Le Moyne, il est de ces poètes qui, depuis Ronsard et sa *Franciade* jusqu'à Voltaire et sa *Henriade,* rêvent de donner à la France son *Iliade* ou son *Enéide* (21) : il publie donc en 1653 *Saint-Louys, ou le Héros chrétien, Poème héroïque,* 7.192 vers..., qui devient, cinq ans plus tard : *Saint Louys ou la Sainte Couronne reconquise, Poème héroïque,* 17.880 vers, épopée à laquelle Chateaubriand réservera quelques lignes dans *Le génie du Christianisme* (22). Le P. Le Moyne, on l'a vu, était de ceux qui avaient répondu à Arnauld en 1644 ; il avait déjà publié, quatre ans plus tôt, *Peintures morales, où les passions sont représentées par Tableaux, par Charactères, et par Questions nouvelles et curieuses* (23), et il publiera, trois ans plus tard, *La Galerie des femmes fortes* (24) ; enfin, c'est en 1652 que paraît le livre au titre alléchant ou provocant selon l'humeur du lecteur : *La Dévotion aisée* (25).

Arnauld et Nicole ont offert d'autres cibles à leur jeune ami mais les noms des Pères de Barry et Le Moyne sont représentatifs du milieu religieux et culturel où se livre le combat des *Provinciales.*

A travers les citations et les réactions de Pascal nous percevons le drame qui oppose deux visions chrétiennes de la vie dans le monde.

Serait-ce à l'occasion de sujets qui nous paraissent bien anodins comme celui des « parures ». « La jeunesse peut être parée de droit naturel », déclare le P. Le Moyne. « Il peut être permis de se parer en un âge qui est la fleur et la verdeur des ans. » Mais une fois cet âge passé, avis est poétiquement donné de « prendre conseil de la raison et d'un bon miroir » ; « ce n'est qu'aux étoiles qu'il appartient d'être toujours au bal, parce qu'elles ont le don de jeunesse perpétuelle » (26). Si un mari ignore que la parure est « de droit naturel » pour une jeune femme, celle-ci a évidemment aussi le droit de lui « prendre de l'argent... pour avoir des habits », Escobar ajoute même « pour jouer » (27).

Pour comprendre l'importance d'un tel sujet aux yeux de Pascal, relisons ce que Marguerite Périer écrit sur sa mère : Gilberte Périer va à Rouen, elle trouve sa famille « convertie » et « mise sous la conduite de M. Guillebert », ami de Saint-Cyran ; or celui-ci « porta ma mère à quitter toutes ses parures » ; bien plus : « voyant qu'elle était obligée de revenir ici [à Clermont-Ferrand] lui dit qu'il avait un avis important à lui donner » ; cet « avis important », « c'était que souvent les dames qui quittent les parures par piété, les mettent sur leurs enfants » ; elles doivent savoir que « cela est plus dangereux pour leurs enfants que pour elles qui en connaissent le mal ». « Ma mère profita si bien de la leçon », continue Marguerite Périer, qu'aussitôt rentrée chez elle, trouvant ses deux filles « parées » par leur grand'mère « avec des robes pleines de galons d'argent, bien des rubans et des dentelles », elle commença par « nous ôter tout cela » et « nous habilla de camelot gris... sans dentelles ni rubans », « ma sœur qui n'avait que quatre ans et quelques mois et moi qui n'avais que deux ans et huit ou dix mois » (28) ... Suit un long exposé des précautions prises désormais par madame Périer pour prévenir les écarts de la gouvernante et de la grand'mère.

Le rôle mondain des femmes dans la société du temps (29) incline évidemment les moralistes de la Compagnie, à commencer par l'auteur de

La Galerie des femmes fortes, à leur reconnaître des droits et à chercher des accommodements qui accordent leurs devoirs avec une certaine liberté. Une liberté qui peut aller assez loin... comme ses *Lettres* sont lues par « toutes sortes de personnes », Pascal s'abstient de citer certains textes du P. Bauny ; par exemple : « quoiqu'on ne puisse approuver ces baisers de pigeon, qui se font en suçotant les lèvres mutuellement l'un de l'autre », le R. P. n'y voit que des péchés véniels quand ils se font sans « procéder d'une volonté lubrique » mais « par légèreté... pour rire. » (30). Pascal fait seulement allusion à de « certaines petites privautés » jugées peu graves « pourvu qu'on dirige bien son intention, comme à passer pour galand » (31). Toutefois, il ne peut pas ne pas relever sous la plume du même R. P. un surprenant « principe de Morale touchant le pouvoir qu'il dit que les filles ont de disposer de leur virginité sans leurs parents ». Ces derniers mots sont importants : il n'est pas question d'autoriser la jeune fille à oublier les commandements de Dieu et de l'Eglise, mais de savcir si le coupable doit quelque chose « au père pour réparation de l'injure qu'il reçoit en sa fille » ; or la réponse est : *non,* « quand cela se fait du consentement de la fille » ; certes, il est normal que le père ne soit pas content, mais il n'a reçu nulle injure en sa fille car il n'a aucun droit de propriété sur ce qu'elle a volontairement donné ; c'est alors qu'est énoncé le « principe surprenant » : « Car la fille est en possession de sa virginité, aussi bien que de son corps ; elle en peut faire ce que bon lui semble, à l'exclusion de la mort ou du retranchement de ses membres » (32).

Il s'agit donc de la relation de la fille au père ; la liberté de la fille signifie son indépendance nullement par rapport à la morale mais par rapport au père ; toutefois, même situés dans ce contexte, Pascal ne pouvait voir dans les propos du casuiste qu'une indulgente permission accordée au libertinage des mœurs. Rappelons qu'il appelait le mariage « la plus périlleuse et la plus basse des conditions du christianisme », cela quand il fut question de marier sa nièce, Jacqueline Périer. Il ajoutait : « la condition d'un mariage avantageux est aussi souhaitable suivant le monde qu'elle est vile et préjudiciable selon Dieu », avec ce corollaire : « les maris quoique riches et sages suivant le monde sont de francs païens devant Dieu » (33). Pascal connaissait-il le compliment de la Mère Agnès en pareille circonstance ? Elle veut bien « pardonner » le mariage mais sans être dupe et avec la claire conscience de ce qui est « abject » (34).

Gilberte Périer insiste sur « sa pureté », qui met son frère « continuellement en garde » ; « il n'est pas croyable combien il était exact sur ce point » ; elle-même doit se surveiller. « – Si je disais quelquefois par occasion que j'avais vu une belle femme, il se fâchait, et me disait qu'il ne fallait jamais tenir ces discours-là devant des laquais et de jeunes gens, parce que je ne savais pas quelles pensées je pouvais par là exciter en eux. » Bien plus : « Il ne pouvait souffrir aussi les caresses que je recevais de mes enfants, et il me disait qu'il fallait les en désaccoutumer, et que cela ne pouvait que leur nuire... » (35). On pourrait difficilement verser ces textes dans un dossier de Pascal humaniste...

Autre question : à une époque où se manifeste déjà une expansion économique fondée sur le crédit, où il y a de grandes compagnies pour le transport des marchandises, où commence l'ère des « manufactures », peut-on continuer à appeler « usure » le prêt à intérêt (36) ? Pascal a trouvé dans le livre d'Arnauld contre la théologie morale de la Compagnie des textes du P. Bauny qui juge « licite et honnête » le fait de placer son argent dans une entreprise, avec participation aux bénéfices et aux pertes (37). Or Pascal ne voit dans de tels contrats que de belles paroles pour escamoter le péché d'usure : il maintient le principe que « ce péché consistait à retirer plus d'argent qu'on en a prêté. » (38).

Voulant faire parler un casuiste sur le jeûne, le narrateur de la *Cinquième Provinciale* déclare : « Je lui témoignai donc que j'avais bien de la peine à le supporter. » (39). Le R. P. va mettre à l'aise sa conscience. Au delà de la distribution qui suit de dispenses guignolesques – (« Celui qui s'est fatigué à poursuivre une fille est-il obligé de jeûner ? – Nullement... »), nous devons deviner que nous sommes maintenant dans un monde où la santé du corps a une valeur qui justifie l'assouplissement du jeûne. Pascal n'oublie certainement pas qu'après sa première conversion il s'est jeté dans ce monde-là sur le conseil des médecins estimant que le divertissement lui ferait du bien (40) ; relisons sa *Prière pour demander à Dieu le bon usage des maladies,* illustrée par l'émouvant témoignage de sa sœur qui rapporte les propos tenus au milieu des pires souffrances pendant ses derniers jours : « Je connais *le danger de la santé* et *les avantages de la maladie...* Ne me plaignez point, disait-il, *la maladie est l'état naturel des Chrétiens,* parce qu'on est par là comme on devrait être toujours... dans la privation de tous les biens et les plaisirs des sens, exempt de toutes les passions... Et n'est-ce pas un grand bonheur quand on est par nécessité dans un état où on est obligé d'être... » (41).

Les mots soulignés en sont le signe, ce que nous appelons l'anti-humanisme ne pourrait guère aller plus loin. Et, en face, un Père Le Moyne représente l'humanisme le plus conscient de la primauté de l'efficacité en apologétique qui invite à ne pas viser trop haut. Dans son *Manifeste apologétique* contre le livre d'Arnauld quelques lignes disent tout : « Il est bien vrai que tous les Chrétiens sont appelés au sommet de la Montagne, mais ils n'ont pas tous le courage d'y monter ; et il vaut bien mieux que les faibles et les lâches demeurent au milieu, que si par désespoir ou par appréhension du travail, ils descendaient dans le chemin qui mène au précipice. » (42). Ce n'est d'ailleurs pas uniquement une question de courage ; il faut tenir compte de la condition. « La dévotion... n'est pas seulement pour ces dépouillés et pour ces libres qui sont dégagés du Monde. Elle est encore pour ces embarrassés qui traînent une Famille et une Fortune... Il y a pour ces gens-là, aussi bien que pour les Religieux, un salut à faire et une éternité bienheureuse à gagner... » (43). Bref, si la médiocrité n'est pas supportable en poésie ni dans les arts, s'il vaut mieux alors de ne pas courir le risque de rester à ce niveau, au contraire dans la dévotion, « en quelque degré qu'on la prenne, elle a je ne sais quoi d'excellent et de nécessaire » (44). C'est pourquoi l'auteur de *La Dévotion aisée* ne craint pas d'écrire une apologie de « la médiocrité de la Dévotion » (45).

Ce qui devait particulièrement choquer Pascal dans cette apologétique, c'est la continuelle conviction que la dévotion va dans le sens de la nature. Cette conviction profondément humaniste est affirmée dans le titre d'un chapitre : « Qu'en ce qui regarde le culte et l'amour de Dieu, les devoirs de la Dévotion sont aisés et naturels » (46). Si ces « devoirs » sont d'aimer Dieu et d'aimer son prochain, le R. P. insiste, « l'observation n'en peut être difficile, parce qu'elle est naturelle, et qu'il ne faut que de l'instinct pour honorer l'Excellence, pour se soumettre à la Supériorité, pour aimer la Bonté et la Beauté » (47).

On comprend alors la longueur, les subtilités, l'importance symbolique de la discussion sur le duel dans la *Septième Provinciale* reprise dans la *Treizième.* Dans une société qui, par le sentiment aristocratique de l'honneur, conserve des valeurs d'une époque où elles sont fondées sur des services de type militaire, le duel est un devoir : c'est par devoir que Rodrigue tue le père de Chimène et il peut dire pensant à celle qu'il aime :

J'attire ses mépris en ne me vengeant pas (48)

De là, ce que Pascal appelle fort justement « l'alliance que nos Pères ont faite des maximes de l'Evangile avec celles du monde... » (49). Ils vont, en effet, essayer de limiter les dégâts en imposant des conditions destinées à rendre plus difficile et plus rare ce qu'ils ne peuvent ou ne croient pouvoir empêcher. Ainsi, il leur arrive de créer cette situation paradoxale : dans la « spéculation », leur morale trouve le moyen de tourner l'interdiction évangélique de l'homicide ; dans la « pratique », ils se replient, si l'on peut dire, derrière l'Etat dont ils recommandent de respecter les lois, notamment celles qui interdisent le duel (50).

Ces quelques cas pris dans la vie de l'époque font entrevoir à quelle profondeur se joue le combat entre l'esprit humaniste et l'esprit anti-humaniste.

Sans doute, il y a dans la théologie, la morale, l'apologétique des humanistes le souci de se monter bel esprit, d'ingénieuses façons de rendre la crainte du pécheur moins tremblante en gommant, en arrondissant les angles, en cultivant des roses sans épines ; bien sûr, ils s'appliquent à montrer qu'ils sont « à la page », comme on dira trois siècles plus tard, voire que des propos osés ne leur font pas peur. Mais il n'y a pas que cela ; ils ont un sentiment vif de la modernité avec la très grave qustion : la théologie, la morale, l'apologétique – les Jésuites ajouteraient : la pédagogie – peuvent-elles rester tout à fait les mêmes dans un monde qui change ? et qui change ou risque de changer dans le sens d'une déchristianisation ?

Les humanistes en général, les jésuites visés dans *Les Provinciales* en particulier, savent que le monde d'aujourd'hui n'est plus celui d'hier, ce monde dans lequel ils vivent et que leur apologétique a mission d'évangéliser. Ils comprennent qu'au XVIIe siècle, la raison devient de plus en plus exigeante, que l'individu prend de plus en plus conscience de sa valeur, que l'âme tient de plus en plus à la santé de son corps, que l'homme veut de plus en plus jouir des biens de la terre, biens accrus par le progrès des sciences et la découverte de nouveaux continents. De là, dans leur théologie moliniste, une tendance à insister sur ce que l'homme est capable de faire par les seules forces de sa nature, à souligner la part du libre arbitre dans sa coopération à l'œuvre de la grâce, à présenter sur la prédestination une doctrine qui choque le moins possible l'intelligence, qui, si l'on peut dire ne suppose pas un Dieu trop inhumain. De là, en morale, une casuistique qui affirme très haut les principes mais se montre conciliante dans les applications, s'accommodant aux diverses conditions des hommes. A une époque où le libertinage de la pensée et celui des mœurs sont une double menace, on risque de ne rien obtenir en demandant trop à des gens qui vivent à la cour ou aux armées, qui sont dans les affaires, commerçants, banquiers, manufacturiers, sans oublier les femmes qui ne prennent pas toutes pour modèles les religieuses de Port-Royal.

La théologie de Molina et les solutions des casuistes aux questions posées dans la nouvelle société, ce sont là des « nouveautés » : Pascal ne cesse de le répéter, raillant les autorités « toutes modernes » qu'invoquent ses adversaires : or, qu'il s'agisse de la doctrine ou de la vie, nouveauté et modernité, aux yeux de Pascal, sont signes d'erreur lorsqu'il est question non plus de science mais de religion. Pascal physicien, on l'a vu, croit au progrès ; en ce domaine, il est clair que les Modernes en savent plus que les Anciens. Mais Pascal chrétien a appris que la révélation chrétienne est un dépôt et que les vérités liées au salut ont été données avec l'histoire d'Adam pécheur et de Jésus rédempteur. Port-Royal recommande donc le retour aux sources : savoir ce que les Ecritures enseignent, ce que les Pères ont pensé, ce que les Conciles ont décidé, voilà la théologie. Nous sommes loin d'une philosophie de la religion qui, comme celle de Newman aurait pour principe l'idée de développement ; dans la conscience religieuse d'Arnauld et de Pascal comme dans celle de Jansénius et de Saint-Cyran, la perpétuité de la foi est le signe auquel on reconnaît la vérité. De même en morale : prêtres et religieuses, solitaires ou amis de la maison interprètent les condamnations et les persécutions dont Port-Royal est victime comme un retour aux temps héroïques de l'Eglise primitive ; ils sentent qu'ils sont devant un nouveau paganisme comme les premiers chrétiens devant l'ancien.

La querelle dite « janséniste » rend visible, en gros traits, le sens de l'opposition inscrite dans le mot anti-humanisme. On peut, certes, dire « conservateur » l'esprit anti-humaniste, mais il faut entendre sous ce mot : conserver les dogmes, les préceptes du Décalogue, l'enseignement de saint Augustin dans le cœur comme dans l'intelligence, et, par suite, dans la vie intérieure, certes, mais aussi dans la vie mondaine. Il s'agit moins d'une conservation que d'une re-création continue.

Humanisme et anti-humanisme, quelles que soient les petitesses des polémiques, les dimensions du conflit sont celles mêmes de la pensée chrétienne, condamnée par son histoire à s'affirmer toujours identique dans un monde qui toujours change et, par suite, à faire coexister dans sa vie militante deux exigences également nécessaires, celle de la fidélité et celle de l'*aggiornamento*.

CHAPITRE XI

HUMANISME CHRETIEN ET STOICISME

Dans l'héritage de la culture gréco-latine, il y a une doctrine particulièrement faite pour être récupérée par l'humanisme chrétien : celle des stoïciens. Il n'est donc pas étonnant qu'il y ait toujours eu des esprits disposés à lire un sens chrétien sous les formules de la morale et de la spiritualité stoïciennes (1). *Seneca saepe noster,* disait Tertullien (2).

Il était normal que le stoïcisme bénéficie de la renaissance des Lettres et des Arts (3). Précisons : Guez de Balzac, il est vrai, prononce les noms de Zénon et de Chrysippe quand il croit devoir déclarer qu'il est hors du Portique (4) ; toutefois, au XVIIe siècle, on peut dire, en gros, avec le P. Julien-Eymard d'Angers que « le stoïcisme étudié à cette époque se ramène à trois noms : Sénèque, Epictète, Marc-Aurèle ; c'est le stoïcisme moralisant tel qu'il était enseigné, pratiqué dans les deux premiers siècles qui ont suivi Jésus-Christ. » (5). Cela admis, il faut essayer de distinguer deux sujets : l'influence du stoïcisme et la question d'un stoïcisme chrétien.

L'influence du stoïcisme est très étendue mais plus ou moins profonde et surtout très variée. Quand, dans *Cinna,* Auguste déclare :

> Je suis maître de moi comme de l'univers ;
> Je le suis, je veux l'être. (6)

nous percevons des réminiscences stoïciennes au principe de la décision qu'il est en train de prendre ; plus généralement il est permis de penser à la sagesse stoïcienne quand on voit le héros cornélien soumettre ses passions aux impératifs de sa volonté, quitte à se demander si la notion équivoque de gloire (7) eût été un mobile d'une rationalité suffisante aux yeux des maîtres de l'époque impériale ; quoi qu'il en soit, il ne conviendrait pas d'imposer une mise en forme trop proprement doctrinale de l'influence stoïcienne dans la pensée d'un auteur qui écrit des pièces de théâtre, et non des livres de philosophie.

La portée de l'influence stoïcienne reste, d'ailleurs, très délicate à déterminer chez ceux qui écrivent des livres de philosophie. Elle est manifeste dans le *Discours de la Méthode,* notamment dans les règles de « la morale par provision » (8) ; quand Descartes juge bon de « remplir » des lettres à la Princesse Elisabeth de « considérations » sur la morale, il propose de commencer en lisant et commentant le *De vita beata* de Sénèque (9), mais cela, précise-t-il, « eu égard seulement à la réputation de l'auteur », et nullement avec l'intention de le suivre (10). Victor Brochard ne tenait pourtant pas compte de cette réserve et même il ajoutait à la morale une théorie du jugement « conforme » à celle d'Epictète dans une *Contribution à l'histoire de la philosophie cartésienne* dont le titre était : *Descartes stoïcien* (11). Cependant il semble que Descartes soit trop cartésien pour accepter d'être appelé « un stoïcien » (12). L'expression conviendrait mieux à Montaigne, à condition, toutefois, d'ajouter : jusqu'à l'époque où un « pyrrhonisme radical » le conduit à un « stoïcisme accommodé à la bordelaise » (13), comme disait Fortunat Strowski, celui qui était accommodé à la romaine excédant les forces humaines. De même pour le stoïcisme pourtant très apparent de Pierre Charron : s'il doit beaucoup aux écrits d'un stoïcien contemporain, Guillaume Du Vair, on ne saurait le mettre dans le même chapitre que ce dernier, le chapitre du stoïcisme chrétien, à cause non certes de l'adjectif mais du substantif : « Charron complète Epictète par Pyrrhon », écrit F. Strowski sans expliquer comment contredire peut « compléter » (14). Sa sagesse, dit le Père Julien -Eymard d'Angers du même Charron, « est mi-stoïcienne, mi-épicurienne », deux moitiés très difficilement perceptibles, surtout quand on ajoute : bien que « ce soit le stoïcisme qui soit mis en vedette » (15).

Dans l'histoire du libertinage érudit, il convient de le remarquer, on trouve peu de purs stoïciens, de stoïciens qui vivent et meurent selon Sénèque, Epictète, Mar-Aurèle (16). En fait, l'impiété ou simplement l'indifférence religieuse des libertins se manifestent plus ou moins ouvertement dans des esquisses doctrinales où se mêlent stoïcisme, épicurisme, pyrrhonisme. Mais dans un libertinage réfléchi et conséquent, la part du stoïcisme ne pouvait guère être très profonde. Il était sans doute plus facile à un chrétien qu'à un libertin d'être vraiment stoïcien. C'est pourquoi, au XVIIe siècle, une abondante littérature va montrer l'importance du courant stoïcien dans la pensée chrétienne, en commençant par celle d'un fait significatif :

les éditions et traductions des textes stoïciens ont été souvent l'œuvre de prêtres ou de religieux (17). Signalons simplement les célèbres traductions d'Epictète par Guillaume Du Vair, futur évêque de Lisieux (18) et par Dom Jean de Saint-François, déjà traducteur de Denis l'Aréopagite, qui deviendra Général des Feuillants (19).

Dans la trentaine d'articles qu'il consacre aux rapports du stoïcisme avec la pensée chrétienne, le P. Julien Eymard d'Angers situe chacun des auteurs qu'il étudie en distinguant trois courants : « Le jansénisme réfute sans utiliser, l'humanisme chrétien réfute et utilise, le stoïcisme chrétien utilise, en transposant, sans réfuter. » (20).

C'est là, bien sûr, un dessin d'une simplicité quasi-géométrique ; chaque cas particulier appelle de plus fines analyses que l'on trouve dans les études du P. Julien-Eymard d'Angers ; mais, en gros, le dessin peut être retenu. Avec deux réserves, pourtant. D'abord, pour le premier courant, nous substituons au « jansénisme » la catégorie plus étendue d'« anti-humanisme ». En second lieu, celle d'« humanisme chrétien » ne sera pas réservée au deuxième courant : le troisième courant est, en effet, une variété du second : c'est, à l'intérieur de « l'humanisme chrétien » qu'il convient de distinguer les cas où l'influence stoïcienne est allée jusqu'à devenir cette sorte de transplantation couramment nommée « stoïcisme chrétien ».

A l'origine de cette histoire, nous trouvons, ici encore, saint Augustin ; très exactement : son refus motivé du stoïcisme. Le premier courant exprime la volonté de s'en tenir à l'enseignement de saint Augustin. A cause de saint Augustin, les humanistes chrétiens se livrent à une critique plus ou moins serrée du stoïcisme avant de « l'utiliser ». Quant au stoïcisme chrétien, s'il ne s'attarde pas à la critique du stoïcisme, cela ne veut pas dire qu'il n'est pas conscient de cette omission qui signifie sans doute un souci d'indépendance par rapport à l'augustinisme ambiant.

Dans un de ses sermons, saint Augustin définit en quelques mots le principe de son opposition aux morales des païens. « Il y a eu des philosophes du siècle qui ont pensé que la seule béatitude était de vivre selon la chair et qui ont placé le bien de l'homme dans la volupté du corps : on les appelle épicuriens. Il y en a eu d'autres, pleins d'orgueil... », ainsi ces « autres », on tient à prévenir la bonne impression que pourrait faire leur ambition et on dénonce immédiatement leur orgueil ; continuons : ces « autres » donc « s'éloignant de la chair et mettant tout l'espoir de leur béatitude dans leur âme, ont placé le souverain bien dans leur propre vertu : tels ont été les philosophes qu'on appelle stoïciens. » Mais alors ? La condamnation tient dans une ligne : « les uns vivent selon la chair, les autres selon l'âme, mais non point selon Dieu. » Et un peu plus loin, « pour rabaisser la superbe de l'esprit humain », saint Augustin imagine saint Paul disant aux philosophes d'Athènes : « Que tu sois épicurien ou stoïcien, tu ne seras point parmi les fils de Dieu », car, dans le premier cas, tu es de « ceux qui agissent par la volonté de la chair », dans le second, de « ceux qui aigssent par leur esprit propre » alors que « les fils de Dieu » sont « ceux qui agissent par l'esprit de Dieu » (21).

L'« orgueil », la « superbe », cette *superbia* que L'Ecclésiastique dit être *initium peccati* (X, 13), devient une sorte de péché contre l'esprit qui met le stoïcisme radicalement et définitivement en dehors de la philosophie d'inspiration chrétienne. C'était donc pour saint Augustin un devoir de s'attaquer à la doctrine même ; de fait, il saisit toutes les occasions de mettre en question ses thèses les plus connues, cela surtout dans *La Cité de Dieu.*

Le stoïcisme ose chercher des raisons qui justifieraient le suicide (22) ; un chapitre est même réservé à « l'exemple de Caton d'Utique » (23). La notion stoïcienne du destin n'arrive pas à concilier volonté et prescience divines, d'une part, liberté des volontés humaines, d'autre part (24). Sénèque écrit un traité contre les superstitions mais, en tant que citoyen, il pratique des rites liés à des croyances dont il se moque en tant que philosophe (25). Le stoïcisme refuse aux passions tout pouvoir de troubler l'esprit du sage : cependant, Aulu-Gelle en fut témoin, sur un bateau secoué par une violente tempête, la peur fit pâlir un philosophe réputé qui avait dans ses bagages un ouvrage du stoïcien Epictète (26). Autre inconséquence : toutes les passions sont des vices ; cette passion qu'est la pitié est donc un vice ; toutefois Epictète l'admet dans l'âme sans vices du sage si elle ne nuit pas à la raison (27). Et peut-on vraiment interdire la tristesse à l'âme du sage (28) ?

Ajoutons qu'il y a probablement aussi des pages où les stoïciens ne sont pas nommés mais sont parmi les philosophes visés, par exemple, celles qui dénoncent ce que nous appellerions le panthéisme : « ... Si Dieu est l'âme du monde, et le monde le corps de cette âme... Si ce Dieu, au sein même de la nature, contient tout en soi et qu'à son âme qui vivifie toute cette masse soit empruntée la vie, l'âme de tous les êtres vivants... alors il ne reste rien qui ne soit partie de Dieu ». De là des « conséquences impies et antireligieuses *(inreligiositas)* qui en découlent » (29) et que ses adversaires retrouveront dans le spinozisme. « Ce qu'on foule aux pieds serait partie de Dieu ; dans tout animal qu'on tue, une partie de Dieu serait tuée. » (30).

Tel est l'arsenal d'arguments antistoïciens dans lesquels vont puiser, bien sûr, les augustiniens de stricte observance, mais aussi les humanistes chrétiens qui tiennent à bien marquer que leur humanisme ne méconnaît pas la différence entre un chrétien et un païen.

Si humanistes qu'ils soient, les théologiens chrétiens ne peuvent pas ne pas percevoir une coupure quand on passe des philosophies grecques et latines à la vision biblique de Dieu et, par suite, de l'homme ; ils en tirent la conséquence en critiquant parfois sévèrement les vues d'un Sénèque ou d'un Epictète ; mais, généralement molinistes, ils n'en sont que plus libres pour récupérer les vérités naturelles si justement reconnues par les moralistes stoïciens. On ne saurait exagérer l'importance d'une telle influence dans la théologie morale et dans l'apologétique. Devant la vaste enquête entreprise par le P. Julien-Eymard d'Angers sur le stoïcisme dans la pensée chrétienne au XVIIe siècle, comment n'être pas frappé par le nombre et par la qualité des œuvres qu'il analyse ?

Tel serait le cas du parfait humaniste qu'était Yves de Paris (31). Celui-ci condamne violemment l'idée d'un destin lié à l'astrologie « qui rend nos âmes, nos vertus, nos industries... esclaves des corps célestes... qui représente la divinité sourde à nos vœux... qui ne fait plus de distinction du vice d'avec la vertu, nous ôtant la liberté » (32). Une sagesse et une maîtrise de soi inaccessibles à l'homme, l'idée que toutes les passions sont mauvaises et que la vertu consiste à les faire disparaître, le droit au suicide... bref, on lit dans Yves de Paris tous les arguments contre le stoïcisme que nous allons retrouver dans la tradition augustinienne anti-humaniste. Cependant, dans la perspective moliniste, tout n'est pas perverti en l'homme par le péché, celui-ci est encore capable d'actes naturellement bons, les lumières de la raison peuvent éclairer certaines vérités morales et même métaphysiques. Yves de Paris ne connaît vraiment que Sénèque : il touve en lui, admirablement exprimées, des vues justes sur l'indifférence aux biens de ce monde, les graves conséquences de la soif des richesses, le sentiment de la dignité humaine ; et même Sénèque conduit à une certaine hauteur qui serait comme une première étape sur le chemin de la perfection.

Voyons alors défiler des humanistes chrétiens qui prennent la peine de critiquer longuement et parfois sévèrement le stoïcisme et qui pourtant recommandent son « utilisation », mot choisi par le P. Julien-Eymard d'Angers qui est bien, en effet, celui qui convient. Voici des Jésuites : J. B. Saint-Jure (33), Martin-Antoine Delrio, éditeur et commentateur des tragédies de Sénèque (34), Julien Hayneuve (35), René Cerisiers, auteur d'ouvrages plusieurs fois édités : *Les consolations de la philosophie et de la théologie* (1640) et *Le philosophe français* (1643) (36). Voici des capucins : Léandre de Dijon (37) et Jacques d'Autun, auteur d'ouvrages aux titres significatifs : *Les justes espérances de notre salut opposées au désespoir du siècle* (1649) et *La conduite des illustres pour aspirer à la gloire d'une vie héroïque enrichie de maximes de la morale... outre les recherches curieuses de la belle philosophie* (1669) (38). Voici le carme, Léon de Saint-Jean, plus connu sous le nom de Jean Macé, dont nous ne rappellerons qu'un seul titre, dont il est inutile de souligner les derniers mots : *L'Economie de la vraie religion chrétienne, catholique, dévote. Par un raisonnement naturel, moral, politique* (1643) (39). Voici un cordelier, Jacques Du Bosc, anti-janséniste militant, dont *L'honnête femme victorieuse* eut de nombreuses éditions à partir de 1632 (40). Ajoutons un prêtre philologue, éditeur de Sénèque, Marc-Antoine Muret (41) et enfin un nom que l'histoire de la philosophie a retenu, celui de l'oratorien Jean-François Senault ; mais, ici, nous sommes presque en dehors de l'humanisme chrétien avec un augustinien qui, sans concession au molinisme, trouve pourtant le moyen d'« utiliser » un stoïcisme sérieusement revu et corrigé (42).

Avec Juste Lipse (43) et Guillaume Du Vair (44), il convient de reconnaître dans l'humanisme chrétien une autre attitude devant le stoïcisme. Sans doute, puisque ces humanistes sont chrétiens, ils n'ignorent pas la discontinuité introduite par les idées de création et de péché ; mais, le P. Julien-Eymard d'Angers avait raison d'insister sur ce point, dans leurs écrits, la critique du stoïcisme est plus implicite qu'explicite ; de même, il avait raison d'insister sur leur « effort... pour diminuer les distances qui séparent christianisme et stoïcisme de manière à fondre en une seule les deux doctrines... » (45). Dans une lettre « à Monsieur son père » qui sert d'avant-propos à *De la sainte philosophie,* Guillaume Du Vair définit bien le sens de ce que nous appelons « stoïcisme chrétien » : « Comme j'ai vu à Rome les riches temples bâtis par les païens à l'honneur de leurs démons avoir été saintement appliqués au service de notre Dieu, j'ai pris peine de transférer à l'usage et instruction de notre religion les plus beaux traits des philosophes païens que j'ai pensé s'y pouvoir commodément rapporter. » (46). Premier Président du Parlement de Provence siégeant à Aix (47), Garde des Sceaux, évêque de Lisieux, il est un des tout premiers personnages du royaume. Auteur d'une traduction du *Manuel* d'Epictète plusieurs fois rééditée, son traité *De la Sainte Philosophie,* puis *La Constance et Consolation ès Calamités publiques* et enfin *La Philosophie morale des Stoïques* (48) montrent « qu'il n'a cessé d'unir l'inspiration stoïcienne à l'inspiration chrétienne » (49). Juste Lipse est professeur à l'Université de Louvain ; il écrit *De Constantia* publié en latin à partir de 1584 et en français huit ans plus tard (50) ; viennent ensuite, en 1604, *Manuductio ad stoicam philosophiam* et *Physiologia stoicorum* (51). Dans ce stoïcisme christianisé, le destin devient providence et dans la philosophie que Juste Lipse veut pratique, immédiatement applicable à la conduite de la vie, rien n'est changé à la sagesse doctrinale s'il substitue la bonté à un orgueil qu'à la fois il reconnaît et élimine.

Le « stoïcisme chrétien », le P. Julien-Eymard d'Angers le retrouve au moins dans les premiers écrits du jeune évêque de Belley, Jean-Pierre Camus (52) et, bien sûr, dans l'*Epictète chrétien* de Jean-Marie de Bordeaux qui justifie le titre de son livre en détournant les citations de leur sens originel (53). Particulièrement original est le dessein du franciscain récollet Pascal Rapine de Sainte-Marie : il entend situer les grandes philosophies du monde païen dans une évolution historique de ce que nous pourrions appeler le christianisme avant le Christ : « venant après Platon et Aristote, le stoïcisme eut pour rôle de porter à sa perfection la morale humaine » (54) ; en ce sens, Sénèque et Epictète appartiennent à l'histoire du *Christianisme naissant dans la gentilité,* ouvrage dont le tome III traite *Du Salut des gentils... et de la sagesse des philosophes* (55).

Mais, dans une pareille étude, on s'en doute, il ne peut être question de diviser les humanistes chrétiens en deux groupes nettement séparés, stoïcisme chrétien d'un côté, « utilisation » chrétienne du stoïcisme de l'autre. En fait, l'« utilisation » est parfois si importante et même si chaleureuse qu'elle conduit presque à un stoïcisme chrétien. Inversement, la critique du stoïcisme peut aller si loin qu'elle réduit l'« utilisation » et se rapproche de l'opposition anti-humaniste à toutes les philosophies du monde païen.

Dans la première direction, on verrait, avec le P. Julien-Eymard d'Angers, un capucin, Sébastien de Senlis qui « cite Sénèque avec autant d'autorité qu'un saint Augustin et un saint Jérôme » (56) ; dans des livres dont les titres sont éloquents : *La Philosophie du contemplatif contenant toutes les leçons fondamentales de la vie active, contemplative et suréminente* (1621) (57), puis *La Philosophie des enfants de Dieu contenant toutes les instructions et les vertus nécessaires pour vivre saintement dehors et dedans le monde* (1628), et encore : *Les Maximes du Sage pour le règlement des mœurs* (1630), enfin *Le Flambeau du juste dans la conduite des esprits sublimes* (1642). Citons aussi un autre capucin, Georges d'Amiens, qui multiplie les emprunts à Sénèque dans de gros commentaires latins de Tertullien et de saint Paul (58). Mais plus curieux encore est le cas de deux jésuites fort connus en leur temps, le P. Etienne Binet et le P. Nicolas Caussin que l'on doit situer à la limite du stoïcisme chrétien. Le P. Binet sera provincial des provinces de France, de Champagne et de Lyon (59) ; dans *Consolation et réjouissance pour les malades et personnes affligées* (1617), et dans *Remèdes souverains contre la peste et la mort soudaine* (1629), il donne une interprétation chrétienne des textes de Marc-Aurèle et d'Epictète qui est comme le Salomon de l'antiquité païenne, ce qui, d'ailleurs, n'empêche pas leurs auteurs d'être damnés : en gros, le P. Binet conserve le stoïcisme mais condamne l'orgueil des stoïciens (60). Pour le P. Nicolas Caussin, la situation est plus simple ; dans *La Cour sainte ou l'institution chrétienne des Grands,* il dit de Sénèque : « Pour moi, je pense qu'il était chrétien quoique non déclaré » (61). On ne peut douter qu'il ait connu saint Paul à Rome ; l'un comme l'autre, à la même époque, menaient le même combat (62). Ce thème prendra forme dramatique dans la tragédie de Tristan L'Hermite *La Mort de Sénèque* en 1645 (63).

Avec le capucin Zacharie de Lisieux nous sommes presque du côté d'un anti-stoïcisme qui ferait penser à celui de Pascal. Mais si Pascal insiste sur l'optimisme abusif d'Epictète qui accorde trop à la raison et à la volonté des fils d'Adam, l'auteur de *La Philosophie chrétienne ou persuasions puissantes au mépris de la vie* (1637) voit en Sénèque un bon psychologue qui a bien décrit les misères de l'humanité et dont le christianisme doit dépasser le pessimisme (64).

Il faut remarquer qu'il y a une histoire du stoïcisme dans la pensée protestante parallèle à celle qui occupe une place si importante dans la pensée catholique (65). Ici aussi, il y a des traductions : celle du *Manuel* d'Epictète par Antoine Du Moulin dès 1544 (66) et surtout celle d'André Rivaudeau en 1567 (67), puis *Les Oeuvres morales et mêlées de Sénèque, traduites de latin en français et nouvellement mises en lumière* par Simon Goulard..., en 1595, rééditées et complétées en 1606 (68). Ici aussi, il y a « utilisation » du stoïcisme : Calvin a commencé par être un commentateur du *De Clementia* de Sénèque (1532) ; il y aura encore des traces d'humanisme dans son *Institution chrétienne* avant d'aboutir à sa position définitive qui est celle d'un violent antistoïcisme (69). Ce qui n'est pas le cas de Simon Goulard : sa critique de la philosophie du Portique ne l'empêche pas d'ajouter dans le titre de sa traduction des *Oeuvres mêlées* de Sénèque : *Le trésor de philosophie morale et naturelle* (70). Avec le traducteur d'Epictète, Rivaudeau, c'est un véritable « stoïcisme chrétien » qui apparaît : dans les lectures du chrétien celle du *Manuel* vient juste après celle de la Bible (71).

Ce que nous avons vu dans la pensée catholique, stoïcisme et christianisme sont comme des couleurs qui, fondues les unes dans les autres, donnent de multiples nuances. Ainsi, le P. Julien-Eymard d'Angers constate que la position du célèbre controversiste, Philippe Duplessis-Mornay, « ne se laisse pas définir clairement ». Il le met pourtant du côté d'un André de Rivaudeau, car il voit dans l'*Excellent discours de la vie et de la mort* (1576) « un stoïcisme teinté de christianisme » plutôt qu'« un christianisme teinté de stoïcisme » (72), formules excellentes pour définir les deux situations-limites.

CHAPITRE XII

ANTI-HUMANISME ET STOICISME

Ces trop longues et pourtant bien incomplètes informations sur les variétés du stoïcisme plus ou moins christianisé et par suite du christianisme plus ou moins imprégné de stoïcisme, une telle vue même aussi lacunaire est presque indispensable pour comprendre l'importance de l'opposition au stoïcisme dans la morale et l'apologétique anti-humanistes au XVIIe siècle.

La question est grave, en effet. Les raisons d'accepter une insertion du stoïcisme dans la pensée chrétienne, ces raisons ne manquent pas. Si l'on parle de « déisme » en citant Sénèque, Epictète, Marc-Aurèle, il ne peut s'agir d'un athéisme déguisé. Si l'on emploie le mot « libertinage », il n'y a pas à craindre que la liberté de l'esprit ainsi nommée entraîne celle des mœurs. Une union entre christianisme et stoïcisme paraît presque providentiellement naturelle de sorte qu'elle représente un danger sans cesse renaissant aux yeux de ceux qui refusent un humanisme mêlant ce qui vient d'une source païenne à ce qui vient des sources chrétiennes.

A côté de ceux qui ont su faire un bon usage du stoïcisme et de ceux qui sont allés jusqu'à professer un véritable « stoïcisme chrétien », le P. Julien Eymard d'Angers voyait ceux qui, « à la suite de l'*Augustinus,* rejetèrent complètement et sans nuance Epictète et Sénèque, en déclarant qu'il n'y avait rien à prendre chez ces philosophes païens » (1). N'est-ce pas un peu simple ? Ce que ceux-là ont lu dans l'*Augustinus,* on l'avait lu, bien avant Jansénius, dans saint Augustin.

Saint Augustin, nous l'avons vu, pose les thèmes majeurs d'une critique interdisant au stoïcisme toute insertion dans la doctrine chrétienne. Au XVIIe siècle, théologiens, moralistes, apologistes vont très naturellement les reprendre et il n'y a pas à chercher d'autres sources à leurs propos que les textes mêmes de saint Augustin. A commencer par celui que Bremond appelle « le maître des maîtres » (2), l'auteur du *Traité de l'Amour de Dieu* que François de Sales se décide à publier en 1616 (3).

Laissons de côté, ici, la question de savoir si la spiritualité de cet ouvrage peut être dite « humaniste ». Le fait est que, dès le troisième chapitre du premier Livre, l'évêque de Genève condamne sans appel une thèse fondamentale du stoïcisme avec renvoi explicite à saint Augustin. Il faut le reconnaître, notre volonté se heurte à une « multitude de passions », « de sorte que les Stoïciens, qui nièrent qu'elles se trouvassent en l'homme sage, eurent grand tort » et, circonstance aggravante, « d'autant plus que ce qu'ils niaient en paroles ils le pratiquaient en effet ». Suit un récit tiré du *De Civitate* de saint Augustin qui ridiculise « un fameux stoïcien », lequel sur un bateau, « quand une grande tempête survint... commença à pâlir, blêmir et trembler » bien plus que ses compagnons. « Grande folie de vouloir être sage d'une sagesse impossible ! » conclut l'évêque de Genève qui ajoute : « L'Eglise a condamné la folie de cette sagesse » ; c'est « le grand saint Augustin » qui le dit « selon les Ecritures Saintes et la saine doctrine » (4). François de Sales revient sur cette critique quelques pages plus loin, dans le chapitre V ; toujours en s'appuyant sur saint Augustin, il estime que cette critique reste entière quand « les Stoïciens » reconnaissent que « l'homme sage » peut avoir des « eupathies » ou « bonnes passions » en « la partie raisonnable de l'âme » ; leur « tort » est « de dire qu'il n'y avait point de passion en la partie sensitive » et surtout que « la tristesse ne touchait point le cœur de l'homme sage », le privant ainsi de « la miséricorde qui est une vertueuse tristesse » et qui « nous porte au désir de délivrer le prochain du mal qu'il endure » (5).

Il est vrai que François de Sales ajoute : « Aussi le plus homme de bien de tout le paganisme, Epictète, ne suivit pas cette erreur que les passions ne s'élévassent pas en l'homme sage », ici encore, c'est saint Augustin qui « atteste » (6). Si nous comprenons bien, l'évêque ouvre la porte du sanctuaire à Epictète précisément parce que celui-ci n'est plus stoïcien. Faut-il alors rapprocher de ce texte celui que nous lisons un peu plus loin : « Le bon homme Epictète fait un souhait de mourir en vrai chrétien (comme il est fort probable qu'aussi fit-il) ... » (7) ? Quoiqu'il en soit de cette mort chrétienne d'Epictète, elle apparaît à l'intérieur d'un long passage où nous voyons comment saint François, très spontanément, distingue les stoïciens et le stoïcisme : il s'agit de « l'examen de conscience » et de « la repentance » : Sénèque en parle fort justement et sur ce sujet « on ne saurait presque mieux dire » que le « sage Sénèque » ; « la raison naturelle » a conduit des philosophes païens à reconnaître dans ce que les chrétiens appellent le péché une offense à Dieu ; mais « la lumière » n'est pas « la chaleur » qui excite le repentir proportionné à l'offense. De là, la coupure radicale entre nous et les philosophes païens : « ceux qui ont la réputation d'être les plus vertueux d'entre eux, c'est-à-dire les Stoïciens » ont assuré, nous l'avons vu, « que l'homme sage ne s'attristait jamais », maxime dont le fondement est « que l'homme sage ne péchait point » (8).

Nous retrouvons cette double attitude devant Dieu. Comme Socrate et Platon, d'ailleurs, Sénèque et Epictète connaissent clairement « l'unité de Dieu » et savent que cette « très unique Divinité » est le souverain bien. A cet égard, saint François « admire surtout le pauvre bon homme Epictète » ; il aime « voir cet excellent philosophe parler parfois de Dieu avec tant de goût, de sentiment et de zèle, qu'on le prendrait pour un chrétien sortant de quelque sainte et profonde méditation » ; alors « quelle compassion ! » quand on l'entend « d'occasion en occasion mentionner les dieux à la païenne » (9) ... Quant à Sénèque, il va jusqu'à recommander pareille inconséquence : le voici qui écrit un livre *Contre les superstitions* et pourtant – ici, c'est une citation de saint Augustin – « il conseilla que l'on rejetât de cœur la superstition, mais qu'on ne laissât pas de la pratiquer ès actions ; car voici ses paroles : Lesquelles superstitions le sage observera comme commandées par les lois, non pas comme agréables aux dieux » (10).

François de Sales ne pouvait pas ne pas être particulièrement sensible aux équivoques qui cachent la discontinuité entre la morale stoïcienne et la vie chrétienne. Tout est dit, semble-t-il, en quelques lignes dont la place doit être remarquée : avant d'exposer l'union mystique de notre volonté « au bon plaisir de Dieu », François de Sales éprouve le besoin de prévenir toute confusion avec le stoïcisme. « Les Stoïciens, particulièrement le bon Epictète colloquaient toute leur philosophie à s'abstenir et soutenir, à se déporter et supporter... » ; l'évêque de Genève précise aussitôt : « à s'abstenir et se déporter des plaisirs, voluptés et honneurs terrestres », d'une part, et de l'autre : « soutenir et supporter les injures, travaux et incommodités ». Suit alors un « Mais » décisif : « Mais la doctrine chrétienne qui est la seule vraie philosophie » entend tout autrement l'*abstine et sustine* de Sénèque : « l'abnégation de soi-même est bien plus que de s'abstenir des plaisirs, porter sa croix est bien plus que de la supporter » (11) : avec l'imitation de Jésus-Christ, « la vraie philosophie » nous introduit dans un autre monde.

On comprend alors que l'échelle des valeurs ne soit pas la même dans les deux mondes. Le jugement sur le suicide est significatif. Comment tenir pour « vertueux », demande saint François de Sales, « ceux qui, comme le rapporte saint Augustin, estimaient que le sage se devait tuer quand il ne pouvait ou ne devait plus supporter les calamités de cette vie » (12) ? Dans tous les cas où le sage prétend se tuer par sagesse, François de Sales découvre aisément des mobiles qui n'ont rien à voir avec la vertu : dépit par envie, honte de vivre sous un vainqueur abominé, surtout vanité (13). Ce dernier mot désigne peut-être la qualité dominante du sur-moi stoïcien. Qu'on se rappelle les dernières paroles de Sénèque à ses amis : le plus beau legs qu'il leur laissait, déclarait-il, « n'était autre chose que l'image de sa vie ». Commentaire de saint François : « Voyez-vous, Théotime, comme les abois de cet homme sont puants de vanité ? » (14).

On dira peut-être : ces critiques, on les trouverait chez tous les auteurs que nous avons rencontrés ; ce partage chrétien du bon et du mauvais, les stoïciens chrétiens en ont au moins reconnu le bien-fondé et il a été opéré, dans des proportions diverses, par tous les écrivains chrétiens qui ont « utilisé » le stoïcisme... Sans doute, mais ce que nous n'avons pas trouvé ou su trouver dans le *Traité de l'Amour de Dieu,* c'est justement cette « utilisation » (15).

« Si vous voulez rendre sainte la vertu humaine et morale d'Epictète... faites-la seulement pratiquer par une âme vraiment chrétienne, c'est-à-dire qui ait l'amour de Dieu. » (16). Saint François ne laisse pas entendre : commencez par pratiquer « la vertu humaine et morale » des Stoïciens, vous serez ainsi sur le bon chemin où la grâce trouvera votre âme et sanctifiera cette « vertu ». Il constate simplement un fait qui est l'absolue non-valeur selon le christianisme de la vertu selon le stoïcisme. Le *Traité de l'Amour de Dieu* n'est pas écrit en pensant à ces libertins érudits qui se mettent à l'école de Sénèque ou d'Epictète, ni à ces humanistes chrétiens qui croient bon pour la pensée chrétienne de faire un bout de chemin avec les plus sages des païens. Le livre est une introduction à la vie vraiment dévote, c'est-à-dire qui conduit à l'union mystique avec Dieu au delà du moi et de ses intérêts même les plus légitimes dans l'ordre de la nature. François de Sales, semble-t-il, à aucun moment, n'a l'occasion de se demander si, dans son projet même, l'appui du stoïcisme ne serait pas « utile ». Nous le voyons donc devant la philosophie du Portique, très proche de de son ami Bérulle, même si la « compassion » donne à ses propos un ton moins rude.

Nous avons entendu saint François de Sales affirmer, sans discussion possible, que les plus grands esprits de l'antiquité païenne étaient incapables d'aimer Dieu comme il doit l'être, c'est-à-dire par-dessus toutes choses, même ceux qui, Epictète en tête, avaient eu un certain pressentiment du monothéisme (17). Cette rupture est prononcée dans le Livre Premier du

Traité de l'Amour de Dieu dans le chapitre XVII qui a pour titre : *Que nous n'avons pas naturellement le pouvoir d'aimer Dieu sur toutes choses.* Or nous retrouvons le même rejet du stoïcisme dans un opuscule de Bérulle qui a pour titre : *De l'impuissance à aimer Dieu, depuis le péché d'Adam ; et du remède à ce mal en Jésus-Christ.* Dans les deux premiers paragraphes Bérulle montre comment la philosophie « toute occupée en la connaissance des choses naturelles » est évidemment « du tout muette en ce qui est de l'amour de Dieu » (18). D'où ce principe posé en tête du troisième paragraphe : « plus la philosophie profane est muette et stérile en la direction de l'amour, plus la philosophie chrétienne doit y être instruite et savante à s'y appliquer et exercer ». C'est ici que Bérulle s'en prend aux stoïciens et nous allons retrouver sous sa plume les raisons du *non possumus* déjà rencontrées dans le *Traité de l'Amour de Dieu.*

La « philosophie chrétienne » pose deux exigences fondamentales : « l'abaissement en soi-même et l'élèvement en Dieu, c'est-à-dire l'humilité et l'amour ».

« En cet égarement de la nature », c'est-à-dire dans la situation de l'homme pécheur, « quelques uns ont pensé prendre un chemin différent et s'élever plus haut » ; cela avait pour conséquence la pire erreur : « des maximes impossibles à la nature ».

Des noms de ces « quelques uns » viennent aussitôt : « un Sénèque, un Epictète », avec les réactions que ces noms provoquent : « le monde les estime », Bérulle veut bien, en passant, saluer en Sénèque « un des plus signalés philosophes de l'antiquité païenne » (19) ; mais dans le texte fondamental que nous analysons il déclare : « ils me font pitié ».

Une pitié, toutefois, qui semble être plus méprisante que compatissante : plus Bérulle analyse le sens de l'expression « maximes impossibles à la nature », plus la condamnation est radicale : d'un mot, « ce peu de lueur qui reste en la nature, ils l'ont convertie en ténèbres ». Ce peu de lueur, c'était un vague sentiment de « l'infirmité de la nature » et un vague sentiment de « quelque chose de la dignité première de leur nature » : or ils ne veulent pas « avouer l'infirmité » et ils se croient capables d'atteindre à cette « dignité » par eux-mêmes : « ils ne savent pas ce que nous avons perdu en Adam, et ce que nous avons recouvert en Jésus-Christ. ». Ainsi, « ils ressemblent à ces autruches qui ont des ailes, mais sans voler ; ils remuent leurs ailes comme des oiseaux, mais leurs pieds demeurent en terre », et encore : « ils cherchent en eux-mêmes ce qui n'est point en eux-mêmes ».

Ne soyons donc pas étonnés « s'ils sont toujours démentant à leurs discours et leur philosophie par leurs propres pratiques et sentiments » (20).

Jean Dagens juge ce texte si important qu'il le cite entièrement, disant même : « il semble que Bérulle soit à l'origine de l'antistoïcisme chrétien au XVIIe siècle. » (21). Peut-être serait-il plus prudent de voir cette origine directement dans les textes de saint Augustin ; mais, comme le souligne le même auteur, nul plus que le fondateur de l'Oratoire, « n'a proclamé plus fortement l'impuissance de l'homme déchu » et, par suite, condamné toute morale strictement naturelle (22), à commencer par la plus foncièrement anti-chrétienne, malgré ou plutôt à cause des apparences.

On a fort justement rapproché cet opuscule de Bérulle des jugements de Pascal sur Epictète dans son Entretien avec M. de Sacy (23). Nous avons cru pouvoir le rapprocher de quelques textes du *Traité de l'amour de Dieu* de saint François de Sales (24). Ces rapprochements ne signifient pas nécessairement des sources. Sans doute, Bérulle connaît l'œuvre de son ami de Genève (25). Il est difficile de dire ce que Pascal pouvait savoir de la pensée du cardinal. Mais, en ce qui concerne le critique du stoïcisme, il y a un fonds commun augustinien. Comme on pouvait s'y attendre on retrouvera donc les critiques de saint Augustin dans l'*Augustinus* : le P. Julien-Eymard d'Angers a relevé une douzaine de textes contre le stoïcisme dans le livre de Jansénius (26).

A Port-Royal, le refus du stoïcisme est particulièrement énergique, sans doute parce qu'on juge fort dangereuses pour la doctrine chrétienne les compromissions humanistes de ce côté. Nous en aurons une idée si nous lisons ce qu'Antoine Arnauld en dit dans un ouvrage publié après sa mort mais écrit en 1641 : *De la nécessité de la foi en Jésus-Christ pour être sauvé. Où on examine si les Païens et les Philosophes qui ont eu la connaissance d'un Dieu, et qui ont moralement bien vécu, ont pu être sauvés sans avoir la Foy en Jésus-Christ* (27). Comme le titre l'indique, la question est celle du salut des païens : la logique de la Rédemption par Jésus-Christ en exclut la possibilité ; signalons simplement le long chapitre III de la Première Partie rappelant que telle était la réponse de saint Augustin, sans exception pour « les plus éclairés d'entre les Philosophes » (28). Saint Augustin pense surtout aux platoniciens mais on ne manque pas de rappeler que les stoïciens sont dans la même situation, et sur quel ton !

Sénèque, nous dit-on, pratique l'examen de conscience quotidien. Soit, mais « au lieu qu'un vrai Chrétien n'examine sa conscience que pour en rendre compte à Dieu, celui-ci au contraire ne l'examine que pour en rendre compte à sa propre raison, qu'il adore et qu'il met en la place de Dieu ». Ne soyons pas dupes de « quelque belle apparence » : « l'un ne pense qu'à la justice divine, et l'autre n'a soin que de satisfaire à sa juste vanité » : bref, ce que fait le philosophe païen est aussi différent de ce que doit faire le chrétien « que le vice l'est de la vertu, et l'orgueil de l'humilité » (29). Le mot « orgueil » conduit Arnauld encore plus loin : « ce prétendu examen de la conscience de Sénèque » comme celui d'un

Socrate, permet de voir en eux « les héritiers et les vrais successeurs du premier Ange rebelle dans son orgueil » (30). Quand Pascal parle de « la superbe diabolique » des stoïciens, l'expression n'est peut-être pas là uniquement pour faire effet (31).

Même volonté, en morale, de minimiser la différence entre le sage et Dieu ; « l'un des plus grands maîtres de la Morale païenne », Sénèque, nous le montre : « dans le comble de sa vanité et dans le dessein criminel d'égaler la félicité de son Sage à celle de Dieu » il concède simplement que celle du Sage dure moins longtemps, ce qui ne permet pas à « ce Sage orgueilleux » de se sentir « inférieur à Dieu, ... moindre que Dieu ». « Blasphèmes », s'écrie Arnauld (32).

Encore une citation... « Quelques louanges que l'on donne à Zénon et à sa secte qui avait une grande apparence de vertu... » voilà pour la morale, et voici pour la métaphysique : « ... on est obligé d'avouer que ces Philosophes n'ont point reconnu d'autre Dieu que l'âme du monde, et qu'ils en ont considéré nos âmes comme une partie ». Conclusion : « c'est-à-dire qu'ils ont été des impies et des Athées. » (33).

Le chrétien ne trouve vraiment rien à « utiliser » dans le stoïcisme. Alors, sous prétexte que les voies de Dieu sont impénétrables, ne supposons pas qu'il a mis un Sénèque au nombre des saints : d'ailleurs, « la vie de Sénèque, non plus que sa mort, n'ont rien eu que de païen » ; par suite, « il est juste de détester son infidélité et ses erreurs » (34). Qu'Arnauld vise ici l'apologétique humaniste, on le voit bien dans les pages qui suivent ; si tant de « gens de ces derniers temps » tiennent si fort au salut des Païens, une telle possibilité permet de « croire raisonnablement... que Dieu traitera les Chrétiens de même et avec encore plus d'indulgence... » (35).

Pascal rejoint donc une tradition bien établie en insérant une critique du stoïcisme dans ses projets d'apologétique, cela dès le premier, celui qui prend forme dans l'Entretien avec M. de Sacy. Or, dans cet entretien sur la lecture d'Epictète et de Montaigne, M. de Sacy ne dit rien sur celle d'Epictète : qu'aurait-il dit ? Il a sûrement reconnu dans la critique qu'en fait Pascal les arguments de saint Augustin. La « superbe » qui accorde à l'homme le pouvoir de connaître Dieu et de l'aimer, par conséquent une parfaite liberté, provoque une dévalorisation de toute la doctrine ; le mépris des biens de ce monde n'est plus un chemin qui conduit à Dieu ; les maux cessent d'être des maux ; le suicide est permis dans certaines circonstances ; « l'âme est une portion de la substance divine » (36). Le mot « présomption » qui ouvre le réquisitoire contre Epictète, ce mot vient probablement de Montaigne (37), mais ce qui suit semble être une sorte de mémento critique rappelant très brièvement les raisons de rejeter sa philosophie. Si Pascal trouvait bon de s'arrêter assez longuement devant les équivoques permettant à tant de bons esprits, même chrétiens, de tenir Epictète pour un maître à penser, il était évidemment inutile d'insister, devant M. de Sacy, sur les graves dangers du stoïcisme déjà dénoncé par saint Augustin.

Comme François de Sales Pascal lit Epictète dans la traduction de Dom Jean de Saint François, et, Pierre Courcelle l'a monté, il a lu de près les textes (38). Il n'est nullement impossible qu'il ait lui-même reconnu les erreurs majeures d'une doctrine privée des vérités révélées. Mais ce que nous avons appelé le mémento critique est si classique que l'on doit aussi penser à des souvenirs de textes inspirés par saint Augustin, peut-être même l'*Augustinus,* ou à des conversations avec Arnauld qui a dans ses tiroirs *De la nécessité de la foi en Jésus-Christ pour être sauvé* (39).

La critique du stoïcisme devait entrer dans l'Apologie de la religion chrétienne, visiblement dans la partie destinée à montrer l'échec de la philosophie et dans la recherche de la vérité et dans celle du souverain bien. Les sept « Pensées » de la liasse titrée *Philosophes* visent les stoïciens : on trouve le nom d'Epictète dans la première et dans la dernière, les mots « les stoïques » dans la quatrième ; pour les quatre autres, M. Michel Le Guern peut très justement dans son édition renvoyer aux stoïciens, voire à des citations d'Epictète (40). Disons, d'ailleurs : quand Pascal écrit « les philosophes » ou quand il oppose « les dogmatistes » (41) aux pyrrhoniens, il pense aux stoïciens, même s'il ne pense pas aux seuls stoïciens.

Dans les fragments destinés à l'Apologie de la religion chrétienne comme dans l'*Entretien,* le stoïcisme que Pascal connaît est celui d'Epictète dont, d'ailleurs, il aime « la manière d'écrire » (42). Sans doute, on trouve sur une feuille huit citations de Sénèque, mais elles ont été copiées dans les *Essais* (43). La critique de la philosophie « stoïque » est ici moins analytique que dans l'exposé présenté à M. de Sacy. A quoi bon la suivre point par point quand on a posé comme un fait incontestable : « Les païens ne connaissent point Dieu et n'aiment que la terre » (44) ? Ils est alors clair que l'orgueil est le principe vital de cette sagesse qui fait si forte impression même sur certains bons chrétiens ; les stoïciens ignorent la corruption de l'homme ; ils lui accordent un pouvoir qu'il n'a pas (45) ; leur souci de la vie intérieure, le recueillement qu'ils recommandent ne met nullement l'esprit sur le chemin qui mène à Dieu (46). Quand Pascal dénonce leurs « principes d'une superbe diabolique » (47), nous devons penser à la parole de l'*Ecclésiastique : Initium peccati superbia* (X, 13).

La critique du stoïcisme est devenue quasi-rituelle chez les moralistes et les apologistes qui se veulent fidèles à la théologie augustinienne. Dans le prolongement de cette esquisse citons seulement le Père Malebranche parce que son cas doit être l'occasion d'ajouter une précision sur le fait qu'il y a au XVIIe siècle diverses façons de se sentir fidèle à la théologie augustinienne.

Malebranche a écrit dans *La Recherche de la Vérité* un long chapitre titré : *De l'imagination de Sénèque* (48). Il a sous les yeux le traité *De constantia sapientis* (49). Il entend montrer que tout le mérite de Sénèque tient à son imagination. Le thème majeur de sa critique, et là est son originalité, c'est que, par « la force de son imagination » Sénèque est, si l'on peut dire, un champion de la rhétorique : « pourvu qu'il parle et qu'il parle bien, il se met peu en peine de ce qu'il dit, comme si on pouvait bien parler sans savoir ce qu'on dit » (50) ; c'est pourquoi ses erreurs sont si dangereuses ; « elles sont revêtues d'ornements pompeux et magnifiques » qui, aujourd'hui encore « étourdissent et aveuglent » tant de « beaux esprits et esprits forts » (51). Si Malebranche ne cite pas saint Augustin, les « erreurs » que ce dernier a dénoncées dans le stoïcisme viennent sous la plume de l'oratorien comme des évidences qui n'ont nul besoin de références : la soi-disant impassibilité du sage est de l'ordre de l'imaginaire ; voyons le portrait que Sénèque fait de Caton : « ce n'est que du fard et que du plâtre... » ; frappé au visage, « le superbe Caton » ne se fâche pas car il « nie qu'on lui ait fait quelque injure », cela par mépris, pour se mettre lui-même au-dessus de l'offenseur ; sa vertu n'est que « vanité », « fierté », « orgueil », « concupiscence de l'orgueil » ; au contraire « Jésus-Christ, ce sage des Chrétiens » souffleté par un valet du grand-prêtre confesse que ce dernier a été capable de le blesser et « il pardonne comme ayant été véritablement offensé » (52). Bref, le stoïcien ignore que « tous les hommes sont pécheurs et par conséquent dignes de la misère qu'ils souffrent... » (53).

Malebranche ne nie pas que l'on puisse trouver de bonnes choses dans Sénèque et que « de grands hommes s'en sont servis utilement » pour « défendre la morale de Jésus-Christ et combattre ainsi les ennemis de l'Evangile par leurs propres armes ». Mais on peut dire cela de tous les « méchants livres », de l'Alcoran par exemple ; or « ce qu'il y a de bon dans l'Alcoran ne fait pas que l'Alcoran soit un bon livre » (54). Dans tout ce long chapitre, le P. Malebranche ne cesse de penser aux humanistes chrétiens qui « utilisent » le stoïcisme. Or le stoïcisme est une expression philosophique de cette illusion que Satan connaît bien : « les hommes croient pouvoir devenir comme des dieux. », il s'agit d'erreurs qui sont particulièrement pernicieuses parce que « la tentation par la grandeur et l'indépendance est la plus forte de toutes » (55) ; aucun compromis, aucune alliance ne sont donc concevables. « L'esprit de Sénèque est un esprit d'orgueil... l'orgueil, selon l'Ecriture, est la source du péché. *Initium peccati superbia (Ecclésiastique* X, 13), l'esprit de Sénèque ne peut être l'esprit de l'Evangile ni sa Morale s'allier avec celle de Jésus-Christ... » (56).

Malebranche, certes, donne à sa critique du stoïcisme une forme philosophique et littéraire proprement malebranchiste : la marque personnelle qu'il impose à ces pages sur l'imagination de Sénèque n'empêche pas de le situer dans l'histoire de l'antistoïcisme augustinien. Mais il faut aussitôt rappeler qu'au XVIIe siècle tous les augustiniens n'ont pas le même saint Augustin.

Notre définition de l'humanisme et, *ipso facto,* celle de l'anti-humanisme nous obligent, on l'a vu, à ne pas prendre « anti-humanisme » pour synonyme de « jansénisme » : nous avons cru pouvoir mettre sous cette étiquette des théologies, des morales, des apologétiques qui sont antérieures à l'*Augustinus* ou qui en sont indépendantes. Or l'histoire de l'anti-stoïcisme chrétien ajoute une curieuse précision à celle de l'anti-humanisme : une pensée vraiment anti-humaniste, c'est-à-dire dont la théologie de la grâce, sans formules équivoques, ne reconnaît aucun pouvoir aux seules forces de la nature humaine, une telle pensée est toujours anti-stoïcienne ; mais ce même anti-stoïcisme, avec les mêmes critiques, peut parfaitement coexister avec des philosophies et des théologies de la grâce accordées aux exigences de l'esprit humaniste. Tel était le cas du P. Malebranche. Tel avait été déjà le cas de François de Sales.

On sait que, avant même la publication, en 1595, du livre de Molina, *De Concordia gratiae et liberi arbitrii,* le jeune François de Sales angoissé par la prédestination trouve la paix dans une solution déjà moliniste, à laquelle il restera fidèle, très conscient de prendre alors congé, sur ce point, de saint Augustin et de saint Thomas, « deux luminaires de la théologie » (57). Cela ne l'empêche nullement de déclarer, avec saint Augustin, le stoïcisme radicalement étranger à la doctrine chrétienne, multipliant lui-même les références au *De Civitate Dei* (58). Avec Malebranche le contexte théologique de l'anti-stoïcisme est encore différent. Devant le rôle que l'oratorien laisse à la liberté de l'homme, les « jansénistes » crient au pélagianisme ; celui-ci riposte : Jansénius et Arnauld, qu'ils le veuillent ou non, pensent comme Luther sur l'efficacité de la grâce ; le vrai saint Augustin est dans son *Traité de la Nature et de la Grâce* (59), où, d'ailleurs, il est abondamment cité (60).

Ainsi la critique chrétienne du stoïcisme est un chapitre particulièrement significatif dans l'histoire de l'opposition à tous les humanistes, surtout chrétiens. Mais l'histoire de l'anti-stoïcisme déborde celle de l'anti-humanisme : on peut même concevoir un humanisme chrétien prêt à accepter l'alliance avec Platon ou avec Aristote mais non avec Epictète et Sénèque.

NOTE FINALE

UN AUTRE SUJET :

L'ANTI-HUMANISME AU MILIEU DU XXe SIECLE

Nous avons cru pouvoir constater qu'au XVIIe siècle l'anti-humanisme est une réaction de la conscience chrétienne. Ferait-on la même constatation au XVIIIe siècle ? C'est, en effet, une question. Ce qui est sûr, c'est qu'à l'époque contemporaine nous trouvons un anti-humanisme tout à fait indépendant de la conscience chrétienne.

Remarquons d'abord une différence dont on ne saurait trop fortement souligner la portée. Nous avons essayé, au sens où l'on essaie un vêtement, certains schèmes qui rendraient possible un exposé de la pensée religieuse au XVIIe siècle relativement proche de la réalité historique, mais cela avec des mots qui n'appartenaient pas au vocabulaire du temps : alors « humanisme » et « anti-humanisme » n'existent pas ; le moins que l'on puisse dire est qu'« humaniste » employé par Montaigne n'est pas d'usage courant (1). Or, dans cette seconde moitié du XXe siècle, « humanisme » et « humaniste » sont dans tous les dictionnaires ; de plus, une abondante littérature est consacrée à leur définition. Comme les mots eux-mêmes impliquent une référence à l'humain, toutes ces définitions font plus ou moins explicitement intervenir une certaine idée de l'homme, « humanisme » et « humaniste » entrent aussi dans les dictionnaires de philosophie ; on les trouve, d'ailleurs, sous la plume de philosophes contemporains ; Jean-Paul Sartre publie : *L'existentialisme est un humanisme* (2) ; à la question : « Comment redonner un sens au mot *Humanisme* » Martin Heidegger répond : « Cette question dénote l'intention de maintenir le mot lui-même. Je me demande si c'est nécessaire. » (3). Ainsi, lorsque le mot « anti-humanisme » apparaît, c'est à l'intérieur de l'explication et de discussions déjà engagées, occupant un chapitre bien déterminé dans la vie contemporaine des idées.

Il n'est évidemment pas question même d'esquisser une étude de l'anti-humanisme contemporain. On voudrait simplement expliquer comment a pu naître un anti-humanisme non issu de la conscience chrétienne. A cet effet, procédons à une espèce d'expérience théorique permettant de voir ce que le P. Michel de Certeau appellerait un « glissement socio-culturel » opérant un changement des « cadres de référence » (4) : trouvons un humanisme distinctement pensé en dehors de toute perspective chrétienne, devenu une doctrine cohérente avec la juste prétention de fonder une sagesse ; voyons alors comment à l'intérieur même de cet humanisme surgit l'*anti* qui le sape.

Cet humanisme type pourrait être celui de l'helléniste Fernand Robert ; ses réflexions sont à peu près contemporaines de celles d'Augustin Renaudet ; mais sous le titre *L'Humanisme, Essai de définition,* il présente une vision du monde ou plutôt une vision de l'homme dans le monde dont il dessine les grandes lignes et où sont même prévues les conditions à imposer à un christianisme qui se voudrait humaniste (5).

Dans l'ouvrage la définition de l'humanisme semble d'abord liée à celle de renaissance, laquelle implique toujours une réaction contre un certain milieu culturel. « ... Mérite donc d'être appelé humaniste tout mouvement de notre esprit par lequel nous rejetons les habitudes de pensée, les principes, les enseignements de l'époque immédiatement précédente à la seule condition – et c'est une condition presque toujours remplie – que l'esprit veuille puiser dans la nature humaine. » (6). Ces derniers mots limitent la portée révolutionnaire de la définition : il s'agit d'une rupture avec un milieu culturel accusé de s'écarter de l'humain. M. Fernand Robert multiplie les exemples : réaction contre les abstractions qui obscurcissent la philosophie, réaction contre les prétentions de petits groupes qui entretiennent des espèces de modes culturelles, sophistique, préciosité, dadaïsme (7).

On peut alors se demander si de telles réactions ne sont pas « réactionnaires » ? Le mot « renaissance », d'ailleurs, n'implique-t-il pas « renaître » ? Les ruptures avec le présent ne signifient-elles pas : retour au passé ? Non, car le retour à l'humain est retour à ce qui, dans le passé, n'est ni trépassé ni dépassé, tenant à cette nature qui demeure dans ce qui dure. Mais comment reconnaître dans le temps retrouvé ce qui résiste à l'épreuve du temps ? Ecoutons M. Fernand Robert :

« Il existe une nature humaine. Elle est universelle, permanente. Le modèle s'en trouve dans les grandes œuvres de la littérature de tous les temps et de tous les pays, qui, toutes ensemble, composent la somme de ce qu'on connaît de plus important sur l'homme. On n'a pas le droit de parler d'humanisme si l'on n'y comprend pas cette idée-là. » (8). Et encore : « L'humaniste pose en principe la constance inaltérable de la nature humaine quant à l'essentiel... C'est sur cette conviction qu'il fonde son adhésion à la tradition littéraire et artistique comme moyen de connaissance de l'homme. » (9). Ainsi, il n'y a pas opposition entre nature et culture puisque cette dernière nous rend accessibles les richesses de la première.

En effet : « L'homme est la grande richesse, la richesse inépuisable : voilà l'idée humaniste par excellence. » (10). Il est dans sa nature d'inventer sans cesse : autrement dit, l'idée de progrès est inscrite dans la nature humaine et la confiance en l'homme est impliquée dans la définition de l'humanisme.

Cette « nature universelle, permanente » est évidemment celle d'un homme pris en dehors de toutes les religions historiques qui sont toujours localisées dans l'espace et dans le temps. La question se pose alors de savoir dans quelle mesure le christianisme est compatible avec l'humanisme ainsi défini, le christianisme qui, lui aussi, se veut et ne peut pas ne pas se vouloir « universel, permanent ». La réponse de M. Fernand Robert semble être : tout dépend de la manière d'être chrétien. « On peut venir à Dieu par dégoût de l'homme, par humiliation de l'esprit » : ici, l'incompatibilité avec l'humanisme est évidente et, d'ailleurs, les chrétiens qui pensent ainsi sont les premiers à le proclamer ; bien que le mot ne soit pas prononcé, ce sont des anti-humanistes ; M. Fernand Robert est d'accord avec eux pour reconnaître leur complet désaccord. Mais il y a aussi des chrétiens qui viennent à Dieu parce qu'ils ont « senti ou compris ou éprouvé par expérience que ce qu'il y a de meilleur dans l'homme est divin, donc par exaltation de ce que l'homme a de plus haut » : ces chrétiens, sans doute, peuvent être humanistes ; visiblement, comme Augustin Renaudet, M. Fernand Robert veut tenir compte de l'œuvre d'Henri Bremond ; toutefois, pour éviter une confusion, il demande à ces « humanistes »-là de s'opposer explicitement à ceux dont le christianisme est foncièrement anti-humaniste (11).

La « définition » de M. Fernand Robert met à notre disposition un mobile pour penser l'humanisme contemporain, et, du même coup, l'anti-humanisme qui le critique.

Il est clair que, dans cet humanisme, tout repose sur l'idée d'une nature humaine universelle et permanente ; une telle idée ne doit rien à une révélation religieuse ; elle ne fait intervenir que la raison, l'expérience, l'histoire. Si, restant sur le même terrain, des sciences humaines ou des réflexions strictement philosophiques mettent sérieusement en question l'idée d'une nature humaine universelle et permanente, l'humanisme perd la pièce essentielle du dispositif qui le justifie ; la critique de cette idée, *ipso facto,* devient anti-humaniste dans la mesure où elle se heurte à une résistance de l'esprit humaniste.

Un *constat* célèbre marque l'avènement de ce nouvel anti-humanisme : après « Dieu est mort », ce qui exclut tout retour à la religion, « l'homme est mort » (12). « Nietzsche, écrit Michel Foucault, a retrouvé le point où l'homme et Dieu s'appartiennent l'un l'autre, où la mort du second est synonyme de la disparition du premier et où la promesse du surhomme signifie d'abord et avant tout l'imminence de la mort de l'homme. » (13). Laissons de côté la référence à Nietzsche et oublions le contexte philosophique, sans simplification abusive, les derniers mots signifient : les hommes, bien sûr, sont toujours vivants mais ce qui est mort, c'est la croyance en une nature de l'homme indépendante des déterminations imposées par l'espace et le temps, une nature de l'homme qui par son universalité et son intemporalité pourrait être valeur et source de valeurs.

« L'homme est mort » est devenu la formule symbolique de l'anti-humanisme (14).

Nous venons de procéder, répétons-le, à une espèce d'expérience théorique destinée à montrer comment, au milieu du XXe siècle, a pu apparaître ce que nous n'avions pas trouvé ou su trouver au XVIIe : un anti-humanisme tout-à-fait indépendant de la pensée chrétienne.

Dieu étant mort ou du moins absent, il n'est plus là pour obliger l'homme à prendre conscience de son néant et à mettre en question les prétentions humanistes ; il semble que ce soit alors son histoire qui lui impose une réflexion sur ce qu'on appelait au XVIIe siècle sa grandeur et sa misère. Les abondantes discussions du temps présent sur l'humanisme sont le plus souvent liées à l'environnement politique : que penser de l'homme civilisé quand on considère la dernière guerre ? que penser d'un progrès qui met à sa disposition une bombe atomique ? etc. (15). Remarquons pourtant un fait d'ordre linguistique : le mot « humanisme » n'a pas entraîné le mot « anti-humanisme » dans ce genre de discussions (16) ; « humanisme » appartient, aujourd'hui, à la langue courante, « anti-humanisme » appartient à un vocabulaire pratiquement réservé aux philosophes, qui, d'ailleurs, n'en abusent pas.

Nous n'avons pas à aller plus loin. Les anti-humanistes de notre temps et les résistances vigoureuses de la pensée humaniste feraient l'objet d'une autre histoire, laquelle a déjà commencé (17).

NOTES

AVANT-PROPOS

1. Le mot est donné dans *le Grand Robert...* 2ème édition entièrement revue et enrichie par Alain REY, t. I, 1985 : « *Antihumanisme* – 1936, Maritain... ». Précisons : *L'humanisme intégral,* Aubier, 1936, Introduction, p. 10.

Jacques Maritain écrit le mot en passant et n'a pas l'occasion de le reprendre dans le cours du volume.

Maritain écrit *« anti-humanisme »* ; le Robert : « antihumanisme ». Je conserve le trait d'union afin de mieux détacher et souligner la force de l'opposition dans *anti.*

2. Pierre CHAUNU, *La civilisation de l'Europe classique,* Arthaud, 1966, p. 459, et aussi : « Vers 1570, l'Europe protestante équilibre grossièrement l'Europe catholique, 40 pour 100 d'un côté, 60 pour 100 de l'autre. Et encore ce sondage grossier ne tient pas compte de la qualité, 50 pour 100 de la noblesse française, 30 pour 100 de la bourgeoisie adhèrent à la Réforme » (p. 458-459).

3. Leszek KOLAKOWSKI, *Chrétiens sans Eglise, la Conscience religieuse et le lien confessionnel au XVIIe siècle.* Traduit du polonais par Anne POSNER, Gallimard, 1969 (l'édition polonaise est de 1965) ; p. 350-351 ; voir la section : *A propos du concept de Contre-Réforme,* p. 356-362.

4. Certains historiens contemporains préfèreraient éviter ce concept même s'ils se résignent à l'utiliser : Pierre CHAUNU, *Eglise, culture et société, Essais sur Réforme et Contre-Réforme* (1517-1620), S.E.D.E.S. 1981, p. 1516 ; comme Jean DELUMEAU, il trouverait plus exact de dire : « Réforme Protestante » et « Réforme Catholique ».

5. KOLAKOWSKI, ouvr. cit., p. 350.

6. *Somme des péchés qui se commettent en tous états : De leurs conditions et qualités : et en quelles occurrences ils sont Mortels ou Véniels,* par le R.P. E. BAUNY, de la Compagnie de Jésus, Paris, 1633, 5e édition, 1638. L'ouvrage fut condamné à Rome en 1640, comme Pascal le rappelle dans sa *Quatrième Provinciale, Oeuvres,* t. IV, p. 252 ; là, Pascal attaque ironiquement « ce bon livre » ; et encore dans la *Huitième,* sur la « méthode » pour « gagner de l'argent sans pécher », t. V, p. 141 ; dans la *Neuvième,* sur les dévotions faciles, ibidem, p. 193-198 et p. 212 ; dans la *Dixième,* sur l'absolution aisée, ibidem, p. 252-253 ; p. 257-260 ; dans la *Onzième,* sur « les leçons du P. BAUNY pour le larcin », ibidem, p. 308.

7. KOLAKOWSKI, ouvr. cit., p. 357-358.

CHAPITRE PREMIER

1. Jean LAPORTE, *Le rationalisme de Descartes,* P.U.F., 1945.

2. Léon HUSSON, *L'intellectualisme de Bergson, Genèse et développement de la notion bergsonienne d'intuition,* P.U.F., 1947.

3. Henri BREMOND, I, *Histoire littéraire du sentiment religieux en France depuis la fin des guerres de religion jusqu'à nos jours,* Bloud et Gay, 1916-1933 ; Armand Colin, 1967-1968, *L'Humanisme dévot,* 1916 – Henri BUSSON, *La pensée religieuse française de Charron à Pascal,* Vrin, 1933 – Charles CHESNEAU, *Le Père Yves de Paris et son temps* (1590-1678), II *L'apologétique,* Société d'histoire ecclésiastique de la France, 1946 – Du même, sous le nom JULIEN-EYMARD D'ANGERS : *Yves de Paris,* Introduction et choix de textes, Bloud et Gay, s. d. (1965). – JULIEN-EYMARD D'ANGERS, *L'Humanisme chrétien au XVIIe siècle : Saint François de Sales et Yves de Paris,* Martinus Nijhoff, 1970 – La Haye.

4. *Théologie naturelle,* 1633, cité par H. BREMOND, I, p. 461. Voir plus loin, ch. V, n. 37.

5. *Pensées,* L. 114 ; Br. 397 – L. 116, Br. 398.

6. *L'Agent de Dieu dans le monde,* I, 1656 ; 2e éd. 1658, cité par BREMOND, p. 460.

7. *Pensées,* L. 597 ; Br. 455.

8. Ibidem, L. 220 ; Br. 468.

9. *Morales chrétiennes,* t. I, 1638 (une 5e éd. en 1645), cité par BREMOND, p. 440-441.

10. *Pensées,* L. 3 ; Br. 244.

11. Cf. Henri BUSSON, ouvr. cit., p. 606 sq : Ch. CHESNEAU, ouvr. cit., p. 627, sq ; sur l'esprit des deux apologétiques, voir ibidem, p. 200-205.

12. Henri GOUHIER, *L'anti-humanisme de Pascal,* Anais do Congresso internacional de filosofia de Sao Paulo, 9-15 août 1954, Sao Paulo, 1956, p. 389-395. – *L'« anti-humanisme » de Pascal,* Revue des travaux de l'Académie des Sciences Morales et Politiques, 1962, 1er semestre, Sirey ; voir notamment l'intervention de M. Edmond Giscard d'Estaing, p. 23) ; texte repris sans la discussion dans *Etudes sur l'histoire des idées en France depuis le XVIIe siècle,* Vrin, 1980.

13. Voir plus loin, Note finale.

14. MONTAIGNE, *Essais,* I, Ch. LVI, p. 409-410. La date de composition du chapitre est incertaine, entre 1572, et 1580, selon Villey (p. 402) ; le passage cité est une addition de 1588. Il est commenté dans : René BADY, *L'Homme et son « institution », de Montaigne à Bérulle, 1580-1625,* Belles-Lettres, 1964, p. 236.

15. André CHASTEL, *Humanisme et art au Quattrocento,* dans : *Pensée humaniste et tradition chrétienne aux XVe et XVIe siècles.* Essais, notes et documents publiés sous la direction d'Henri Bédarida, C.N.R.S., 1950.

16. Pour l'histoire de l'idée de Renaissance : Wallace K. FERGUSON, *La Renaissance dans la pensée historique,* trad. J. Marty, Payot, 1950 – Franco SIMONE, *Per la storia del termine e del concetto di « Renaissance »,* Studi francesi, septembre-décembre 1958 ; janvier-avril et septembre-décembre 1959.

17. « Jeune encore, et grand humaniste, mais seulement humaniste, nouvellement appelé par l'électeur Frédéric pour enseigner la langue grecque à l'Université de Wittenberg, il n'avait guère pu apprendre d'antiquité ecclésiastique avec son maître Luther »,

Histoire des Variations des Eglises protestantes, Paris, 2 vol. in 4°, 1688, Livre IV, § 231, cité d'après : *Oeuvres complètes* de BOSSUET, par l'abbé Guillaume, 2e éd., t. III, Paris, 1885.

18. T. IV, 1721 : « *Humaniste : Qui litteras humaniores callet.* Qui s'applique aux lettres humaines, aux *humanités,* qui les fait. Cet écolier est un bon *Humaniste.* Un tel est un grand *Humaniste.* Il se dit aussi de celui qui les enseigne ».

19. T. II, 1727 : « *Humaniste :* Qui sait bien les lettres humaines, les humanités.

20. Volume VIII, 1765. « *Humaniste* (Littérat.) : jeune homme qui suit le cours des études qu'on appelle *humanités.* Voyez ce mot. » A ce mot, on lit que dans les collèges il désigne plus spécialement la classe de seconde. « *Humanités* signifie les lettres humaines, c'est-à-dire l'étude de la Grammaire, du Grec et du Latin, de la Poésie, de la Rhétorique et des anciens Poètes, Orateurs, Historiens, en un mot tout ce qu'on a coutume d'enseigner dans les collèges depuis la sixième jusqu'à la Philosophie exclusivement... On appelle particulièrement *humanités* la classe de seconde ».

21. F. BRUNOT, *Histoire de la langue française des origines à nos jours,* t. VI, le XVIIIe siècle, 1ère partie, fasc. 1, réédition de 1966, p. 119 – Edmond FARAL, *L'Humanisme et la pensée médiévale,* dans : *Pensée humaniste et tradition chrétienne aux XVe et XVIe siècles,* C.N.R.S., 1950, p. 8.

22. R.P. POSSEVIN, cité par le P. de DAINVILLE, *La naissance de l'humanisme moderne,* Beauchesne, 1940, p. 223. Dans le volume VIII de l'*Encyclopédie,* nous lisons à « humanités » : « On croit qu'on a nommé les Belles-Lettres *humanités,* parce que leur but est de répandre des grâces dans l'esprit, et de la douceur dans les mœurs, et par là d'humaniser ceux qui les cultivent. » Citons aussi Heidegger définissant la notion telle qu'il la trouve dans l'histoire et non dans sa propre philosophie : « l'humanisme consiste en ceci : réfléchir et veiller à ce que l'homme soit humain et non inhumain... c'est-à-dire hors de son essence... ». *Lettre sur l'humanisme,* Texte et traduction par Roger Munier, Aubier, Nouvelle édition revue, 1964, p. 45 (cette lettre est de décembre 1946 et fut publiée en 1947).

23. Augustin RENAUDET, *Autour d'une définition de l'humanisme,* Bibliothèque française d'Humanisme et Renaissance, Travaux, t. VI, Droz, 1945. Voir aussi : *Dante humaniste,* Belles-Lettres, 1952, Avant-propos, Introduction : *Le problème de l'humanisme chrétien,* et Conclusions, III : *Retour sur le problème de l'humanisme chrétien.*

24. *Autour d'une définition...,* p. 2.

25. Ibidem, p. 17.

26. *Dante humaniste,* p. 17, 18, 55.

27. *Autour d'une définition...,* p. 8.

28. Référence donnée au livre de Philippe MONNIER, *Le Quattrocento, Essai sur l'histoire littéraire du XVe siècle italien,* 1901, livre II, ch. I, p. 124.

29. Voir plus loin : ch. IV.

30. Voir plus loin : ch. III.

31. Il y eut au XVIe siècle une « affaire des versets de l'*Exultet* » : comment peut-on chanter les louanges du plus grand des péchés ? voir Jean-Pierre MASSAUT, *Critique et tradition à la veille de la Réforme en France,* Vrin, 1974, 1ère Partie, Ch. X, et 2e Partie, Ch. II.

32. *Dante humaniste :* « ... Tout humanisme chrétien aboutit nécessairement à la déification de l'homme » (p. 13) ; « ... leur humanisme les conduit nécessairement à une mystique de l'union divine » (p. 554).

33. *Autour d'une définition...,* p. 41 ; cf. *Dante humaniste,* p. 25-26.

34. *Autour d'une définition,* p. 42.

35. Voir, par exemple, le cas de Calvin, cf. Jean BOISSET, *Sagesse et sainteté dans la pensée de Jean Calvin, Essai sur l'humanisme du Réformateur français,* P.U.F., 1959.

36. *Autour d'une définition...* p. 42 et 48 ; *Dante humaniste,* p. 555. L'expression est déjà venue sous la plume de Bremond, mais en passant : *Histoire littéraire...* I, *L'Humanisme dévot,* p. 9.

37. Roger Zuber, *Libertinage et humanisme : une rencontre difficile,* dans *XVIIe siècle,* n° 127 (voir plus loin Ch. II, n° 1), p. 163. Et encore : « l'humanisme français du début du siècle est plus que jamais d'essence chrétienne », p. 166. Mais comment comprendre dans le titre de l'article : « une rencontre difficile » ? A notre sens, la réponse dépend du point de vue : au point de vue de Pascal, par exemple, il est difficile de rester chrétien en étant humaniste. Du point de vue des vrais libertins, peut-être comme Miton ou Mitton, l'ami de Pascal, il serait difficile de rester libertin en devenant chrétien (dans la question de l'immortalité de l'âme, par exemple).

38. Ibidem, p. 169.

CHAPITRE II

1. Fortunat STROWSKI, *Pascal et son temps,* Plon, 3 vol. 1907-1909, t. I, 3e éd. 1909, ch. III – Henri BUSSON, *La pensée religieuse française de Charron à Pascal,* Vrin, 1933 – Antoine ADAM, *Théophile de Viau et la libre-pensée française en 1620,* Droz, 1936 – René PINTARD, *Le libertinage érudit dans la première moitié du XVIIe siècle,* Boivin, 2 vol., 1943 ; on ajoutera l'article : *Les problèmes de l'histoire du libertinage ; notes et réflexions* dans *XVIIe siècle,* n° 127 cité plus loin. Pour les ouvrages antérieurs – notamment ceux de PERRENS et surtout ceux de Frédéric LACHEVRE, voir la bibliographie de R. Pintard, t. II.

Après Pintard, signalons plusieurs recueils : *XVIIe siècle,* n° 127, avril-juin 1980 : *Aspects et contours du libertinage ;* n° 149, octobre-décembre 1985 : *Littérature, libertinage et philosophie au XVIIe siècle – Ricerche su letteratura libertina e letteratura clandestina nel Seicento,* La Nuova Italia Editrice, 1981 ; ce gros volume de 430 p. in 8 contient les actes d'un colloque tenu à Gênes, 30 octobre-1er novembre 1980 ; la table des matières de cet important recueil est donnée dans le n° 149 de *XVIIe siècle,* p. 423, en tête des Notes bibliographiques sur le libertinage et sur chaque « libertin », publiées par Mme Françoise CHARLES-DAUBERT à la suite de son article *Le libertinage et la recherche contemporaine,* instrument de travail indispensable.

Recueil de textes : Antoine ADAM, *Les libertins au XVIIe siècle,* Buchet-Chastel, 1964.

Dans l'importante bibliographie, citons encore simplement : Richard H. POPKIN, *The history of scepticism from Erasmus to Descartes,* Assen, Van Gorcum, 1960 ; repris et augmenté sous le titre : *The history of scepticism from Erasmus to Spinoza,* The University of California Press, Berkeley, Los Angeles, Londres, 1979 – Tullio GREGORY, *Theophrastus redivivus, Erudizione e Ateismo del Seicento,* Morano, Naples, 1979 ; surtout *Il libertinismo della prima meta del Seicento, stato attuale degli studi e prospettive di ricerca,* dans *Ricerche su letteratura...* p. 3-47, mise au point des travaux sur chaque « libertin » notable.

Considérant le sujet du présent ouvrage, signalons aussi dans *Ricerche :* Ornella POMPEO FARACOVI, *L'antropologia della religione nel libertinismo francese del Seicento* et Dino PASTINE, *L'imagine del libertino nell'apologetica cattolica del XVII secolo* – Françoise CHARLES-DAUBERT, *Raison, révélation, libertinage,* Revue des Sciences philosophiques et théologiques, juillet 1980.

2. Pour l'histoire du mot : H. BUSSON, ouvr. cit., p. 6-8.

3. Voir H. BUSSON, ouvr. cit., ch. I *Les athées,* et II *Les déistes* – Robert LENOBLE, *Mersenne ou la naissance du mécanisme,* Vrin, 1943, ch. IV – Henri GOUHIER, *Blaise Pascal, conversion et apologétique,* Vrin, 1986, ch. VII.

4. R. LENOBLE, ouvr. cit., p. 169.

5. Voir plus loin, p. 31-32.

6. Dans *L'Impiété des déistes...* (1624), voir plus loin, n. 37, le P. Mersenne fait dire à son déiste : « les sages et les esprits déniaisés » n'ont pas besoin de la religion « pour bien faire » (texte cité par Lenoble, ouvr. cit., p. 197).

7. Terme que l'abbé Cotin donne pour nouveau en 1629 et qui devient terme courant pour désigner les incrédules (BUSSON, ouvr. cit. p. 6). Cf. LA BRUYERE, *Les Caractères de Théophraste, traduits du grec, avec les Caractères ou les Mœurs de ce siècle,* livre publié sans nom d'auteur à Paris en 1688 ; il contenait environ le tiers de l'ouvrage de la huitième et dernière édition (1694) ; le chapitre XVI et dernier a pour titre : *Des esprits forts ;* il commence par ces mots : « les esprits forts savent-ils qu'on les appelle ainsi par ironie ? ».

8. Cf. Henri BUSSON, *Les sources et le développement du rationalisme dans la littérature française de la Renaissance* (1533-1601), Letouzey, 1922 ; puis, sous le titre : *La rationalité dans la littérature française de la Renaissance* (1533-1601) : nouvelle édition revue, et augmentée, Vrin, 1957, ch. II et Index : Pomponazzi, Influence – Du même auteur : Introduction et traduction de : POMPONAZZI, *Les causes des merveilles de la nature, ou les Enchantements,* Rieder, 1930 (*De naturalium effectuum causis sive De incantationibus,* Bâles, 1556) – Et. GILSON, *Autour de Pomponazzi. Problématique de l'immortalité de l'âme en Italie au début du XVI*e *siècle,* Archives d'histoire doctrinale et littéraire du Moyen-Age, t. XXVIII, Vrin, 1962 – Eric WEIL, *La philosophie de Pomponazzi* (thèse de Hambourg, 1928), traduction française de G. Kirscher, J. Quillien et L. Bescond, Vrin, 1986.

9. LA MOTHE LE VAYER, *Deux Dialogues sur la Divinité et l'opiniâtreté,* Introduction et notes par Ernest Tisserand, Bossard, 1922, p. 121-122.

Dans les éditions dont des exemplaires ont été conservés, ces deux dialogues sont imprimés dans un recueil : *Cinq autres dialogues du même auteur...* Francfort, 1606, second tome d'un ouvrage dont le premier tome a pour titre : *Quatre dialogues faits à l'imitation des Anciens* par Orasius Tubero... Francfort, 1506. L'écart entre les deux dates est sans importance : elles sont aussi fausses l'une que l'autre et l'auteur est La Mothe le Vayer. Une minutieuse étude de René Pintard établit ceci : La Mothe le Vayer a publié, en mars 1630, une première édition des *Quatre Dialogues* sous la date 1604 (exemplaire conservé) ; puis vers octobre 1631, une première édition des *Cinq Dialogues* (aucun exemplaire connu) ; René PINTARD, *La Mothe le Vayer, Gassendi, Guy Patin, étude de bibliographie et de critique, suivies de textes inédits de Guy Patin,* Boivin, 1943, p. 5-14.

Pour Justin, voir : *Apologies,* texte grec et traduction française, Introduction et Index par Louis Pautigny, Picard, 1904, *2*e *Apologie,* VIII, 1.

La Mothe le Vayer occupe une place importante dans les études générales sur le libertinage (BUSSON, PINTARD, GREGORY...) ; ajouter : Vittor Ivo COMPARATO, *La Mothe le Vayer dalla critica storica al Pirronismo,* dans *Ricerche su letteratura...*

10. *Essais,* Livre I, ch. XXXI, p. 265-266.

11. Ibidem, p. 266.

12. Ibidem, p. 271.

13. Ibidem, p. 275-276.

14. Guy DE LA BROSSE, *Traité contre la médisance,* Paris, 1624, texte cité dans : Antoine ADAM, *Théophile de Viau...,* p. 414, et R. PINTARD, *Le libertinage érudit,* ... p. 197-198.

15. R. PINTARD, ouvr. cit., p. 199.

16. Lettre du 4 septembre 1641, citée dans : R. PINTARD, ibidem – H. BUSSON, *La pensée religieuse*, p. 420, n. 4.

17. MONTAIGNE, *Essais*, II, ch. XI, p. 124.

18. Hélène VEDRINE, *La conception de la nature chez Giordano Bruno*, Vrin, 1967, 1ère partie, ch. VI : « Natura naturans » et « Natura naturata » ; 2ème partie, ch. I, L'Infiniment grand ; 3ème partie, ch. III : Dieu – Bruno est nommément attaqué par Mersenne, infra, n. 37.

19. Plus précisément : Toland crée le mot *pantheist* en 1705 et son adversaire Fay invente *pantheism* en 1709 : *Vocabulaire technique et critique de la philosophie*, art. *Panthéisme.*

20. BAYLE, *Dictionnaire historique et critique*, 1697, article *Spinoza.*

21. Paris, 1616. Sur Vanini : F. STROWSKI, *Pascal et son temps*, t. I, Ch. II, §. II – Emile NAMER, *Documents sur la vie de Jules-César Vanini de Taurisano*, Bari, Adriatica Editrice ; *La vie et l'œuvre de J.C. Vanini, Prince des libertins, mort à Toulouse sur le bûcher en 1619*, Paris, 1965 – Sur Vanini et le poète Théophile de Viau, Antoine ADAM, ouvr. cit. p. 206 sq.

22. Cf. R. LENOBLE, *Mersenne et la naissance du mécanisme*, Vrin, 1943, Introduction, Ch. III et Conclusion ; cf. Henri Gouhier, compte rendu, *Revue philosophique*, janvier-mars 1944, repris dans : *Etudes d'histoire de la philosophie française*, Georg Olms, 1976 – Lynn THORNDIKE, *A History of Magic and Experimental Science*, vol. V et VI, *XVIe siècle*, Columbia University Press, New York, 1941 et le c. r. d'A. KOYRE dans : *Revue philosophique*, janvier 1947.

23. Cf. Jean-Baptiste PORTA, *Magiae naturalis, sive de Miraculis rerum naturalium, libri* IV, 1558 ; nombreuses rééditions ; première traduction française en 1612.

24. Ouvr. cit., p. 79.

25. Ibid., p. 77-78 et 98.

26. H. BUSSON, *La pensée religieuse française...*, p. 497 ; R. PINTARD, ouvr. cit. p. 330 ; textes tirés de : *Histoire comique, contenant les Etats et Empires de la Lune*, 1657 ; voir aussi dans les extraits publiés par ADAM, *Les libertins au XVIIe...* p. 174-177. Cf. *L'Autre Monde ou les Etats et Empires de la Lune*, édition critique par Madeleine ALCOVER, H. Champion, 1977 – CYRANO DE BERGERAC, *Oeuvres complètes*, éd. Jacques PREVOT, Belin, 1977. Voir : Olivier BLOCH, *Cyrano de Bergerac et la philosophie*, dans *XVIIe siècle*, n° 149, 1985.

27. *La Mort d'Agrippine*, 1653, réédition 1654, Acte II, scène IV, extraits dans ADAM, *Les libertins au XVIIe...*, p. 186.

28. R. PINTARD, ouvr. cit., p. 569-570. Ce virage se trouve décrit à la faveur de l'anti-finalisme de la science nouvelle dans Henri BUSSON, *La religion des classiques*, P.U.F., 1948, ch. VI.

29. Cf. plus haut, p. 26-27 et notes 22-23. Henri GOUHIER, *Les Premières pensées de Descartes, Contribution à l'histoire de l'Anti-Renaissance*, Vrin, 1958, Avant-Propos, Ch. VI, II, et Conclusion.

30. Voir : H. GOUHIER, compte rendu de H. BUSSON, *La religion des classiques* dans *Revue de l'histoire des religions*, octobre-décembre 1950 (p. 232-235).

31. Gaston SORTAIS, *La philosophie moderne depuis Bacon jusqu'à Leibniz, Etudes historiques*, Lethielleux, t. II, 1922 ; Bernard ROCHOT, *Les travaux de Gassendi sur Epicure et sur l'atomisme*, 1616-1658, Vrin, 1944 ; Tullio GREGORY, *Scetticismo e Empirismo, Studio su Gassendi*, Laterza, 1961 ; Olivier René BLOCH, *La philosophie de Gassendi, Nominalisme, matérialisme et métaphysique*, Nijhoff, 1971 (Bibliographie).

Sur la coexistence de l'humanisme et de la science moderne chez Gassendi, justes remarques de R. PINTARD, *Modernisme, humanisme, libertinage. Petite suite sur « le cas Gassendi »*, Revue d'histoire littéraire de la France, janvier-mars 1948, notamment p. 49-50.

32. BUSSON, ouvr. cit., p. 33-37 ; LENOBLE, ouvr. cit., p. 171-174.

33. LENOBLE, ouvr. cit., p. 173 et p. 185.

34. BUSSON, ouvr. cit., p. 102-109 ; LENOBLE, ouvr. cit., p. 182-185. A. ADAM a publié les 106 quatrains dans : *Les libertins au XVII*e, p. 90-108.

35. Privilèges du 19 Mars 1623 ; autre édition avec même pagination en 1624. Le P. Garasse représente l'apologétique humaniste. Cf. Jean ORCIBAL, *Jean Duvergier de Hauranne, abbé de Saint-Cyran et son temps* (1581-1638), 1947, p. 260 sq.

36. Approbation, 9 août 1625 : Traité premier : *De l'Athéisme, et de son essence, de ses définitions* – Traité deuxième : *Des diverses espèces d'Athéisme et de leurs prétentions.*

37. Suite du titre sur le t. I : *Ensemble la réfutation du poème des Déistes* – Sur le tome II : *L'impiété des Déistes et des plus subtils Libertins découverte et réfutée par raisons de Théologie et de Philosophie : Avec un poème qui renverse le poème du Déiste de point en point, Ensemble la réfutation des Dialogues de Jordan Brun, dans lesquels il a voulu établir une infinité de mondes, et l'âme universelle de l'Univers. Avec plusieurs difficultés Mathématiques qui sont expliquées dans cet œuvre.* Privilège, 8 Mai 1624 (Facsimile, Stuttgart-Bad Connstatt, Friedrich, 1969.

38. Privilège, 12 juillet 1625. Dans cet ouvrage, trois personnages prennent la parole : le Sceptique, l'Alchimiste, « le Philosophe chrétien ». Facsimile, même collection que le précédent, 1969. Sur cet aspect de la pensée de Mersenne : Richard H. POPKIN, *Father's Mersenne War against Pyrrhonism,* Modern Schoolman, t. XXXIV, 1956. Voir aussi, du même : *The history of scepticism,* ... Ch. VII.

39. *Mémoires de Beurrier,* extrait dans PASCAL, *Oeuvres complètes.* Texte établi, présenté et annoté par Jean MESNARD, Bibliothèque européenne, Desclée de Brouwer, t. I, 1964, p. 868.

40. Gilberte Périer, *La vie de M. Pascal,* ibidem, 2e version, p. 619 ; voir 1ère version, p. 584.

41. Marguerite Périer, *Mémoire sur Pascal et sa famille,* ibidem, p. 1103.

42. *Pensées de M. Pascal sur la religion et sur quelques autres sujets qui ont été trouvées après sa mort parmi ses papiers,* Paris, chez Guillaume Desprez, 1670 (dite : édition de Port-Royal), Préface, cité d'après : *Pensées...* édition Louis Lafuma, t. III, Documents, p. 143.

CHAPITRE III

1. A. ADAM, *Théophile de Viau...,* p. 426-427.

2. H. BUSSON, *La pensée religieuse...,* p. 468-469.

3. R. PINTARD, *Le libertinage érudit...,* p. 415-416.

4. H. BUSSON, ouvr. cit., p. 496.

5. BUSSON, ouvr. cit., p. 509-510 ; R. PINTARD, ouvr. cit., p. 319 (conclusion des p. 311-319) ; R.H. POPKIN, ouvr. cit., p. 91 ; 2e édit. p. 89-90.

6. H. BUSSON, ouvr. cit., p. 421 – Sur la philosophie de Gassendi, supra, Ch. II, n. 31.

7. Voir, en conclusion du débat qui opposa R. Pintard et B. Rochot, la mise au point d'Olivier René Bloch, ouvr. cit., p. 290-292 ; p. 474-475. Pour une étude d'ensemble, voir plus particulièrement : Ch. III, Les ambiguités de l'agnosticisme ; Ch. IX : Religion et philosophie ; Ch. XI : Vérités de raison et vérités de foi.

8. *De la sagesse,* trois livres par Pierre CHARRON, Parisien, Bordeaux, 1601 ; seconde édition revue et augmentée, Paris, 1604. On trouve 39 éditions entre 1601

et 1672 dans le Catalogue de la Bibliothèque Nationale. Cf. J. B. SABRIÉ, *De l'humanisme au rationalisme, Pierre Charron (1541-1603). L'homme, l'œuvre, l'influence*, Paris, 1913 : sur les différences entre la 1ère et la 2ème éd., p. 132 sq. ; sur les éditions au XVIIe siècle, p. 494.

9. STROWSKI, *Pascal et son temps*, t. I, p. 161.

10. Bordeaux, 1593 – Seconde édition revue, corrigée et de beaucoup augmentée, avec un avertissement et bref examen sur la réponse faite à la troisième Vérité, de nouveau imprimée à La Rochelle, par M. Pierre le Charron, Parisien, Bordeaux, 1595. Dernière édition, revue, corrigée et de beaucoup augmentée, Paris, 1635.

11. Anvers, 1581 ; 2e éd. s. l. 1682. Cf. Henri HOLSTEIN, *Aux origines de l'apologétique moderne : « La Vérité de la religion chrétienne »* de Duplessis-Mornay dans : *L'homme devant Dieu*, Mélanges offerts au R.P. Henri de Lubac, Aubier, t. II, 1964.

12. *Traité de l'Eglise, auquel sont disputées les principales questions qui ont été menées sur ce point en notre temps par* PHILIPPE DE MORNAY, *seigneur* DUPLESSIS-MARLY (sic), Londres, 1578 – Edition revue et augmentée par le même auteur, Francfort, 1582 – Autres éditions : Genève, 1583 et 1599 ; La Rochelle, 1599 et 1600.

13. Seconde édition, s.l., 1595.

14. De l'importante bibliographie concernant la pensée de Charron, détachons : l'ouvrage de SABRIE cité supra n. 8 – Henri BUSSON, *Le Rationalisme dans la littérature française de la Renaissance (1533-1601)*, Nouvelle édition revue et augmentée, Vrin, 1957, Ch. XVIII ; *La pensée religieuse française de Charron à Pascal*, passim (index) – R.H. POPKIN, *Charron and Descartes, the fruit of systematic doubt*, Journal of Philosophy, 1954, et : *The history of scepticism...*, Ch. III, IV et VI – René BADY, *L'homme et son institution...*, Ch. IX, notamment – Tullio GREGORY, *La Sagezza scettica di Pierre Charron*, dans *De Homine*, no 21, Centro di Ricerca per le Scienze morali e sociali, Istituto di Filosofia della Universita di Roma, 1967, et : *Il « libro scandaloso » di Pierre Charron* dans *Etica e religione nella critica libertina*, Guida editori, Naples, 1986.

15. Cf. Etienne GILSON, *L'humanisme de saint Thomas d'Aquin*, Atti del V Congresso internazionale di Filosofia, (mai 1924) Naples, 1925 – *Humanisme médiéval et Renaissance*, Revue trimestrielle canadienne, 1930 ; cité d'après : *Les idées et les lettres*, Vrin, 1932 – *Le Moyen Age et le naturalisme antique*, Archives d'histoire littéraire et doctrinale du Moyen Age, t. VII, 1932 ; cité d'après : *Héloïse et Abélard, Etudes sur le Moyen Age et l'humanisme*, Vrin, 1938, Appendice I – *Philosophie médiévale et humanisme*, Congrès Guillaume Budé, Nice, 1935, cité d'après : *Héloïse et Abélard...* Appendice II – *Le Thomisme, Introduction à la philosophie de saint Thomas*, cité d'après la 6e édition revue, Vrin, 1965.

16. *Cours de philosophie positive*, cité d'après la 5e édition, Société positiviste, 1894, 55e leçon, t. V (1841), p. 414 ; 56e leçon, t. VI (1842), p. 191. Cf. Henri GOUHIER, *La pensée médiévale dans la philosophie d'Auguste Comte*. Mélanges offerts à Etienne Gilson, Vrin, 1959.

17. Dans le Calendrier positiviste, la première semaine du mois de Descartes consacré à « la philosophie moderne » honore Albert le Grand, Roger Bacon, saint Bonaventure, Ramus, Montaigne, Campanella et, réservé pour le dimanche, saint Thomas d'Aquin (*Système de politique positive*, t. IV, dépliant p. 402-403).

18. Et. GILSON, *La signification historique du thomisme* dans : *Etudes de philosophie médiévale*, Strasbourg, Publications de la Faculté des Lettres, 1921, p. 124. Et aussi, p. 119 : « Replacée dans l'ensemble de la pensée catholique, on peut dire que la philosophie albertino-thomiste constitue la seule tentative de modernisme qui ait jamais réussi. »

19. Ibidem, p. 115-116.

20. Ibidem, p. 112-114 ; Cf. *Somme théologique,* I, *quaest.* II, art. 2.

21. Et. GILSON, *Le Thomisme,* p. 325-328 ; 3e partie, Ch. III, *La vie personnelle ;* p. 415-416.

22. Ibidem, p. 375-378. Voir les textes réunis par Et. GILSON, *Saint Thomas d'Aquin,* Les moralistes chrétiens (Textes et commentaires), Gabalda, 1925, réédition : Vrin, 1974. Ch. *Les Etats.*

23. L'expression n'est pas chez saint Thomas, ibidem, p. 153, n. 1 ; Cf. p. 33 et p. 41, commentaire du texte de la *Somme,* I, *quaest.* I, art. 1, *ad secundum : Unde theologia quae ad sacram doctrinam pertinet differt secundum genus ab illa theologia quae pars philosophiae ponitur,* car la deuxième traite de choses *secundum quod sunt cognoscibilia lumine naturalis rationis,* la première de choses *secundum quod cognoscuntur lumine divinae revelationis.*

24. Voir : *Somme théologique,* I, *quaest.* 2, art. 3 : l'exposé de chacune des cinq voies *(viae)* ou preuves aboutit à une première cause... *et hoc omnes intelligunt Deum,* ou : ... *quam omnes Deum nominant,* ou... *et hoc dicimus Deum.*

25. GILSON, *Le Thomisme...,* p. 415-416.

26. Cf. Et. GILSON, *Le Moyen Age et le naturalisme antique,* ouvr. cit., p. 204-210 – Emile MÂLE, *L'Art religieux du XIIe siècle en France,* A. Colin, 2e éd. 1924, Ch. IX, § III, les pages sur le sentiment de la nature s'exprimant à travers la fable, p. 337-340 ; *L'Art religieux du XIIIe siècle en France,* Colin, 6e édition, 1926, p. 64-75, sur les scènes de la vie rustique – Et. GILSON, *L'Esprit de la philosophie médiévale,* Première série, Vrin, 1932, Ch. VI, *L'optimisme chrétien.*

27. Cf. *Somme théologique,* I, *quaest.* 48, art. 4 : *Utrum malum corrumpat totum bonum,* « le mal détruit-il totalement le bien. ».

28. Ibidem, I, 2, *quaest.* 85, art. 2 : *Utrum totum bonum humanae naturae possit auferri per peccatum,* « tout le bien de la nature humaine peut-il être enlevé par le péché ? ».

29. *Omne ens, inquantum est ens, bonum est,* ibidem, I, *quaest.* 49, art. 3, *Respondeo...* Saint Thomas continue : *et, quod malum non est nisi in bono sicut in subjecto...* « et le mal n'existe que dans le bien comme dans son sujet ».

30. M.D. CHENU, *Introduction à l'étude de saint Thomas d'Aquin,* Vrin, 1950, p. 31 ; pour l'histoire de la connaissance des œuvres d'Aristote au Moyen Age, voir p. 28-38.

31. *Concordia liberi arbitrii cum Gratiae donis Divinae, Praescientia, Providentia, Praedestinatione et Reprobatione,* Lisbonne, 1588. Plusieurs éditions, notamment : Anvers, 1595. – Cf. Orlando ROMANO, *O Molinismo, Esboço historico da Génese de conceitos filosoficos, I. O livre arbitrio e as virtudes naturais,* Luanda (Angola), 1969. (Bibliographie des manuscrits).

32. On utilisera surtout ici : Henri DE LUBAC, *Augustinisme et théologie moderne,* Aubier, 1965 ; Ch. VI : *Nature pure et désir naturel ;* Ch. VII : *Le problème de la béatitude ;* Ch. VIII : *Le problème de l'état primitif.*

33. Voir, à ce sujet, des citations de théologiens anciens et contemporains, ibidem, p. 195-202.

34. Ibidem, p. 139.

35. L'idée a une origine thomiste : on la trouve dans « le thomisme conservateur au XVIe siècle » (titre que le P. de Lubac donne à son Ch. V) comme dans le néo-thomisme de l'école jésuite ; ici, Bannez voisine avec Molina (ibidem, p. 143).

D'origine thomiste, l'idée est-elle thomiste ? Non, selon le P. de Lubac, car si saint Thomas accepte le principe aristotélicien : un être naturel doit avoir une fin qui lui soit accessible, il connaît aussi un principe d'origine judéo-chrétienne : l'homme étant créé à l'image de Dieu, sa nature ne saurait être conçue par analogie avec celle des autres animaux ou des plantes (ibidem, p. 207 sq.).

36. Et. GILSON, *Introduction à l'étude de saint Augustin,* Vrin, 1929, p. 189-191 ; 2e éd. 1943, p. 197-198.

37. Ouvr. cit., p. 278.

38. L'expression est d'Henri BREMOND, *Histoire littéraire...* I, L'Humanisme dévot, p. 9.

CHAPITRE IV

1. Bloud et Gay, 1916. Sur la notion d'« humanisme dévôt », et les embarras d'Henri Bremond lui-même quand il essaie de l'appliquer, voir Emile GOICHOT, *« L'Humanisme dévot de l'abbé Bremond : Réflexions sur un lieu commun,* Revue d'ascétique et de mystique, n° 178, 1969 ; *Encore l'« Humanisme dévot » : à propos d'un livre récent,* ibidem, n° 191, 1972.

2. H. BREMOND, ibidem, t. I, p. 10-11. Bremond continue : « Seule définition, me semble-t-il, qui convienne à tout le défini, qui aille vraiment au fond des choses et qui nous permette de distinguer l'humaniste du simple lettré. »

3. Ibidem, p. 11.

4. Ibidem, p. 9.

5. Ibidem, p. 11-12.

6. Ibidem, p. 517-518.

7. Ibidem, p. 518.

8. Ibidem, p. 519.

9. Ibidem, p. 515-516.

10. *Traité de l'Amour de Dieu,* par François de Sales, Evêque de Genève, Lyon, 1616. La bibliographie de la spiritualité de François de Sales est considérable ; voir l'essentiel dans celle qu'établit le P. André RAVIER dans les *Oeuvres complètes,* Pléiade, p. 1811-1818. Ajoutons deux exposés synthétiques qui situent cette spiritualité dans son temps : Jean ORCIBAL, *Duvergier de Hauranne...* ouvr. cit., p. 47-67 et 672-677 ; Louis COGNET, *Histoire de la spiritualité chrétienne,* t. III, *La spiritualité moderne,* Aubier, 1966, Ch. VIII, Saint François de Sales et le Salésianisme.

11. Ibidem, Livre IX, Ch. XV, p. 803 : « Il est fort malaisé de bien exprimer cette extrême indifférence de la volonté humaine qui est ainsi réduite et trépassée en la volonté de Dieu : car il ne faut pas dire, ce me semble, qu'elle acquiesce à celle de Dieu, puisque l'acquiescement est un acte de l'âme qui déclare son consentement ; il ne faut pas dire non plus qu'elle accepte ni qu'elle reçoit, d'autant que accepter et recevoir sont de certaines actions qu'on peut en certaine façon appeler actions passives... ; il ne faut pas dire aussi qu'elle permet, d'autant que la permission est une action de la volonté... Il me semble donc plutôt, que l'âme qui est en cette indifférence et qui ne veut rien... laisse vouloir à Dieu ce qu'il lui plaira... ».

12. Ibidem, Ch. XVI, p. 804-805 : « ... C'est l'amour aussi qui, entrant en une âme afin de la faire heureusement mourir à soi et revivre à Dieu, la fait dépouiller de tous les désirs humains et de l'estime de soi-même qui n'est pas moins attachée à l'esprit que la peau à la chair, et la dénude enfin des affections plus aimables, comme sont celles qu'elle avait aux consolations spirituelles, aux exercices de piété et à la perfection des vertus, qui semblaient être la propre vie de l'âme dévote. » – Voir aussi : Livre VI, Ch. XI, p. 643 : « ... une quiétude... pure de toute sorte d'intérêt, les facultés de l'âme n'y prenant aucun contentement, ni même la volonté, sinon en sa suprême pointe, en laquelle elle se contente de n'avoir aucun autre contentement sinon celui d'être sans contentement, pour l'amour du contentement... de son Dieu. » – Et encore : Livre VII, Ch. II, p. 669.

13. Anders NYGREN, *Eros et Agapé, La notion chrétienne de l'amour et ses transformations,* Aubier, t. I, 1944. Quelles que soient les discussions soulevées par cet ouvrage, il reste la distinction fondamentale qu'il souligne entre l'*eros* platonicien et l'*agapé tou theou* dont parle saint Paul, *Romains,* V, 5 ; *2e Corinthiens,* XIII, 13 ; *2e Thessaloniciens,* III, 5.

14. BREMOND, *Histoire littéraire...* t. I, p. 523-524.

15. Ibidem, p. 17.

16. Ibidem, p. 71-72.

17. Ibidem, t. III, *La Conquête mystique ;* 1. *L'école française,* 1921, p. 20.

Sur Bérulle et l'humanisme : Henri GOUHIER, *Note sur l'anti-humanisme. A propos de Bérulle,* dans *Dieu Vivant,* n° 23, Editions du Seuil, 1953 ; article repris dans : *Etudes sur l'histoire des idées en France depuis le XVIIe siècle,* Vrin, 1980, Appendice II – A. RAYEZ, voir plus loin, n. 18.

Pour « la défense de Bérulle humaniste » : René BADY, ouvr. cit., p. 541 sq.

Sur la question de Bérulle « humaniste », très intéressante est la juxtaposition du *pour* et du *contre* dans l'étude de KOLAKOWSKI. D'une part, plus ou moins consciemment influencé par la définition traditionnelle de l'humanisme, il situe Bérulle dans la tradition humaniste lorsqu'il entend assigner à la nature humaine une « élévation extraordinaire », « vertigineuse », bref une « déification » (ouvr. cit. p. 402, 403). D'autre part, il déclare que « la tradition humaniste est résolument étrangère à la mystique de Bérulle », (p. 421) quand celui-ci reconnaît que l'homme n'est pour rien dans cette élévation, que, depuis le péché, il n'a droit qu'à l'enfer (p. 402), que « notre devoir se ramène à nous anéantir constamment devant Dieu » (p. 403). Il n'y a là aucune contradiction dans l'esprit de Kolakowski, mais simplement une double constatation ; il s'agit de deux faits ; or s'ils sont également exacts, le second nous semble visiblement le plus important.

18. La bibliographie sur Bérulle et sa pensée est très riche. Citons d'abord l'ouvrage de Jean DAGENS, *Bérulle et les origines de la restauration catholique* (1575-1611) ; Bérulle est mort en 1629 ; l'ouvrage de Dagens est capital pour la formation du futur cardinal et sur sa vie jusqu'à la fondation de l'Oratoire. Sur cet ouvrage, voit notamment : A. RAYEZ, *Le Cardinal de Bérulle en Sorbonne,* Nouvelle Revue Théologique, mai 1951, Casterman. Comme introduction et vue d'ensemble, voir le remarquable Ch. IX de Louis COGNET dans *Histoire de la spiritualité chrétienne,* La spiritualité moderne, Aubier, 1966.

Sur les évolutions de la pensée de Bérulle : la question est prise dans le cadre d'un ordre thématique dans : Michel DUPUY, *Bérulle, Une spiritualité de l'adoration,* Desclée, 1964. Elle est prise dans le cadre d'un ordre chronologique dans : Jean ORCIBAL, *Le cardinal de Bérulle, Evolution d'une spiritualité,* Les éditions du Cerf, 1965 – Voir aussi l'important chapitre de Leszek KOLAKOWSKI dans *Chrétiens sans Eglise,* Ch. VI, en particulier : section 7.

19. Le cardinal de BERULLE, *Opuscules de piété,* Introduction de Gaston ROTUREAU, Aubier, 1944, n° XXX, p. 140. Pour avoir une vue plus complète des écrits de Bérulle, ajouter aux œuvres publiées : Jean ORCIBAL, *Les « Oeuvres de piété » du Cardinal de Bérulle. Essai de classement des inédits et conjectures chronologiques.* Revue d'Histoire ecclésiastique, t. LVII, 1962.

20. Ibidem, XXIII, p. 120. Voir aussi : XXIV.

21. Ibidem, XXIV, p. 123.

22. Ibidem, XXX, p. 141.

23. Ibidem, p. 142.

24. Ibidem, XXIII, p. 121.

25. Henri GOUHIER, *Essai sur la spiritualité bérulienne,* Giornale di Metafisica, Nouvelle série, 1, 1979, p. 34.

26. Ibidem, LXXXV, § 1, p. 403. Cf. CLI, § 1, p. 439-440.

27. Ibidem, CLXXXI, p. 476.

28. Louis COGNET, ouvr. cit., p. 347.

29. Ibidem, p. 350-351 ; p. 439, L. Cognet reconnaît que « dans la *Vie de Jésus...* sa pensée s'oriente vers une direction nouvelle, plus humaniste, dont on se demande où elle l'aurait conduit ». Voir la mise au point de Jean Orcibal dans l'ouvrage sur l'évolution de Bérulle, cité plus haut note 18, Chapitre IV ; notons simplement que le cardinal continue à déclarer que « l'homme est néant » (textes cités p. 120).

30. Voir : Jean DAGENS, ouvr. cit. Livre I, *Les années de formation de Bérulle, Renaissance et esprit chrétien.*

31. Ibidem, p. 68.

32. Ibidem, p. 67. De même, M. DUPUY, ouvr. cit. p. 55 : « Théocentrisme et humanisme ».

33. *La spiritualité moderne...*, p. 349 ; L. Cognet dit même : « ... qui est de toute évidence dirigé contre le *Traité de l'Amour de Dieu,* et spécialement contre sa première partie, bien que l'évêque de Genève n'y soit nulle part explicitement désigné ». Les sévérités de Bérulle sur les vertus des païens, même les stoïciens, « préfigurent Pascal ». Mais les vues de François de Sales sur l'homme pécheur sont-elles si optimistes ? Et sur ce qu'il pense des stoïciens voir infra : Ch. XII.

De son côté, M. Dupuy signale « la rédaction, quelque peu compliquée, de l'opuscule 137 (numéro de l'éd. Migne) », ouvr. cit. p. 67-68, et, lui aussi, suppose que l'optimisme de François de Sales pourrait être visé, p. 80, n. 26. M. Dupuy est trop prudent pour voir dans cet opuscule XXXI une source de Pascal mais il en soupçonne la possibilité : *Bérulle et Pascal, le péché originel,* dans : *Oratoriana,* nouvelle série, n° 6, 1962, p. 3-4, 9, 12-13.

34. *Opuscules,* XXXI, p. 143-144.

35. Ibidem, p. 144-145.

36. Ibidem, XXII, p. 118.

37. *Correspondance du cardinal Pierre de Bérulle,* éditée par Jean Dagens, 3 vol., 1937-1939, Desclée de Brouwer, t. III, Aux Religieuses Carmélites de Salins (1627-1629), p. 359. Il s'agit d'une comparaison entre l'Incarnation de Jésus et l'union de l'âme et du corps.

38. Ibidem, Aux Pères et Confrères de l'Oratoire de Jésus qui sont employés dans les Collèges (Octobre ? 1627), p. 350.

39. Ibidem, A une Prieure des Religieuses Carmélites, s.d., p. 546.

40. *Discours de l'état et des grandeurs de Jésus par l'union ineffable de la divinité avec l'humanité et de la dépendance et servitude qui lui est due...* par le P. Pierre de Bérulle, Paris, 1623 – *Seconde Partie des Discours de l'état et des grandeurs de Jésus, en laquelle commence la Vie de Jésus,* par Pierre, cardinal de Bérulle, Paris, 1629 – Cité d'après : *Les Oeuvres de l'éminentissime et révérendissime Pierre cardinal de Bérulle...* 1644, in-folio, III, § IV, p. 198-199.

41. Voir infra, Ch. V, p. 52-53 et n. 9 et 10.

42. *Discours de l'Etat et des Grandeurs de Jésus...* cité par H. BREMOND, ouvr. cit., p. 55.

43. J. FESTUGIERE, ouvr. cit., p. 22, cf. infra, Ch. V, p. 53, n. 11-13.

44. *Opuscules de piété...* XXXI, p. 145-146.

45. Ibidem, p. 146.

46. Ibidem. Sur anéantissement et abnégation, M. DUPUY, *Bérulle,* ... p. 84 sq.

47. D'ailleurs dans l'article cité plus haut, n. 1, *L'humanisme devot de l'abbé Bremond...,* M. Emile Goichot montre que la notion d'humanisme dévot n'apparaît plus guère sous la plume de Bremond à mesure que l'on approche de « la métaphysique des saints » (p. 141 sq.).

CHAPITRE V

1. Sur l'humanisme chrétien au XVIIe siècle et plus particulièrement dans l'apologétique, voir surtout : Henri BREMOND, *Histoire littéraire du sentiment religieux en France depuis la fin des guerres de religion jusqu'à nos jours,* I, *L'Humanisme dévôt* (1580-1660), Bloud et Gay, 1916 (voir supra, Ch. I, n. 3) – Henri BUSSON, *La pensée religieuse française de Charron à Pascal,* Vrin, 1933 ; *La religion des classiques,* 1660-1685, P.U.F., 1940 – Jean DAGENS, *Bérulle et les origines de la Restauration catholique (1575-1611),* Desclée de Brouwer, 1952 – René BADY, *L'homme et son « institution » de Montaigne à Bérulle, 1580-1625,* Belles-Lettres, 1964 – Louis COGNET, *La spiritualité moderne,* tome III, de *Histoire de la spiritualité chrétienne,* Aubier, 1966 – Voir aussi les travaux du P. Chesneau, alias JULIEN-EYMARD D'ANGERS, supra, Ch. I, n. 3.

Il existe une *Histoire doctrinale de l'Humanisme chrétien,* de Francis HERMANS, 4 vol., Casterman, 1948 ; mais le dernier expose la « doctrine » et les trois précédents, une dizaine de grands portraits, le XVIIe siècle étant représenté par saint François de Sales et Fénelon ; ce livre agréablement écrit reste donc très loin de ce que son titre annonce.

2. Formule de son biographe Jean Corsi, *Vita Marcilii Ficini,* écrite en 1506, publiée pour la première fois en 1771 et rééditée par R. MARCEL, ouvr. cit. Appendice I, § VIII, p. 683 ; fragment traduit p. 335.

3. Cf. Jean FESTUGIERE, *La philosophie de l'amour de Marcile Ficin et son influence sur la littérature française au XVIe siècle,* Vrin, 1941 ; Raymond MARCEL, *Marcile Ficin, 1433-1499,* Belles-Lettres, 1958 (Bibliographie).

4. Marcile Ficin, *Théologie platonicienne de l'immortalité des âmes,* Texte critique établi et traduit par Raymond MARCEL, Belles-Lettres, t. I et II, 1964 ; t. III, 1970.

5. Ibidem, t. I, p. 36.

6. Raymond MARCEL, *Marcile Ficin...,* p. 593-600.

7. *Théologie platonicienne,* t. I, p. 36.

8. FESTUGIERE, ouvr. cit., p. 22.

9. Marcile FICIN, *Sur le Banquet de Platon ou de l'Amour,* introduction, texte latin et traduction par Raymond MARCEL, Belles-Lettres, 1956.

10. Texte italien dans : Marcile FICIN, *Sur le banquet...,* éd. R. Marcel, p. 267 ; extraits de la trad. française par Le Fèvre de la Boderie dans FESTUGIERE, ouvr. cit., p. 28-29.

11. R. MARCEL, *Marcile Ficin...,* p. 629-630, d'après : *Concordantia Mosis et Platonis ;* sur cet ouvrage, p. 488-489.

12. Ibidem, p. 618 sq. ; citation du *De Christiana Religione,* 1476.

13. Ibidem, p. 618 et p. 629 ; cf. GILSON, *La philosophie au Moyen Age, Des origines patristiques à la fin du XIVe siècle,* Payot, 1944, p. 78.

14. Cf. Et. GILSON, *La philosophie au Moyen Age,* p. 21-22 – R. MARCEL, ouvr. cit., p. 616 ; cite ce texte des *Stromates :* « S'il est vrai que c'est des Prophètes qu'Orphée... Musée, Homère, Hésiode tiennent leur théologie, s'il est vrai que c'est à l'école de Moïse que Platon s'est instruit, ... la philosophie est une sorte de testament à l'usage des Grecs ».

15. FICIN, *Sur le Banquet...,* 7e discours, Ch. XIV, éd. et trad. R. MARCEL, p. 257-258. Cf. Ch. XV sur l'amour comme étant la véritable piété.

16. FESTUGIERE, ouvr. cit., p. 40 ; sur les rapports de Ficin et de son ami, R. MARCEL, *Marsile Ficin...,* Ch. VIII.

17. Cité par Jean DAGENS, *Pic de la Mirandole et la spiritualité de Bérulle*, dans : *Pensée humaniste et tradition chrétienne aux XVe et XVIe siècles* (voir supra, ch. I, n. 15), p. 282.

18. Sur l'influence de ce discours en France : Albert-Marie SCHMIDT, *La poésie scientifique en France au XVIe siècle*, Albin Michel, 1938, p. 110-111 ; p. 283.

19. J. DAGENS, art. cit., p. 283-284.

20. Titre de l'un des *Colloques* dont la traduction est délicate : Repas ou Banquet religieux ? Festin sacré ? Banquet dévot ? Le côté *primitive Eglise* du dialogue justifie une traduction plus recherchée : « Les pieuses agapes », écrit Léon L. HALKIN dans : *Les Colloques d'Erasme*, Textes choisis, Collection Lebègue, Bruxelles, 2e éd. 1946, Introduction, p. 9-10.

Les *Familiarium Colloquiorum formulae*, les *Formules d'entretiens familiers* commencent à paraître en 1518 ; sur l'histoire et le sens de l'ouvrage, Jean-Claude MARGOLIN, *Erasme par lui-même*, Le Seuil, Ecrivains de toujours, 1965, p. 55 sq. ; bonne traduction à la bibliographie erasméenne, ibidem, p. 186-188.

21. Traduction de J. FESTUGIERE, dans : *La philosophie de l'amour de Marcile Ficin...*, p. 1 ; autre traduction et autre contexte dans : HALKIN, ouvr. cit., p. 24-25.

22. HALKIN, ouvr. cit., p. 26, et Raymond MARCEL, *« Saint » Socrate patron de l'Humanisme*, Revue internationale de philosophie, n° 16, 1951, p. 136-137.

Il n'y a pas, semble-t-il, une évolution de la pensée d'Erasme dans le sens d'un anti-humanisme. Sans doute, après le sac de Rome en 1527, il publie : *Dialogus ciceronianus, sive de optimo genere dicendi*, mars 1528. Ce titre est inspiré par l'admonestation que saint Jérôme s'était adressée à lui-même en racontant que le Christ, apparu en songe, lui aurait dit : *Non christianus es sed ciceronianus*. Analyse de cet ouvrage vu dans son contexte historique : André CHASTEL, *Le sac de Rome, 1527*, Gallimard, 1984, p. 177 et p. 181-192. *L'Evangélisme* d'Erasme ne semble pas lui avoir dicté ici une réaction contre son humanisme, mais contre un certain humanisme, « l'humanisme romain » (cf. A. CHASTEL, p. 181 : « ce monde des intellectuels romains qui se croit à la tête de la culture universelle »), contre une espèce de néo-paganisme qui envahit les lettres et les arts. Ce serait, en quelque sorte, l'humanisme non frelaté qui condamnerait ses propres excès.

23. *Essais*, I, Ch. L, p. 385-386 ; suit une citation de Juvénal, X, 28.

24. René BADY, *L'homme et son institution*, ... p. 302.

25. Ibidem, p. 306-307 et 546.

26. Ibidem, p. 302-306 et 549. La 1ère édition d'*Héraclite* est de 1609 ; une 3ème, revue et augmentée, de 1610.

27. *Socrate chrétien*, par le sieur de Balzac, *et autres œuvres du même auteur*, Paris, 1652. Balzac est cité d'après : *Oeuvres de J.L. de Guez sieur de Balzac*, publiées sur les anciennes éditions par L. Moreau, 2 vol., Paris, Lecoffre, 1854. *Socrate chrétien* est dans le t. II.

Je résume : 6e Discours, p. 47-50 ; la harangue est adressée à « l'Académie des humoristes », c'est-à-dire des gens qui ont l'humeur maussade ; le mot « humaniste » n'est pas employé, mais il est permis de voir en eux précisément des gens que nous appellerions ainsi.

SAINTE-BEUVE, *Port-Royal*, Hachette, t. II, 1908, Livre II, Ch. VII, VIII, IX et Appendice III – J.B. SABRIÉ, *Les idées religieuses de Balzac*, Alcan, 1913 – Roger ZUBER, *Guez de Balzac et les deux Antiquités*, dans *XVIIe siècle*, n° 131, avril-juin 1981 : il s'agit de l'Antiquité païenne et de l'Antiquité chrétienne : étude sur la cohabitation en Balzac de « l'humaniste homme du monde » et de l'humaniste chrétien, avec peut-être une certaine « antinomie entre les deux faces du personnage » (p. 136) ; références aux récents travaux sur Guez de Balzac.

28. Ibidem, 1er Discours : *De Jésus-Christ et de sa doctrine :* les Philosophes recherchaient la vérité mais pour être trouvée « il fallait qu'elle se fît chair afin de se rendre sensible et de se rendre familière aux hommes... » (p. 22).

29. Jean DAGENS, *Bérulle,* ouvr: cit. p. 177.

30. *Institution catholique, où est déclarée et confirmée la vérité de la foi, contre les hérésies et superstitions de ce temps. Divisé* (sic) *en quatre livres qui servent d'antidote aux quatre de l'« Institution » de Jean Calvin,* par Pierre COTON, Paris, 1610, rééditions en 1612, 1624 et traduction latine 1618. Citations du Ch. II dans J. DAGENS, *Bérulle...,* p. 177 – Sur le P. Pierre Coton : Henri BREMOND, *Histoire littéraire...* t. II, *L'invasion mystique,* Ch. II, § 2, p. 75-134 – J. DAGENS, ouvr. cit., p. 176-179 (références bibliographiques) – René BADY, *L'homme...,* ouvr. cit., p. 315-319 et 337-340 – Courtes mais intéressantes remarques de Louis COGNET, *La spiritualité moderne...,* p. 422-425 sur Coton plus mystique qu'humaniste.

31. Florimond de RAEMOND ou ROEMOND, *L'Histoire de la naissance, progrès et décadence de ce siècle divisée en huit livres,* Rouen, 1623, textes cités par R. BADY, ouvr. cit., p. 81. Sur cet auteur, ami de Montaigne, voir : Pierre VILLEY, *Montaigne devant la postérité,* Boivin, 1935, p. 121-126 et Appendice p. 354 sq.

32. *L'hymne de l'Hercule chrétien,* de Pierre de RONSARD, commenté par Nicolas Richelet, Paris, 1617, 62 p.

33. *Sainte-Beuve, Causeries du Lundi,* t. II, Garnier, 3e éd., *Huet, évêque d'Avranches* (1850), p. 178 ; cf. p. 179.

34. H. BUSSON, *La religion des classiques...,* p. 367-372.

35. R.P. Charles CHESNEAU, *Le Père Yves de Paris et son temps...,* t. II, *L'Apologétique,* p. 613. Le P. Chesneau appelle la première « apologétique rationnelle » et la seconde « apologétique du sentiment », mais ces dénominations embrouillent inutilement un exposé qui, sans elles, est parfaitement clair.

36. Cf. Ibidem, Ch. III, *Le sentiment de Dieu.* Le mot « sentiment », comme l'auteur l'indique lui-même, renvoie plus à « intuitif » qu'à « affectif », évoquant plus des idées innées qu'une faculté irrationnelle.

37. L'ouvrage paraît avec le titre indiqué en 1633 à Paris chez la Veuve N. Brion, 630 p. in 4°. Il devient le tome I de la collection publiée ibidem :

La Théologie naturelle. Tome premier divisé en deux parties. La Première traitant de l'existence de Dieu, et la seconde de la création du monde : 4e édition, revue et corrigée par l'auteur, 1640, 594 p. in 4°.

La Théologie naturelle. Tome second. De l'immortalité de l'âme, des anges et des démons, par le P. Yves de Paris, 1635, 768 p. in 4°.

La Théologie naturelle, Tome troisième. Des Perfections de Dieu, de sa Providence, de sa Justice, dernière édition, 1640, 520 p. in 4°.

La Théologie naturelle, Tome quatrième. De la Religion. Que la religion chrétienne est la vraie. Des mystères de la Religion chrétienne, par Yves de Paris, 3e édition, 1641, 648 p. in 4°.

Nous avons donné les éditions portées dans le Catalogue de la Bibliothèque Nationale de Paris.

Le P. Julien-Eymard d'Angers remarque fort justement que, surtout dans le dernier tome, Yves de Paris mêle volontiers vérités révélées et religion naturelle, *L'Humanisme chrétien...,* p. 103-104.

38. Sur les diverses éditions de ce livre, voir : H. BUSSON, *La Pensée religieuse...,* p. 633. Voir plus loin, Ch. VII, n. 10 et 11.

39. Cf. Henri GOUHIER, *Pascal et les humanistes chrétiens, l'Affaire Saint-Ange,* Vrin, 1974.

40. Cf. H. BUSSON, *La Pensée religieuse...,* p. 521-522.

41. Cf. ibidem, p. 54-72.

42. Cf. R. LENOBLE, *Mersenne...*, p. 73-74 et 247-248.

43. *Les Trois Vérités...*, voir notamment : Livre I, Ch. V.

44. H. BUSSON, *La Pensée religieuse...*, p. 116-117.

45. Ibidem, p. 119-121. Sur l'apologétique et le problème de l'immortalité au XVIIe, voir : ibidem, Ch. III, I ; *La Religion des classiques*, Ch. XII – R.P. CHESNEAU, *Yves de Paris...* Ch. VII, I et II.

46. Formule d'Yves de Paris citée par H. BUSSON, *La Pensée religieuse*, p. 131.

47. Cf. H. BUSSON, ibidem, p. 134 sq.

48. Le verbe est bien au singulier. Descartes a expliqué sa position dans une lettre à Mersenne du 14 décembre 1640 : « Pour ce que vous dites, que je n'ai pas mis un mot de l'Immortalité de l'Ame, vous ne vous en devez pas étonner ; car je ne saurais pas démontrer que Dieu ne la puisse annihiler, mais seulement qu'elle est d'une nature entièrement distincte de celle du corps, et par conséquent qu'elle n'est point naturellement sujette à mourir avec lui » ; la religion, ajoute-t-il, ne demande rien de plus. *Oeuvres*, t. III, p. 265-266.

49. Le P. Mersenne connaît si bien le devoir de l'apologiste devant un problème aussi actuel qu'il a, lui-même, dans ses ouvrages, apporté des preuves de l'immortalité ; cf. R. LENOBLE, *Mersenne...*, Ch. VIII, I. Dans ses *Quaestiones in Genesim*, 1623, il ramasse 101 raisons chez ses prédécesseurs, ibidem, p. 288.

50. Saint IGNACE DE LOYOLA, *Exercices spirituels*, traduits et annotés par François Courel, Collection Christus, Textes, Desclée de Brouwer, 1960, p. 188-189.

51. Cf. Ferdinand ALQUIÉ, *La découverte métaphysique de l'homme chez Descartes*, P.U.F., 1ère éd. 1950, p. 30-32 ; 2e éd., 1966, idem.

52. *La Théologie naturelle*, t. I, 1633, p. 109 ; cité par BREMOND, t. I, p. 442.

53. *Les morales chrétiennes*, t. IV, 1642, p. 151 ; cité par BREMOND, t. I, p. 458.

54. Ibidem, t. II, 1639, p. 467 ; cité par BREMOND, t. I, p. 435, n. 1.

55. Ibidem, p. 473 ; cité par BREMOND, p. 436.

56. Ibidem, p. 463 ; cité par BREMOND, p. 436.

57. Ibidem, p. 464 ; cité par BREMOND, p. 436.

58. *L'Adieu de l'âme dévote laissant le corps, avec les moyens de combattre la mort par la mort et l'appareil pour heureusement se partir de cette vie mortelle*, Rouen, 1605 ; Amiens, 1612 ; Lyon, 1612 – Dans *Les Oeuvres du R. Père Louis Richeome, provençal, religieux de la Compagnie de Jésus*, revues par l'auteur avant sa mort et augmentée, Paris, 1628, 2 vol. in-folio, t. II – Sur Richeome : BREMOND, ouvr. cit., t. I, Ch. II et note bibliographique, p. 539 – L. COGNET, *La spiritualité moderne...*, p. 416-418 (mais goûte peu le style du R.P.).

59. *Genèse*, III, 19.

60. Cité par BREMOND, ouvr. cit., p. 53.

61. « Il n'y a pas de si petit animal que Dieu n'ait armé de quelque instrument... » cité ibidem, p. 40-41. Pour Bergson, nous pensons, par exemple, à *L'Evolution créatrice*, 1907, Ch. III, p. 284-286.

62. *Angélique...*, Lyon, 1626, cité par H. BUSSON, *La Pensée religieuse...*, p. 594.

63. Ibidem, p. 594.

64. *Les vaines excuses du pécheur*, par le P. Yves de Paris, t. I, 1662, in 4°, 522 p., pièces liminaires et tables ; t. II, *Les vaines excuses du pécheur en ses passions*, 1664, in 4°, 508 p., pièces liminaires et tables.

65. H. BUSSON, *La Pensée religieuse...*, p. 590.

CHAPITRE VI

1. DES BARREAUX, *Sonnet,* A. ADAM, *Les libertins au XVIIe...*, p. 194-195.
2. Ibidem, p. 196.
3. Supra, Ch. I, p. 17-18.
4. *Essais,* II, Ch. XII, p. 211. Entre crochets : traduction du mot dans la langue d'aujourd'hui.
5. Ibidem, p. 164-165.
6. Ibidem, p. 214.
7. Ibidem, p. 159-160.
8. Ibidem, Ch. II, p. 21.
9. Supra, n. 7.
10. II, Ch. XII, p. 370-371.
11. *L'Entretien de Pascal et Sacy, ses sources et ses énigmes,* par Pierre COURCELLE, Vrin, 1960. On peut considérer que les entretiens qui sont à l'origine de ce texte datent du séjour de Pascal à Port-Royal des Champs du 7 au 28 janvier 1655, environ deux mois après la nuit du 23 au 24 novembre dont le Mémorial conserve le souvenir.
12. Supra, Ch. II, p. 28 et n. 37 et 38.
13. Infra, p. 67 et n. 17 et n. 20.
14. *Entretien avec M. de Sacy,* p. 45 ; le sens de « froissé » est très fort, comme chez Montaigne : briser, blesser, meurtrir.
15. Ibidem, p. 65.
16. L. 691 ; Br. 432.
17. *Entretien avec M. de Sacy,* p. 19.
18. Ibidem.
19. Ibidem, p. 63.
20. Ibidem, p. 45.
21. Ibidem, p. 47.
22. Ibidem, p. 47 ; n. 51.
23. Ibidem, p. 47 ; p. 51 ; p. 53.
24. Ibidem, p. 49 ; p. 51.
25. Ibidem, p. 50.
26. Ibidem, p. 49-51.
27. Ibidem, p. 53. *Essais,* III, Ch. XIII, p. 391.
28. L. 680 ; Br. 63 ; T. p. 101 ; mots soulignés par nous.
29. L. 689 ; Br. 64. Les éditeurs le rappellent très justement, Pascal reprend une observation de Montaigne : « La vérité et la raison sont communes à un chacun, et ne sont non plus à qui les a dites premièrement qu'à qui les dit après. Ce n'est non plus selon Platon que selon moi, puisque lui et moi l'entendons et voyons de même. » (*Essais,* I, Ch. XXVI, p. 195). L'idée directrice est donc ici que « chaque homme porte la forme entière de l'humaine condition » (III, Ch. II, p. 27). Il est donc entendu que nous utilisons le L. 689 en supposant que le « moi » de l'auteur et le « moi » du lecteur sont pris comme deux « moi » différents.
30. M. René Bady a réuni deux collections de textes sur la grandeur (humanisme) et la « nihilité » de l'homme (anti-humanisme), *L'homme et son « institution »* ... Ch. III, 2 et 3 ; Ch. IV, 3 ; Ch. VI, 1 et 2 ; « Versatile Montaigne ! » (p. 128), qui « en vient à se contredire ouvertement » (p. 129). Avec raison, M. Bady parle

d'« évolution » dans la pensée de Montaigne (p. 129-131). On peut aussi, ce qui ne serait pas incompatible, reconnaître ici « le mouvement » mis par Jean Starobinski dans le titre de son livre : *Montaigne en mouvement,* Gallimard, 1982 : « sa pensée prend son élan premier dans un acte de refus » (p. 7), puis devant « le vide » (p. 104) ainsi produit, il y a un « retour réfléchi » à ce qui avait été refusé (p. 9).

31. Henri BREMOND, *Autour de l'Humanisme. D'Erasme à Pascal,* Grasset, 1939 : les humanistes chrétiens « ont le sens, ils n'ont pas le cauchemar du péché » (p. 136) – Voir l'abondante documentation réunie par Jean DELUMEAU, *Le péché et la peur, La culpabilisation en Occident, XIII-XVIIIe siècles,* Fayard, 1983.

32. Le Chevalier de Méré (1607-1684) n'est devenu auteur qu'après la mort de Pascal (1662). Cf. *Oeuvres complètes du chevalier de Méré,* Texte établi et présenté par Charles H. BOUDHORS, éditions Fernand Roche, 2 tomes, 1930.

33. Damien Mitton ou Miton n'a rien publié ; il montrait volontiers un *Traité de l'immortalité de l'âme* qu'il disait « être de la mortalité ». Ses *Pensées sur l'honnêteté* ont été publiées sous son nom dans *Oeuvres mêlées* de Saint-Evremont, t. II, 1701. Cf. H.A. GRUBBS, *Damien Mitton (1618-1690), bourgeois honnête homme,* Princeton et Paris, P.U.F., 1932.

34. Théophile DE VIAU (1590-1626), *SATIRE PREMIERE,* première édition dans *Délices satyriques,* 1620, cité d'après le choix de textes publié par Antoine ADAM, *Les libertins au XVIIe siècle,* (supra, Ch. II, n. 1), p. 57.

35. Ibidem, p. 59.

36. Jacques VALLEE DES BARREAUX (1602-1673). Sonnet publié pour la première fois dans un *Recueil de quelques pièces nouvelles et galantes tant en prose qu'en vers,* 1667, reproduit par ADAM, ouvr. cit., p. 196.

37. CYRANO DE BERGERAC (1619-1655), *La mort d'Agrippine,* tragédie, Acte II, Scène IV, citée d'après ADAM, ouvr. cit., p. 186 ; ici c'est l'Agrippine femme de Germanicus et mère de l'Agrippine mère de Néron.

38. Ibidem, Acte V, Scène VI, p. 190.

CHAPITRE VII

1. Jean DAGENS, cité et commenté par Philippe SELLIER, dans l'Introduction au n° 135 de la revue *XVIIe siècle,* titrée : *Le siècle de saint Augustin,* avril-juin 1982.

2. Voir, par exemple, le premier des *Ecrits sur la grâce* de Pascal, *Oeuvres...,* t. XI.

3. Léon CRISTIANI, *Luther et saint Augustin,* dans *Augustinus Magister ;* (voir plus loin, n. 28), p. 1092-1038 – Jean CADIER, *Calvin et saint Augustin,* ibidem, p. 1039-1056.

4. Cf. Henri GOUHIER, *La Philosophie de Malebranche et son expérience religieuse,* Vrin, 1926 ; 2e éd. 1948, 2e Partie, Ch. IV. Voir : MALEBRANCHE, *Oeuvres complètes* sous la direction d'André Robinet, Vrin, 1970, *Index des citations bibliques, patristiques, philosophiques et scientifiques,* Introduction de Michel Lacombe aux citations patristiques, pratiquement augustiniennes, p. 213-232, et p. 240-315.

5. Cf. Henri GOUHIER, *Fénelon philosophe,* Vrin, 1977, Introduction, 4, *L'« Augustinus » de l'Anti-Jansenius.*

6. Philippe SELLIER, art. cit.

7. Aimé SOLIGNAC, *La double tradition augustinienne,* dans *Anthropologie et humanisme,* dans *Les Cahiers de Fontenay,* septembre 1985 (Colloque organisé par le Centre d'Histoire des Idées et le Conseil Scientifique de l'Université de Picardie).

8. Léon de Saint-Jean est aussi connu sous le nom de Jean Macé ; c'est sous ce nom que ses œuvres sont portées dans le Catalogue de la Bibliothèque Nationale et qu'il est cité dans Henri BUSSON, *La Pensée religieuse...* Henri BREMOND, *Histoire littéraire...*, t. I, *L'Humanisme dévot,* p. 265-267 ; t. II, *L'invasion mystique,* p. 389-393.

JULIEN-EYMARD D'ANGERS, *Sénèque, Epictète et le Stoïcisme dans l'œuvre d'un humaniste chrétien : le carme Léon de Saint-Jean* (1600-1671), Estratto da Ephemerides Carmeliticae, 5e année, fascicule 2, Florence, 1951-1954, p. 476-490.

Voir aussi : Suzanne-Marie BOUCHEREAUX, *La réforme des Carmes en France et Jean de Saint-Samson,* Vrin, 1950.

9. Jean-Pierre MASSAUT, *Humaniste ou augustinien ? Le carme Léon de Saint-Jean et l'Antiquité classique,* Revue des études augustiniennes, § VII, 4, 1961, p. 373-388. – Cf. *Léon de Saint Jean, prédicateur et théologien encyclopédique,* dans *Carmelus,* t. 8, fasc. 1, 1961.

10. Paris, 1643 – Edition nouvelle, revue, corrigée et augmentée, Paris, 1652. Toutes les références d'Henri Busson renvoient à cet unique ouvrage.

11. LÉON DE SAINT-JEAN ou Jean MACÉ, *L'Economie de la vraie religion...* Voir la longue citation faite par le R.P. Charles CHESNEAU (plus tard : JULIEN-EYMARD D'ANGERS), *Le Père Yves de Paris et son temps* (1590-1678), t. II, L'Apologétique, p. 333-334.

12. LÉON DE SAINT-JEAN ou Jean MACÉ, *Le Portrait...*, Paris, 1655 ; Lyon, 1666 – *L'Académie...*, Paris, 1679.

13. *Avis sincères et charitables de François Irénée sur les questions de la prédestination et de la Fréquente Communion,* Paris, 1643, ouvrage attribué à Léon de Saint-Jean par Julien-Eymard d'Angers, art. cit., p. 476, n. 4 ; se trouve dans le Catalogue de la Bibliothèque Nationale à : IRÉNÉE (François).

14. JULIEN-EYMARD D'ANGERS, art. cit., p. 477, 478, 479.

15. Jean-Pierre MASSAUT, *Humaniste ou augustinien...*, p. 374.

16. Cité ibidem, p. 375.

17. Cité ibidem.

18. Cité ibidem, p. 376 et n. 21.

19. Ibidem, p. 378-379.

20. Ibidem, p. 382-383, citation tirée de : *Jésus-Christ en son trône établissant et enseignant la vraie religion, la morale chrétienne et la mystique,* Paris, 1657, t. II ; n'est pas dans le Catalogue de la Bibliotèque Nationale. Pour le stoïcisme dans sa pensée, voir plus loin, Ch.XI, p. 117, et n. 39.

21. Cité ibidem, p. 380 ; *La France convertie, Octave à l'honneur du B.S. Denys l'Aréopagite,* Paris, 1661.

22. Citation tirée d'un sermon, ibidem, p. 377 et 388 : *L'Année Royale, sermons prêchés devant Leurs Majestés Très Chrétiennes, par le R.P. Léon... avec un traité de l'éloquence chrétienne servant de préface,* Paris, 1655, 2 vol.

23. L. COGNET, *Le jansénisme,* P.U.F., 1961, « Que sais-je ? », p. 9.

24. Ibidem, p. 10-11. Sur Baïus : Henri de LUBAC, *Augustinisme et Théologie moderne,* Aubier, 1965, Ch. I – Sur la situation à Louvain au temps de Baïus et de Lessius : Jean ORCIBAL, *De Baïus à Jansénius...* Revue des Sciences religieuses, t. XXXVI, 1962.

25. Ibidem, p. 12-14 ; Cf. Henri de LUBAC, ouvr. cit., p. 219-222, 271-278, 285. Sur Molina, voir plus haut, Ch. III, p. 34, n. 31

26. Voir : Jean ORCIBAL, *Les origines du Jansénisme,* t. III, *Jean Duvergier de Hauranne...* Appendice III, *Saint-Cyran et la question « de auxiliis »,* p. 75-76. Plus généralement : Pietro STELLA, *Augustinisme et orthodoxie des Congrégations « De auxiliis » à la Bulle « Vineam Domini »,* dans *XVIIe siècle,* n° 35, avril 1982 – Bruno NEVEU, *Augustinisme janséniste et magistère romain,* ibidem. Dans « le non-lieu »

de 1607, Stella est porté à voir un succès des molinistes (p. 172) ; Orcibal (p. 76) et B. Neveu (p. 198) y voient plutôt une non-approbation de la nouvelle doctrine que les circonstances ont empêché d'être plus ouvertement affirmée.

27. Bruno NEVEU, art. cit., p. 204. Voir aussi : STELLA, art. cit., p. 170-171 ; p. 184.

28. Texte cité par Bruno NEVEU, art. cit., p. 205 ; voir aussi : L. COGNET, *Le Jansénisme,* p. 12, et surtout : Lucien CEYSSENS, *Le drame de conscience des premiers jansénistes,* dans : *Augustinus Magister,* Congrès international augustinien, Paris, 21-24 septembre 1954, *Communications,* t. II, Etudes augustiniennes, 1954 : pour les théologiens de Louvain et de Douai, p. 1070.

29. Cité comme un « adage » sans référence particulière par Bruno NEVEU. *Juge suprême et docteur infaillible : le Pontificat romain de la Bulle « In Eminenti » (1643) à la Bulle « Auctorem fidei » (1794),* dans *Mélanges de l'Ecole française de Rome,* Moyen Age, Temps, modernes, t. 93, 1981, (p. 215-275), p. 237.

30. Bruno NEVEU, *Politique ecclésiastique et controverses doctrinales à Rome de 1683 à 1705,* dans *Bulletin de la Société d'Histoire Moderne,* Supplément à la « Revue d'Histoire moderne et contemporaine », 1975, n° 1, p. 15. Voir surtout, du même auteur : *Juge Suprême...* (art. cit. plus haut n. 29), p. 236-239 et 240-241.

31. Titre de l'article de L. Ceyssens cité plus haut, n. 28.

CHAPITRE VIII

1. Henri BREMOND, *Histoire littéraire...,* t. I, p. 391.

Sur le jansénisme, en dehors des ouvrages cités dans ce chapitre et, bien sûr, du *Port-Royal* de SAINTE-BEUVE, 1840-1860, rappelons seulement : Louis COGNET, *Le jansénisme,* P.U.F. « Que sais-je ? », 1961 ; *Histoire de la spiritualité chrétienne, La spiritualité moderne,* I. *L'essort 1500-1650,* Aubier, 1966, Ch. XII, Le premier Port-Royal – Vue d'ensemble sur les travaux concernant Port-Royal depuis le milieu du XXe siècle dans Michel DE CERTEAU, art. cit. infra., n. 2.

2. Sur Saint-Cyran, l'ouvrage fondamental est : Jean ORCIBAL, *Jean Duvergier de Hauranne, abbé de Saint-Cyran, et son temps* (1581-1638), Vrin, 1947-1948, 2 vol., le second ayant pour sous-titre : Appendices, bibliographie et Tables, portant les numéros II et III dans la collection : « Les origines du jansénisme ». On ajoutera, du même auteur : *Saint-Cyran et le Jansénisme,* Aux éditions du Seuil, collection « Maîtres spirituels », 1961, et *La spiritualité de Saint-Cyran avec ses écrits de piété inédits,* Vrin, 1962. Dans l'importante bibliographie de Saint-Cyran, détachons ici : Jean LAPORTE, *Saint-Cyran,* P.U.F., 1923 – Pierre PASCAL, *L'abbé de Saint-Cyran, les Chartreux et les solitaires de Port-Royal,* Revue historique, t. 191, p. 222-248 – Georges POULET, *Saint-Cyran et le temps,* dans *Studies in Romanic Philology and French literature* presented to John Orr, Manchester University Press, 1953, et : *Etudes sur le temps humain,* IV, *Mesure de l'instant,* Plon, 1968, p. 33-54 – Michel DE CERTEAU, *De Saint-Cyran au jansénisme, conversion et réforme,* dans Christus, n° 39, 1963, p. 399-417.

3. ORCIBAL, ibidem, t. II, p. 13-139.

4. Ibidem, p. 147 ; cf. p. 254.

5. ORCIBAL, ibidem, t. III, Appendices, p. 103-106. Jansénius tient Saint-Cyran au courant de son travail ; il lui demande parfois de faire des recherches sur tel ou tel point, mais il ne lui en a fait lire aucun chapitre, sans doute simplement parce qu'il n'en avait qu'un seul manuscrit. Cf. J. ORCIBAL, *Les origines du jansénisme,*

t. I, *Correspondance de Jansénius,* Vrin, 1947 (Recueil à compléter par : Jean ORCIBAL, *Jansénius inédit,* Augustiniana, XIII, Heverlee-Louvain, 1963) ; voir en particulier : *A Saint-Cyran,* 27 mars 1630, 14 avril et 21 avril 1634 – Voir aussi : Jean LAPORTE, ouvr. cit., p. 44-51 ; Louis COGNET, *Le jansénisme,* p. 30-31.

6. ORCIBAL, t. II, p. 125-131.

7. Sur leur rencontre et la période de leurs travaux en commun, ibidem, p. 138-140 ; p. 145-148.

8. Ibidem, p. 153.

9. La théologie positive est cette étude « qui assigne à chacun des dogmes chrétiens ses bases tant scripturaires que traditionnelles ». L'expression est courante à la fin du XVIe siècle, mais la chose est évidemment très ancienne. Cf. CONGAR, art. *Théologie* dans *Dictionnaire de théologie catholique,* t. XV, 1946.

10. ORCIBAL, *Jean Duvergier de Hauranne...,* t. II, Appendice III, p. 83-86 – *Correspondance de Jansénius,* Lettre XIX, A Saint-Cyran, 15 octobre 1620, p. 65 : « Le reste de temps, je l'emploie la plupart à la lecture de saint Augustin que j'aime uniquement, me semblant qu'il n'y a rien entre les anciens ou modernes qui en approche de cent lieux (sic). Et tant plus le ly-je, tant plus beau je le trouve ». Voir aussi : 5 mars 1621, p. 69 et p. 70.

11. Ibidem, t. II, Ch. IV : *La première conversion.* Voir aussi : Jean LAPORTE, ouvr. cit., Ch. I, II, *La conversion de Saint-Cyran.*

12. Paris, 1623 ; réédition, 1629.

Sur les approbations, *Correspondance...,* éd. DAGENS, t. II, p. 358, n. 1 – Sur celle de Jansénius, ibidem, p. 284 : *Jansénius à Saint-Cyran,* 3 juin 1622 et n. 1, puis 10 juin ; texte complet de ces deux lettres dans : *Correspondance de Jansénius,* éd. ORCIBAL, n° XXXV et XXXVI.

13. Paris, 1623, 4°, 1025 p., réimpression en 1624 – Sur cet ouvrage et la polémique anti-bérullienne du temps : ORCIBAL, *Jean Duvergier...,* Ch. V.

14. Paris, 1625, fol. 72 – 983 p. + tables. Sur ce que l'abbé doit au fondateur de l'Oratoire : Jean ORCIBAL, *La spiritualité de Saint-Cyran...,* I Le Bérullisme, et aussi, p. 87-88.

15. Paris, 1626, in 4°, 3 tomes cotés 1er, 2e et 4e, sans nom d'auteur.

16. ORCIBAL, *Jean Duvergier de Hauranne...,* p. 273-274.

17. Voir J.B. SABRIÉ, *De l'Humanisme au Rationalisme...,* Ch. XVIII, p. 459-471.

18. GARASSE, *Somme théologique...,* p. 67.

19. Ibidem, Avertissement, p. 36.

20. Ibidem, p. 730.

21. SAINT-CYRAN, *Somme des fautes...,* t. II, p. 322.

22. Ibidem, p. 322.

23. Ibidem, t. II. Sur la polémique entre Saint-Cyran et le P. Garasse, voir notamment : J.B. SABRIÉ, ouvr. cit., Ch. XIX – J. ORCIBAL, *Jean Duvergier de Hauranne...,* Ch. V, p. 260-278.

24. SAINT-CYRAN, *Somme des fautes...,* t. II, p. 455.

25. Ibidem, t. II, p. 326-344 ; p. 369-372.

26. Ibidem et ORCIBAL, ouvr. cit. p. 276-277.

27. *Sagesse,* Livre II, Ch. III.

Certains historiens sont gênés par la réaction de Saint-Cyran lisant *La Sagesse :* ils remarquent que celui-ci attaque plus Garasse qu'il ne défend Charron (SABRIÉ, p. 479). Disons plutôt : l'intention fondamentale de Saint-Cyran vise l'humanisme envahissant de la Compagnie et la défense de Charron est un chapitre de cette critique. On parle aussi d'une lecture rapide et superficielle (SABRIÉ, p. 479 ; STROWSKI, ouvr. cit., t. I, p. 164). Surtout, on tend à souligner le fait qu'il avait tout de même « aperçu le venin que renfermait le livre » (SABRIÉ, ibidem ; cf. *Somme des fautes...,*

t. II, p. 400). Bien sûr, mais quelles que soient les réserves que Saint-Cyran ne pouvait pas ne pas exprimer sur cette sagesse naturelle selon Pierre Charron, il reste qu'elle lui paraissait plus récupérable que l'humanisme faussement chrétien de Garasse.

28. GARASSE, *Somme théologique,* t. II, Epître dédicatoire à Richelieu, citée par ORCIBAL, ouvr. cit., p. 276.

29. L. 691 ; Br. 432.

30. J'emprunte l'image de la « plantation » (mot « transplanté ») à Pascal dans le passage sur le *cogito* chez Descartes et chez saint Augustin, *De l'Art de persuader (Oeuvres...,* t. IX, p. 286) : « Les mêmes pensées poussent quelquefois tout autrement dans un autre que dans leur auteur : infertiles dans leur champ naturel, abondantes étant transplantées ».

Faut-il penser à un souvenir de *La Somme des fautes,* et à une tentation d'imiter Saint-Cyran quand nous lisons cette confidence ou pseudo-confidence de l'humaniste chrétien Jacques Du Bosc dans *Le philosophe indifférent* (Paris, 1643) ? « J'avoue que j'ai été d'abord dans le dessein de faire l'apologie des pyrrhoniens et des académiciens » car, comparées à toutes les autres sectes, « celles-là me semblèrent les plus modestes ». « Je louais le dessein que les sceptiques ont eu de combattre les dogmatiques et de faire la guerre à leur arrogance et à leur témérité ». Du Bosc insiste : « Oui, j'avoue que j'ai été quelque temps dans le dessein de défendre les sceptiques, mais je changeai depuis entièrement ce dessein... ». « Ayant bien considéré les principes du pyrhonisme, je vis que le sceptique était plus sectaire que tout le reste des philosophes... en fuyant dans le trop, il est tombé dans le trop peu ; en fuyant l'affectation de science, il est tombé dans l'affectation d'ignorance... ». Texte cité par C. CHESNEAU (alias JULIEN-EYMAR D'ANGERS) : *Un précurseur de Pascal ? Le Franciscain Jacques Du Bosc (1643),* dans : XVIIe siècle, n° 16, 1962, p. 425-426.

31. YVES DE PARIS, choix de textes, (supra, Ch. I, n. 3), p. 48 et 51-53.

32. *Très humble remonstrance faite à la Reyne,* par R.P. Yves de Paris, 1644, p.5.

De la Fréquente Communion, où les sentiments des Pères, des Papes et des Conciles touchant l'usage des Sacrements de Pénitence et d'Eucharistie sont fidèlement exposés..., par M. Antoine Arnauld, Prêtre, Docteur en Théologie de la Maison de Sorbonne, sort en août 1643 ; réédité avant la fin de l'année ; cinquième édition en 1646. Sur cet ouvrage et les polémiques qu'il provoque, Henri GOUHIER, *Pascal et les Humanistes chrétiens, l'Affaire Saint-Ange,* Vrin, 1974, Appendice, p. 114-118.

33. Ibidem, p. 2.

34. Cf. H. GOUHIER, *L'Affaire Saint-Ange,* Appendice, n. 21 ; ajoutons : C. CHESNEAU, *Yves de Paris et son temps...,* p. 643, qui suggère comme auteur Arnauld d'Andilly.

35. L. COGNET, *Le jansénisme,* Ch. IV et V.

36. Question bien posée dans deux articles : JEAN ORCIBAL, *Qu'est-ce que le jansénisme ?* dans : *Cahiers de l'Association internationale des Etudes françaises* (communication au 3e Congrès, 28 août 1951), n° 3-4-5, juillet 1953 – Jacques PLAINEMAISON : *Qu'est-ce que le jansénisme ?* dans *Revue historique,* 1984, P.U.F. – Voir aussi L. COGNET, *Le jansénisme...,* Conclusion, p. 123-126.

37. ORCIBAL, art. cit., p. 48-49.

38. PLAINEMAISON, art. cit., p. 127. Pour illustrer cet article : Pierre MAGNARD, *Angélique de Saint-Jean ou l'esprit de résistance,* Chroniques de Port-Royal, n° 34, 1985.

39. Michel DE CERTEAU, art. cit., p. 417.

40. Voir, par exemple l'article de Jean ORCIBAL, *Thèmes platoniciens dans l'« Augustinus » de Jansénius,* dans *Augustinus Magister* (supra, Ch. VII, n. 28), p. 1077-1085.

41. Cité par J. ORCIBAL, art. cit., p. 52.

42. Supra, Ch. VII, p. 79-80, notes 28 et 29.

43. Texte inédit publié par Jean ORCIBAL, *La spiritualité de Saint-Cyran*, p. 447.

44. Cité par L. CEYSSENS, art. cit. (supra Ch. VII, n° 28), p. 1072.

45. Voir : Jean LAPORTE, *La doctrine de Port-Royal... d'après Arnauld*, I, *Les vérités de la grâce*, P.U.F., 1923, p. 21-22, texte tissé de références à Arnauld.

46. *Apologie de M. Jansenius, évesque d'Ipre, et de la doctrine de saint Augustin expliquée dans son livre, intitulé « Augustinus »*, contre trois sermons de M. HABERT, théologal de Paris, prononcés dans Notre-Dame, le premier et le dernier dimanche de l'Avent 1642 et le dimanche de la Septuagésime 1643, sans nom d'auteur ni lieu, 1644, in 4° ; repris dans l'édition de Lausanne, « sur la troisième édition faite à Paris en 1653, revue et corrigée exactement », t. XVI.

Seconde Apologie pour Monsieur Jansenius, évesque d'Ipre, et pour la doctrine de S. Augustin expliquée dans son livre intitulé « Augustinus », contre la réponse que M. Habert, théologal de Paris, a faite à la première Apologie et qu'il a intitulée « La Défense de la Foi de l'Eglise », 1645, in 4° ; reprise dans l'édition de Lausanne « sur l'édition de 1645 », t. XVII.

47. *Seconde Apologie...*, Livre V, Ch. II, t. XVII, p. 559 ; *Première Apologie...*, Livre I, Ch. III, t. XVI, p. 159.

48. *Première Apologie*, Préface, t. XVI, p. 61 ; mots soulignés par nous.

49. Ibidem ; Avis au lecteur, t. XVI, p. 43.

50. *Seconde Apologie*, Livre I, Ch. XIV, t. XVII, p. 79.

51. *Ecrits sur la grâce*, Premier, *Oeuvres...*, t. XI, p. 138, mots soulignés par nous.

52. *Phantosme du Jansénisme...* sans nom d'auteur, 1685 ; je le cite d'après la seconde édition, Cologne, 1788, Ch. XII, p. 118-119 ; ouvrage repris dans l'édition de Lausanne, t. XXV.

53. PASCAL, *Ecrits sur la signature... Oeuvres...*, t. X, p. 171. Et, en conclusion : « D'où je conclus que ceux qui signent purement le formulaire sans restriction signent la condamnation de Jansenius, de saint Augustin, de la grâce efficace – Je conclus en second lieu que qui excepte la doctrine de Jansenius en termes formels, sauve de condamation, et Jansenius, et la grâce efficace. » (p. 175).

54. *Sœur Jacqueline de Sainte Euphémie Pascal à la sœur Angélique de Saint Jean*, 22-23 juin 1661, ibidem, t. X, p. 104.

55. Propos recueillis par Racine, dans : PASCAL, *Oeuvres complètes*, t. I, p. 1006.

56. En somme, jansénistes et anti-jansénistes s'accusent mutuellement d'hérésie. Sur ce mot : Jacques LE BRUN, *Le concept d'hérésie à la fin du XVIIe siècle*, dont la première partie porte sur *Le concept d'hérésie jusqu'au XVIIe siècle*, Akten des II Internationalen Leibniz-Kongresses, Hannover, 17-22 Juli 1972, Band III, Wiesbaden, 1975. L'auteur insiste sur le double aspect de la notion : objectivement, elle désigne une doctrine erronée ; subjectivement, l'obstination avec laquelle est professée cette erreur – Voir aussi : Bruno NEVEU, *Juge suprême et docteur infaillible, Le Pontificat...* (art. cit. supra, Ch. VII, n. 29), p. 243 sq.

CHAPITRE IX

1. Sur Pascal anti-humaniste, voir supra, Ch. I, n. 12. Dans une autre perspective : Madeleine MADAULE, *Genèse et développement de l'anti-humanisme pascalien*, dans Les Cahiers de Fontenay, n° 39-40 : *Anthropologie et humanisme*, septembre 1985, p. 121-131. « Humanisme » et « anti-humanisme » sont des termes « projetés sur un passé où ils n'existaient pas » ; cela donne à celui qui les emploie une certaine liberté ; une fois admise une définition, cette liberté se trouve limitée quant à la *compréhension*,

mais il en subsiste quelque chose quant à l'*extension.* Ainsi Mme Madeleine MADAULE accepte les définitions de « l'humanisme » et *ipso facto* de « l'anti-humanisme » proposées dans le présent ouvrage ; mais elles le sont, ici, avec une *extension* qui couvre la théologie, la spiritualité, l'apologétique, la morale : or Mme Madaule ajoute : la science. Dans cette perspective, il y a donc au départ, c'est-à-dire à l'époque où le jeune Pascal à la fois se convertit à la religion selon Saint-Cyran et poursuit ses expériences sur le vide, anti-humanisme et humanisme : tel serait le sens de la *Préface du Traité du vide* où coexistent une théologie d'esprit anti-humaniste et un véritable humanisme scientifique avec l'idée de progrès chaleureusement exprimée. Ensuite, on peut, en gros, résumer les fines analyses de Mme Madaule en disant : l'anti-humanisme religieux se développe de plus en plus et refoule de plus en plus l'humanisme scientifique.

Cette lecture de Pascal ne soulève aucune objection mais elle a l'avantage de poser une question. Comme pour la plupart des savants de son temps, la science est pour Pascal un divertissement d'amateur, au sens étymologique de ces deux mots : y voir le fondement d'un « humanisme », dans quelle mesure ne serait-ce pas lui conférer un rôle, une portée dans la vie de l'homme que Pascal ne semble pas avoir expérimentés dans la sienne, même lorsqu'il éprouve un vif plaisir à s'y livrer ?

Pascal est rangé parmi les humanistes chrétiens dans René BADY, *Humanisme chrétien dans les lettres françaises, XVIe-XVIIe siècles,* Fayard, 1972, p. 117-131. C'était aussi l'opinion de François MAURIAC, *Molière le tragique,* dans : *Vigile,* 1er cahier, 1930, Grasset, p. 229.

2. NICOLE, *Traité de la grâce générale,* 1715, t. I, p. 1-3, texte reproduit dans : PASCAL, *Oeuvres complètes,* MESNARD, t. I, p. 1002.

3. Je cite d'après : *Ecrits sur la grâce,* édités par Félix GAZIER, dans : *Oeuvres de Blaise PASCAL,* t. XI.

4. 2e *Ecrit,* (exposé des divers systèmes sur la grâce sans doute destiné à une religieuse, p. 128, n. 1), p. 136.

5. Ibidem, 2e *Ecrit,* p. 148, voir : *Fragments d'une lettre sur la possibilité des commandements,* VIII, ibidem, p. 238.

6. L. 725 ; Br. 884 bis. Cf. L. 864 ; Br. 884.

7. L. 148 ; Br. 425 – L. 626 ; Br. 462.

8. L. 930 ; Br. 513 – L. 972 ; Br. 514 – *Ecrits sur la grâce, Fragments d'une lettre sur la possibilité des commandements,* VII, t. XI, p. 213-218 ; VIII, p. 236.

9. L. 382 ; Br. 287 – L. 380 ; Br. 284.

10. *Ecrits sur la grâce,* 2e, t. XI, p. 148-150 : « il plaît à Dieu de choisir... ».

11. L. 913, Mémorial.

12. *Ecrits sur la grâce, Fragments d'une Lettre sur la possibilité des commandements...,* t. XI, p. 159.

13. Ibidem, 1er *Ecrit,* p. 137-138. Cf. *Fragments d'une Lettre...,* p. 241.

14. L. 402 ; Br. 290 – Programme plus complet : L. 482 ; Br. 289. Plus spécialement : L. 274 ; Br. 642 : « Preuves des deux Testaments à la fois. » (Le Nouveau étant caché dans l'Ancien).

15. L. 7 ; Br. 248.

16. L. 418 ; p. 239-240 ; Br. 253.

17. Ibidem, p. 240. Cf. L. 11 ; Br. 246 : « faire la lettre d'ôter les obstacles qui est le discours de la machine, de préparer la machine ». Et. L. 7 ; Br. 248 – L. 5 ; Br. 247 – L. 25 ; Br. 308 – L. 84 ; Br. 79 : sens cartésien du mot « machine ».

18. *Provinciales,* VII, *Oeuvres...,* t. V, p. 84.

19. L. 695 ; Br. 445.

20. L. 284 ; Br. 605.

21. L. 954 ; Br. 956.

22. *Oeuvres complètes,* éd. J. Mesnard, t. II, p. 779-780. Voir les citations de l'*Augustinus,* t. II, *De ratione et auctoritate in rebus theologicis. Liber proemialis, Ch. IV, Discrimen inter Philosophiam ac Theologiam,* p. 778, et dans : *Oeuvres,* éd. Brunschvicg, t. II, p. 130-131-134. Jean Mesnard, toutefois, estime qu'il ne faut pas exagérer ici le rôle de Jansénius dans la pensée de Pascal (p. 775).

23. Cf. Henri GOUHIER, *Pascal et les humanistes chrétiens. L'affaire Saint-Ange,* Vrin, 1974.

Pour le dossier de l'Affaire : *Oeuvres...,* éd. Brunschvicg, t. I, p. 347-402, *Récit de deux conférences...* et introduction – *Oeuvres complètes,* éd. Jean MESNARD, t. II, p. 362-421 : *Le dossier de l'affaire Saint-Ange.* – On trouvera d'assez nombreuses citations du premier ouvrage de Saint-Ange dans : Ernest JOVY, *Pascal et St Ange, Jacques Forton, sieur de Saint-Ange, ses écrits et ses infortunes,* Vrin, 1927.

24. Sur l'intérêt qu'Hallé de Monflaine (ou Montflaines) et d'Auzoult (ou Ausoult) portent aux questions de physique et aux travaux de Pascal sur le vide, voir leurs lettres à Mersenne de février à août 1648, dans *Oeuvres complètes,* t. II, p. 622 sq.

25. *Oeuvres complètes,* t. II, p. 411 et p. 415-416.

26. Ibidem, p. 383-386 et p. 387-390. Cf. H. GOUHIER, ouvr. cit., Ch. III, 5, *Jansénius et les Jésuites.*

27. Ibidem, p. 412 et 417.

28. A Gilberte Périer, 26 janvier 1648, *Oeuvres complètes,* t. II, p. 554-555. Sur ces entretiens : Henri GOUHIER, *Pascal, Commentaires,* Ch. II, section VI, « Les rebuffades de M. de Rebours » et section VII, « Des entretiens avec M. de Rebours à l'entretien avec M. de Sacy ». Sur les lectures de Pascal à cette époque, voir p. 103.

29. Ibidem.

30. *L'Entretien de Pascal et Sacy,* (supra Ch. VI, n. 11) ; voir en particulier le bilan final, p. 65-67.

31. Cf. H. GOUHIER, ouvr. cit. Ch. II, section IV, « Une nouvelle apologétique ». Sur l'histoire des *Pensées,* Jean MESNARD, *Les Pensées de Pascal,* Société d'édition d'enseignement supérieur, 1976 ; « Introduction, l'édition des *Pensées* ».

32. Marguerite PERIER, Additions au Nécrologe de Port-Royal, *Oeuvres complètes,* t. I, p. 1126. L'anecdote est rapidement reprise dans la préface mise par l'abbé Massillon, neveu de l'évêque, en tête d'un opuscule publié en 1780 : *Lettre du Révérend Père d'Aubenton, jésuite* (9 septembre 1713) avec une *Préface pour en faciliter l'intelligence.*

Il existe un autre récit, celui de Nicole dans la troisième préface, datée du 15 mars 1660, à son édition latine des *Provinciales* (1e éd. 1658). Nicole avait pris le nom de Wendrock. On trouve une traduction de ce texte par Melle de Joncoux dans *Oeuvres...,* édition Brunschvicg-Gazier, t. VII, p. 66-67.

M. Gérard Ferreyrolles préfère ce récit dans son livre sur *Les Provinciales* (voir plus loin, Ch. X, n. 1), p. 36-37. Il est l'œuvre d'un témoin, il a été publié du vivant de Pascal, il ne parle pas d'Arnauld, mais si Arnauld est présent à la réunion, celle-ci ne se tient pas à Port-Royal des Champs comme le dit Marguerite, car, à cette époque, il se cache à Paris: Nicole et quelques amis sont réunis ; on souhaiterait qu'une espèce de factum fît savoir au public que les disputes avec Arnauld sont des chicanes qui ne roulent que sur des mots ; mais personne ne s'offre pour exécuter le projet... Alors « Montalte » propose de donner une simple « ébauche »... En fait, il écrit la première Provinciale : il montre son texte à « un de ses amis qui jugea à propos qu'on l'imprimât incessamment ».

CHAPITRE X

1. Il convient de joindre aux *Provinciales* les opuscules publiés aujourd'hui sous les titres : *Factum pour les Curés de Paris, Second Ecrit des Curés de Paris, Cinquième Ecrit des Curés de Paris, Projet de mandement contre l'Apologie pour les Casuistes, Sixième Ecrit pour les Curés de Paris,* tous de 1658.

En attendant l'édition Mesnard des *Oeuvres Complètes,* t. IV, je-cite l'édition Brunschvicg-Gazier, *Oeuvres...,* t. IV-VII, textes, variantes, dossier des sources. Parmi les éditions d'usage courant, signalons particulièrement celle de Louis COGNET, Paris, Garnier, 1965.

De l'abondante bibliographie, détachons : Gérard FERREYROLLES, *Blaise Pascal, Les Provinciales,* P.U.F. « Etudes littéraires », 1984. (Tableau synoptique de la campagne des *Provinciales,* p. 26-27 ; bibliographie critique, p. 117-120).

2. Sur la participation d'Arnauld et de Nicole (et sur la chronologie des *Provinciales*), document important : Extraits du Catalogue de Fouillou dans *Oeuvres complètes,* t. I, p. 1015-1019 (avec la notice de Jean Mesnard p. 1013-1015).

3. VOLTAIRE, *Le siècle de Louis XIV,* cité d'après : *Oeuvres historiques,* texte établi, annoté et présenté par René Pomeau, Gallimard, Pléiade, 1957, Ch. XXXII, p. 1004 ; cf. Ch. XXXVII, 1071.

4. Michel DE CERTEAU, *Crise sociale et réformisme spirituel au XVIIe siècle : Une « nouvelle spiritualité » chez les Jésuites français,* dans : Revue d'ascétique et de mystique, n° 163, 1965, p. 339-386 ; pour le mot « antihumaniste », p. 355.

5. Ibidem, p. 352.

6. Henri BREMOND, *Histoire littéraire...,* t. III, 1e partie, Ch. V, *Jésuites bérulliens* (le P. J.B. Saint-Jure notamment) ; Appendice II : *L'école française et l'école de Saint Ignace* – t. V, *L'Ecole du P. Lallemant* (le P. Surin notamment) – t. VIII, 4ème Partie, Ch. IV, *D'Alvarez à Lallemant,* p. 279-282.

Voir surtout : Louis COGNET, *La spiritualité moderne...,* Ch. XI, *La Compagnie de Jésus et la spiritualité française.* Le P. Lallemant, né en 1588, est mort en 1635 sans avoir publié d'ouvrage ; mais, professeur à Rouen, il a eu des disciples qui ont conservé les notes de ses cours et qui ont prolongé son enseignement ; il y a donc après sa mort une école du P. Lallemant ; en 1694 ses disciples publient enfin un volume intitulé *Doctrine spirituelle* avec les notes prises par ses disciples (ibidem, p. 425-427). Pour le P. Surin (1600-1665) voit notamment : Michel DE CERTEAU, *Les Oeuvres de Jean-Joseph Surin, Histoire des textes,* Revue d'ascétique et de mystique, n°s 160 et 161, 1964 (4) et 1965 (1). Du même auteur, Introduction à : Jean-Joseph SURIN, *Correspondance,* Bibliothèque européenne, Desclée de Brouwer, 1966 (Préface de Julien Green) – Leszek KOLAKOWSKI, *Chrétiens sans Eglise...,* Ch. VII, *Jean-Joseph Surin.*

7. Sur les rapprochements de la spiritualité du P. Lallemant avec celle de Bérulle, mais qui ne seraient pas le signe d'une influence, L. COGNET, ouvr. cit., p. 430 et p. 435-437.

8. 45 pages, sans nom d'auteur, 1643 ; le texte est publié dans les *Oeuvres de Messire Antoine ARNAULD,* édition dite de Lausanne (t. I, 1750), t. XXIX. Cf. Henri GOUHIER, *Pascal... L'Affaire Saint-Ange,* Appendice et n. 1.

9. 1644. Henri GOUHIER, ibidem.

10. 1644 ; 2e éd. 1645. Les deux dernières *Provinciales* sont directement adressées au P. Annat.

11. 1644, 174 p. Voir plus loin, n. 22.

12. 1644, 317 p.

13. 1644, 299 p.

14. Voir dans : *Oeuvres* de Pascal..., t. XI, Index des noms de personnes citées dans *Les Provinciales,* dans la *Lettre d'un avocat* et dans les *Ecrits des Curés* composés par Pascal.

15. SAINTE-BEUVE, *Port-Royal,* t. III, p. 55.

16. Ibidem, p. 57.

17. *Les Provinciales,* Le Livre de Poche, Editions Gallimard et Librairie générale française, 1966, Préface de Henri Gouhier.

18. *Liber Theologiae moralis viginti quatuor Societatis Jesu doctoribus reseratus, quem R.P. Antonius de Escobar... in Examen Confessariorum digessit...* Le catalogue de la Bibliothèque Nationale indique : *Editio novissima,* Lyon, 1646, in 8°, 854 p. et des éditions en 1656, mais aucune traduction française. Sur Escobar dans *Les Provinciales,* voir l'Index cité plus haut n. 14.

19. *La dévotion à la glorieuse sainte Ursule,* 1645. Echantillons dans Henri BREMOND, *Histoire littéraire...,* t. I, p. 206-208.

20. Extraits dans l'Introduction à la 9e Provinciale, t. V, p. 171-175. Jugements nuancés de Louis COGNET sur cet ouvrage : *La spiritualité moderne,* p. 420-422.

21. René POMEAU, *Voltaire en son temps,* I, *D'Arouet à Voltaire, 1694-1734,* Voltaire Foundation Taylor Institution, Oxford, (Paris, Jean Touzot, Libraire-Editeur), 1985, p. 106.

22. Dans *Le Génie du Christianisme,* 2e Partie, I, Ch. IV, Chateaubriand écrit encore en 1802 : « Les morceaux remarquables répandus dans le *Saint Louis* du Père Lemoine ont été si souvent cités que nous ne les répéterons point ici. Ce poème informe a pourtant quelque beauté qu'on chercherait en vain dans *La Jérusalem...* » (Il a parlé de *La Jérusalem délivrée* dans le Ch. II).

Sur le P. Le Moyne ou Lemoine : H. CHERIOT (S.J.), *Etude sur la vie et les œuvres du P. Le Moyne* (1602-1671), Paris, 1887 – William CALIN, *Crown, cross and « Fleur de Lys », an Essay on Pierre Le Moyne Baroque epic « Saint Louis »,* Anma Libri, Stanford French and Italian studies, 1977 ; long compte rendu de Marc FUMAROLI dans *XVIIe siècle,* n° 129, octobre-décembre 1980 : il s'agit surtout de la réhabilitation du poète baroque.

23. 1640, 802 p. in 4°. Le morceau connu sous le titre *Le sauvage* est reproduit dans l'Introduction à la 9e Provinciale, t. V, p. 179-192 ; et, plus complètement dans Henri BREMOND et Ch. GROLLEAU, *Anthologie.* Un autre extrait des *Peintures morales* avec un « Eloge de la pudeur », ode en vers, est cité dans l'Introduction à la 11e Provinciale, t. V, p. 303-306, stances où Pascal ne voit que « galanteries honteuses », p. 326-327.

24. 1647 ; rééditions à partir de 1660, la 7e en 1672 ; traductions en anglais et en italien.

25. Paris, 1652, achevé d'imprimer, 1er mars 1652, in-12, 19-16-294 p. Réédition à partir de 1668, puis quatre rééditions au XIXe siècle (1826, 1847, 1864, 1884). Extraits cités dans l'Introduction à la 9e Provinciale, p. 176-179.

26. *9e Provinciale,* t. V, p. 210. Fragments cités dans l'Introduction, p. 178.

27. Ibidem, p. 210-211. Fragments cités, p. 182-183.

28. Marguerite PERIER, « Mémoires sur sa famille », *Oeuvres complètes,* t. I, p. 1086-1087.. Voir aussi, de la même : « Mémoire sur Pascal et sa famille », ibidem, p. 1099.

29. Voir *XVIIe siècle,* n° 144, juillet septembre 1984, *Les pouvoirs féminins au XVIIe siècle,* recueil présenté par Noémi HEPP ; notamment : Jean PORTEMER, *Réflexions sur les pouvoirs de la femme selon le droit français au XVIIe siècle* – Micheline CUENIN, *Les femmes aux affaires,* entendons : aux affaires de l'Etat, Marie de Médicis

et Anne d'Autriche, par exemple, devenues régentes du royaume, ou Christine, reine de Suède – Monique VINCENT, *Le « Mercure Galant » témoin des pouvoirs de la femme du monde* (à partir de 1672).

30. P. BAUNY, *Somme des péchés...* Le P. Bauny disait : « ... mais par légèreté, pour rire, ou acquérir le bruit de galand et complaisant parmi les hommes » ; le P. Baudy cite ensuite une opinion moins indulgente de Lessius ; passage reproduit dans l'Introduction à la *9e Provinciale,* t. V, p. 170.

31. *9e Provinciale,* t. V, p. 207.

32. Ibidem, p. 207-208. Texte du morceau cité du P. Bauny, p. 169-170.

33. Extrait d'une lettre de Blaise Pascal (1659), *Oeuvres,* t. IX, p. 318. D'après les éditeurs, ce serait une lettre à Gilberte Périer ; voir aussi Jean MESNARD, *Oeuvres complètes...,* t. I ; le 2e recueil Guerrier, no 127, p. 328.

34. Lettre de la mère Agnès, 11 juin 1634, à son neveu Antoine Le Maître qui songeait à se marier. Un long morceau est publié par Sainte-Beuve, *Port-Royal,* Livre II, Ch. II, Hachette, t. I, 7e éd. 1908, p. 375-376. Sur « mépris de la chair et contraintes sexuelles » à Port-Royal : René TAVENEAUX, *La vie quotidienne des Jansénistes,* Hachette, 1973, p. 156-161. Plus généralement et pas seulement à Port-Royal, du même auteur : *Le catholicisme dans la France classique,* 1610-1715, S.E.D.E.S., 1980, t. II, *Les interdits sexuels et leurs conséquences,* p. 438-441. Jean DELUMEAU, *Le péché et la peur, La culpabilisation en Occident (XIII-XVIIIe siècles),* Fayard, 1983, Ch. 7, Le territoire du confesseur... La luxure, p. 238 sq. ; Ch. 15, Classement des péchés, p. 447, Le mariage état dangereux, p. 481-486 ; L'impureté, p. 486-497 ; Ch. 16, Le modèle ascétique, p. 501-504.

35. La vie de Pascal par Mme Périer, *Oeuvres complètes,* t. I, 1ère version, p. 590 ; 2e version, p. 628.

36. René TAVENEAUX, *Jansénisme et prêt à intérêt,* Vrin, 1977 – *Le catholicisme dans la France classique,* 1610-1715, t. II, Ch. XIV, p. 430 et p. 441-445, *L'usure.* Les textes cités par R. TAVENEAUX dans *Jansénisme et politique* (A. Colin, 1965) sont postérieurs au colbertisme – Sur le nouvel âge économique et ses conséquences pour la question du prêt : Fernand BRAUDEL, *La Méditerranée et le monde méditerranéen au temps de Philippe II,* A. Colin, 1949 ; 6e édition, 2 tomes, 1985 ; voir Index des matières : « prêt » et « usure » ; notamment, t. I, *De la route à la banque,* p. 292 sq. ; *Le volume des transactions marchandes,* p. 400 sq.

37. *8e Provinciale,* t. V, p. 139 : « Parlons maintenant des gens d'affaires... » et p. 144. Textes du P. Bauny, *La Somme des péchés...,* 2e éd. 1633, cités p. 118-121.

38. Ibidem, p. 142.

39. *5e Provinciale,* t. IV, p. 305-306.

40. La vie de Monsieur Pascal écrite par Madame PÉRIER sa sœur ; *Oeuvres complètes,* t. I, 2e version, p. 612 ; 1ère version, p. 581. Voir aussi : Marguerite PÉRIER, Mémoire sur Pascal et sa famille, ibidem, p. 1100.

41. Ibidem, 2e version, p. 639 ; 1ère version, p. 599.

42. LE MOYNE, *Manifeste...,* p. 29 ; l'image de la montagne est reprise dans *La dévotion aisée...,* p. 10 et p. 13.

43. *La dévotion aisée...,* p. 23-24.

44. Ibidem, p. 59-60.

45. Ibidem, Livre I, Ch. VI.

46. Ibidem, Livre III, Ch. VI.

47. Ibidem, p. 246.

48. *Le Cid,* Acte I, scène VI, vers 324.

49. *7e Provinciale,* t. V, p. 87.

50. *13e Provinciale,* t. VI, p. 29-30.

CHAPITRE XI

1. Voir notamment : Raymond THAMIN, *Saint Ambroise et la morale chrétienne au IVe siècle, étude comparée des traités « des Devoirs » de Cicéron et de saint Ambroise,* Masson, 1895 – Michel SPANNEUF, *Le stoïcisme des Pères de l'Eglise, De Clément de Rome à Clément d'Alexandrie,* Le Seuil, 1957 : l'auteur estime qu'il y a dans la pensée chrétienne une époque stoïcienne qui précède une époque platonicienne à partir de 250 environ.

2. Cité par JULIEN-EYMARD D'ANGERS, voir infra note 58, art. cit., p. 5.

3. Fortunat STROWSKI, *Pascal et son temps,* Plon-Nourrit, t. I, *De Montaigne à Pascal,* (je cite la 3e éd. 1909), Ch. II, *Le courant stoïcien* (très importante étude, p. 18 à 125) ; t. II, *L'histoire de Pascal,* 1907, Ch. VIII, III, *Pascal et Epictète,* p. 318-331.

Léontine ZANTA, *La Renaissance du stoïcisme au XVIe siècle,* Champion, 1914.

JULIEN-EYMARD D'ANGERS, *Le stoïcisme en France dans la première moitié du XVIIe siècle,* dans : *Etudes franciscaines,* août 1951, décembre 1951, juin 1952, décembre 1952.

JULIEN-EYMARD D'ANGERS, *Le renouveau du stoïcisme au XVIe et au XVIIe siècle,* Association Guillaume Budé, Actes du VIIe Congrès, Aix-en-Provence, Les Belles-Lettres, 1964.

JULIEN-EYMARD D'ANGERS, *Le renouveau du stoïcisme en France au XVIe siècle et au début du XVIIe,* Bulletin de l'Association Guillaume Budé, avril 1964, « bibliographie méthodique correspondant au rapport » précédemment cité.

Henri BUSSON, *La pensée religieuse française...,* Ch. VIII, *Stoïciens et Epicuriens – La Religion des classiques...,* Ch. VIII, *De Sénèque à Pétrone,* I, La fin du stoïcisme chrétien.

4. *Trois Discours envoyés à Monsieur Descartes, Le chicaneur convaincu de faux,* discours second, p. 261 ; *La dernière objection du chicaneur réfuté,* discours troisième, p. 265 ; je cite l'édition d'Amsterdam 1662 où les *Discours* sont publiés avec *Socrate chrétien et autres œuvres du même auteur.*

5. JULIEN-EYMARD D'ANGERS, *Le renouveau du stoïcisme au XVIe et au XVIIe*... p. 124.

6. *Cinna,* Acte V, scène III, vers 1626-1627. Sur Corneille et le stoïcisme : Octave NADAL, *Le sentiment de l'amour dans l'œuvre de Pierre Corneille,* N.R.F., Gallimard, 1946, 2e Partie, Ch. II et notes p. 328-330 – Jacques MAURENS, *La tragédie sans tragique, Le néo-stoïcisme dans l'œuvre de Pierre Corneille,* A. Colin, 1966, notamment 3e Partie, Ch. III, IV, V.

7. O. NADAL, ouvr. cit., p. 51-53.

8. René DESCARTES, *Discours de la Méthode,* Texte et Commentaire, par Etienne GILSON, Vrin, 3e édition, 1962, voir : Table analytique du Commentaire : « Morale » et notamment p. 250-254.

9. *Descartes à la Princesse Elisabeth,* 21 juillet 1645, t. IV, p. 252-253.

10. Ibidem, 4 août 1645, p. 263.

11. Victor BROCHARD, *Descartes stoïcien, Contribution à l'histoire de la philosophie cartésienne,* dans : *Etudes de philosophie ancienne et de philosophie moderne,* Alcan, 1912, puis Vrin, p. 323.

Sur la question de Descartes et du stoïcisme : V. BROCHARD, ibidem – Pierre MESNARD, *Essai sur la morale de Descartes,* Boivin 1936 – Geneviève RODIS-LEWIS, *La morale de Descartes,* P.U.F., 1957, notamment Ch. I, § 4 ; Ch. II, § 4 ; Ch. III, § 5.

12. Voir notamment : F. STROWSKI, ouvr. cit., t. I, Ch. II, p. 28-58 – Pierre VILLEY, *Les sources et l'évolution des « Essais » de Montaigne,* t. II, Hachette, 1933 – JULIEN-EYMARD D'ANGERS, *Le stoïcisme en France...* I Michel de Montaigne, *Etudes franciscaines,* août 1951.

13. STROWSKI, ouvr. cit., p. 52 et p. 57.

14. Ibidem, p. 180-181. Voir la partie du Ch. III consacrée à Pierre Charron, p. 166 sq., notamment celles qui sont réservées au stoïcisme, p. 176-183.

15. JULIEN-EYMARD D'ANGERS, *Le stoïcisme en France,* II, *Pierre Charron, Etudes franciscaines,* décembre 1951, p. 397.

16. Ibidem, p. 397, n. 60. *Stoïcisme et libertinage dans l'œuvre de François La Mothe le Vayer,* dans *Revue des Sciences humaines,* juillet 1954, p. 259. On en trouve quelques uns dans le livre de René PINTARD, *Le libertinage érudit,* p. 55, p. 184-187.

17. Longue bibliographie établie par JULIEN EYMARD D'ANGERS, *Le renouveau du stoïcisme...,* Bulletin de l'Association Guillaume Budé, voir supra, n. 3 : commentaire des principales œuvres, Actes du VIIe congrès, ibidem.

18. Voir infra, n. 48 : Note bibliographique de Gustave MICHAUT : éditions séparées du Manuel, n° 4, anonyme, avant 1585 ; n° 8, Paris, 1591 ; n° 11, avec la Philosophie morale des stoïques, Paris, 1599 ; n° 12 et n° 13, recueils signalés plus loin, note 48 : Lyon, 1600, et Rouen, 1603.

19. *Les Propos d'Epictète recueillis par Arrian,* translatés du grec en français par Fr. J.D.S.F., Paris, 1609. L'auteur est Dom Jean de Saint-François, nom religieux de Jean Goulu. Le *Manuel* est traduit à la suite des *Propos,* appelés plus couramment *Entretiens.* Pascal a sous les yeux cette traduction, STROWSKI, ouvr. cit., t. II, p. 323-326.

20. *Le stoïcisme, Epictète et Sénèque dans le développement du monde d'après les œuvres de Pascal Rapine de Sainte-Marie,* récollet (1655-1673), Collectanea Franciscana, t. XXIII, 1953, p. 230.

21. Sermon XIII, *De Verbis Apostoli* (sermon 156 dans l'édition Migne), je donne la traduction de Jean DAGENS, *Bérulle...,* p. 338. Dans les *Actes des Apôtres,* il est bien dit qu'à l'Aréopage, des philosophes stoïciens et épicuriens ont conféré avec saint Paul (XVII, 18), mais dans le texte que nous citons, saint Augustin rapporte aussi ce que saint Paul aurait pu leur dire...

22. *Cité de Dieu,* Livre I, Ch. XXII : « ... On ne peut appeler grandeur d'âme cette impuissance à supporter de dures épreuves. Nous saisissons plutôt sur le fait une faiblesse d'âme, qui ne peut supporter la dure servitude de son propre corps ni la sotte opinion du vulgaire ». Les stoïciens ne sont pas nommés, mais ils sont certainement parmi les philosophes visés. Livre XIX, Ch. IV.

Pour *La Cité de Dieu,* nous citons l'édition des « Classiques Garnier » : pour les Livres I-V, la traduction de Pierre DE LABRIOLLE, t. I, 1942 ; pour les livres VI-X, la traduction de Jacques PERRET, t. II, 1946.

23. Ibidem, Ch. XXIII.

24. Ibidem, Livre V, Ch. VIII ; Ch. IX, notamment p. 457 ; Ch. X, notamment le début.

25. Ibidem, Livre VI, Ch. X.

26. Ibidem, Livre IX, Ch. IV.

27. Ibidem, Ch. V. Cicéron appelle la pitié une vertu, « alors que les stoïciens n'ont pas honte de la compter parmi les vices, tout en admettant cependant (si nous en croyons l'ouvrage d'un stoïcien fameux, Epictète...) des passions de ce genre dans l'âme du sage qu'ils veulent exempte de tout vice », cela « quand le sage ne les éprouve que pour autant qu'elles ne nuisent ni à l'énergie de l'esprit ni à la raison. ».

28. Ibidem, Livre XIV, Ch. VIII.

29. Ibidem, Livre IV, Ch. XII ; voir aussi Ch. XI.

30. Ibidem, Ch. XII.

31. Longue et importante étude du P. JULIEN-EYMARD D'ANGERS, *Sénèque et le stoïcisme dans l'œuvre du P. Yves de Paris, O.F.M. CAP.* (1590-1678), Collectanea Franciscana, t. XXI, 1951, p. 3 – 46. Rome, Istituto Storico di Fratri Minori Cappucini.

32. Citation des *Morales Chrétiennes,* ibidem, p. 6.

33. JULIEN-EYMARD D'ANGERS, *Etude sur les citations empruntées à Sénèque par J.B. Saint-Jure, S.J. dans son traité « de la connaissance et de l'amour du fils de Dieu, N.S.J.C. »,* Euntes Docete, (Rome), t. IX, 1957. Une note 27, p. 127, signale les emprunts faits à Sénèque. Ce traité a été publié en 1634.

34. *Le stoïcisme en France...,* voir supra n. 3, décembre 1652, VI, *De Marie-Antoine Delrio à saint François de Sales,* p. 145 sq.

35. Sénèque et le stoïcisme dans le traité *« De l'ordre de la vie et des mœurs »* de Julien Hayneuve, S.J. (1639), Recherches de Science religieuse, t. XLI, juillet 1953.

36. *Le stoïcisme chez les Jésuites français du XVII*e *siècle : E. Binet (1569-1639)* et *R. Cerisiers (1603-1662).* Mélanges de science religieuse, Xe année, cahier II, novembre 1953 (Lille, Facultés catholiques).

37. *Sénèque et le stoïcisme chez les capucins français du XVII*e *siècle : Zacharie de Lisieux et Léandre de Dijon,* Etudes franciscaines, T. I, 1950.

38. *Sénèque et le stoïcisme dans l'œuvre de Jacques d'Autun* (lire : *1649-1669,* et non 1499-1669). Etudes franciscaines, t. V, 1954.

39. *Sénèque, Epictète et le stoïcisme dans l'œuvre d'un humaniste chrétien : le carme Léon de Saint-Jean* (1600-1671), Ephémérides Carmeliticae (Florence), t. V, 1954. Voir plus haut Ch. VII, p. 76 et n. 8.

40. *Sénèque et le stoïcisme dans l'œuvre du cordelier J. Du Bosc (1632) (1643) (1645),* XVIIe siècle, octobre 1955. Le second ouvrage analysé est : *Les femmes héroïques ou les héroïnes comparées avec les héros en toute sorte de vertus,* 1645 ; parmi les héros il y a Caton d'Utique et parmi les femmes héroïques, Porcia – *Le philosophe indifférent,* 1643. Le P. JULIEN-EYMARD D'ANGERS avait déjà abordé la question de J. Du Bosc et le stoïcisme dans son article cité plus haut, Ch. VIII, n. 30.

41. *Le stoïcisme en France...,* p. 137 sq – *Le renouveau du stoïcisme...,* p. 135-136 (voir note 3).

42. *Le stoïcisme dans le traité « De l'usage des passions » de l'oratorien Senault, 1641,* Revue des sciences religieuses, t. XXV, 1951 – Réfutation et utilisation augustiniennes de Sénèque et du stoïcisme dans *L'Homme criminel* (1644) et *L'Homme chrétien* (1648) *de l'oratorien J.F. Senault,* Revue des études augustiniennes, 1956. Les titres complets de ces deux ouvrages sont : *L'Homme criminel ou la Corruption de la nature par le péché originel selon les sentiments de saint Augustin,* 1644, 2e éd. 1647, puis 1663, 1665, et *L'Homme chrétien ou la réparation de la nature par la grâce,* 1648, 3e éd. 1655, puis 1665.

43. F. STROWSKI, ouvr. cit., t. I, Ch. II, III – L. ZANTA, ouvr. cit., 3e Partie, Ch. I-IV.

44. F. STROWSKI, ouvr. cit., t. I, Ch. II, IV – L. ZANTA, ouvr. cit. 3e Partie, Ch. V-VIII – Pierre MESNARD, *Du Vair et le néostoïcisme,* Revue de l'histoire de la philosophie, 1928 – JULIEN-EYMARD D'ANGERS, *Le stoïcisme en France...,* III, supra, n. 3. Etudes franciscaines, décembre 1951 – Jacques MAURENS, ouvr. cit., 2e partie, Ch. II : *L'humanisme chrétien de Du Vair* – Marc FUMAROLI, *L'âge de l'éloquence...,* 1980, notamment p. 687, 690, 702-705, et Index.

45. *Le stoïcisme en France...,* III, *Le stoïcisme chrétien,* (supra, n. 3), Etudes franciscaines, décembre 1951, p. 398.

46. *De la Sainte Philosophie,* p. 14.

47. Premier Président du Parlement de Provence, Guillaume Du Vair, en 1611, joue dans un célèbre procès de sorcellerie un rôle qui lui paraît tout naturel ; il accomplit les devoirs de sa charge en brûlant un présumé sorcier. Cf. Raymond JEAN, *La Fontaine obscure,* Editions du Seuil, 1976 ; Livre de Poche, Points, Roman, 1978 – Robert MANDROU, *Magistrats et sorciers en France au XVIIe siècle. Une analyse de psychologie historique,* Editions du Seuil, 1980, p. 198-210 et p. 264.

48. *Le Manuel d'Epictète,* traduit par G. Du Vair, Paris, 1591 – *La Sainte philosophie avec plusieurs traités de piété* (par Guillaume Du Vair), Lyon, 1600 ; Rouen, 1603 ; l'ouvrage contient : *La philosophie morale des stoïques* et reprend la traduction du *Manuel.* Il ne donne pas une traduction des *Entretiens,* mais on en trouve la substance dans *La philosophie morale des Stoïques.* Je cite d'après : Guillaume DU VAIR, *De la Sainte Philosophie – Philosophie morale des Stoïques,* éd. annotée par Gustave MICHAUT, Vrin, 1946 ; importante Note bibliographique sur les écrits de G. Du Vair et leurs éditions, p. 115-122. Voir supra, n. 18.

49. G. MICHAUT, éd. cit., Avertissement, p. 8.

50. *Les deux livres de la « Constance » de Just Lipsius esquels, en forme de vis familier, est discouru des afflictions, et principalement des publiques, et comme il se faut résoudre à les supprimer,* Tours, 1592 : autres éditions : 1594, 1615.

51. Sur ces deux ouvrages : JULIEN-EYMARD D'ANGERS, *Le stoïcisme en France...* (supra, n. 45), p. 405-410 – Jacques MAURENS, ouvr. cit., 2e partie, Ch. I : *La constance de Juste Lipse.*

52. JULIEN-EYMARD D'ANGERS, *Du stoïcisme chrétien à l'humanisme chrétien, Les « Diversités » de J.P. Camus, (1609-1618),* Meaux, 1952, 63 p. in 8o.

Les Diversités de Messire Jean-Pierre Camus : d'abord 10 Tomes entre 1609 et 1614, puis un volume : *La Suite des Diversités* en 1618 ; cf. Jean DESCRAINS, *Bibliographie des Oeuvres de Jean-Pierre Camus, évêque de Belley (1584-1652).* Publication de la Société d'Etude du XVIIe siècle, 1971, p. 11-13 et p. 17.

Thèse du P. Julien-Eymard d'Angers : dans le tome I, Camus christianise le stoïcisme selon Sénèque, mais dès le tome II paru pourtant la même année commence une évolution conduisant à ce que l'auteur appelle « humanisme chrétien », c'est-à-dire, à « une critique sans doute très poussée mais aussi assez restreinte, qui laisse un champ assez vaste pour une utilisation... » (p. 51).

53. *L'« Epictète chrétien » de Jean-Marie de Bordeaux, tertiaire régulier de s. François (1658),* Revue d'Ascétique et de Mystique, no 122, Avril-Juin 1955.

54. *Le stoïcisme, Epictète et Sénèque dans le développement du monde d'après les œuvres de Pascal Rapine de Sainte-Marie recollet (1655-1673),* Collectanea Franciscana, 1953, tiré à part 1954, p. 237.

55. 3 tomes, 1655-1658-1659. Suivis de : *Le Christianisme fervent dans la primitive Eglise et languissant dans celle de nos derniers siècles,* 3 tomes, 1671-1673 – *Le Christianisme florissant au milieu des siècles,* 3 tomes, 1666-1667.

56. *Le P. Sébastien de Senlis, O.F.M. Capucin, et le stoïcisme chrétien (1620-1647),* Collectanea Franciscana, t. XXII, 1952, p. 317.

57. Le dernier mot nous rappelle que l'auteur est un disciple de Benoît de Canfeld ; ibidem, p. 286-287.

58. *Sénèque et le stoïcisme dans l'œuvre de Georges d'Amiens, capucin* (1661), Collectanea Franciscana, t. XX, 1950.

59. *Le stoïcisme chez les Jésuites français du XVIIe siècle : E. BINET (1569-1639), et R. Cerisiers (1603-1662),* Mélanges de Sciences religieuses, novembre 1953 (Lille). Sur E. Binet, Henri BREMOND, *Histoire littéraire du sentiment religieux...* t. I, *L'Humanisme dévot,* 1ère Partie, Ch. IV, 2e Partie, Ch. IV, I ; Ch. VI, 8 : aucune allusion au stoïcisme.

60. Ibidem, p. 260.

61. *Sénèque et le stoïcisme dans la « Cour sainte » du jésuite Nicolas Caussin (1583-1651),* Revue des Sciences religieuses, t. XXVIII, octobre 1954, p. 271. Note bibliographique sur les multiples éditions de l'ouvrage, p. 260, n. 1. *La Cour sainte ou l'Institution chrétienne des Grands, avec les exemples de ceux qui dans les cours ont fleuri dans la sainteté,* 1624, 10e éd., 1640.

62. Ibidem, p. 277-278.

63. H. BUSSON, ouvr. cit., p. 385. TRISTAN L'HERMITE, *La Mort de Sénèque,* tragédie, Paris, 1645, édition critique par Jacques MADELEINE, Hachette, 1919.

64. Supra, n. 37.

65. JULIEN-EYMARD D'ANGERS, *Le stoïcisme en France...* IV, *Le stoïcisme et les protestants,* Etudes franciscaines, juin 1952.

66. *Le renouveau du stoïcisme...,* p. 130. Bulletin..., G. Budé,, avril 1964, supra, note 3.

67. Ibidem, p. 131 – *Le stoïcisme en France...,* p. 10-11.

68. Ibidem, p. 127 et *Le stoïcisme en France,* p. 14-18.

69. *Le stoïcisme en France...,* p. 7-8 – Cf. Jean BOISSET, *Sagesse et sainteté dans la pensée de Jean Calvin, Essai sur l'Humanisme du Réformateur français,* P.U.F., 1959. Voir notamment le *Commentaire du De Clementia,* p. 247-249 et p. 204 ; l'ouvrage cherche à montrer la pensée de Calvin « tout imprégnée de culture platonicienne » (p. 289) ; l'auteur estime que « la pensée de Calvin est anti-stoïcienne » et cela « dès le *Commentaire du De Clementia* » (p. 221).

70. Supra, n. 65, p. 11-14 et p. 18.

71. Ibidem, p. 10.

72. Ibidem, p. 12-14 et p. 16.

CHAPITRE XII

1. Article cité plus haut, Ch. XI, n. 54, p. 229-230.

2. *Histoire littéraire du sentiment religieux...,* t. VII, *La Métaphysique des saints...,* titre de la Première Partie.

3. Soulignons ce qu'écrit Louis COGNET : « ... à de multiples égards le *Traité* doit beaucoup à saint Augustin qui y est cité explicitement plus de soixante-dix fois. » (*La Spiritualité moderne,* p. 289).

4. *Traité de l'Amour de Dieu,* Livre I, Ch. III, p. 360-361. SAINT AUGUSTIN, *La Cité de Dieu,* IX, Ch. IV ; XIV, Ch. IX.

5. Ibidem, Ch. V, p. 365. SAINT AUGUSTIN, *La Cité de Dieu,* XIV, Ch. VIII.

6. Ibidem et SAINT AUGUSTIN, ibidem, IX, Ch. IV et V.

7. Ibidem, II, Ch. XVIII, p. 463.

8. Ibidem, p. 463-464.

9. Ibidem, I, Ch. XVII, p. 401 et 402.

10. Ibidem, XI, Ch. X, p. 902. *Cité de Dieu,* VI, Ch. X et XI.

11. Ibidem, IX, Ch. II, p. 763.

12. Ibidem, XI, Ch. X, p. 902. *Cité de Dieu,* XIX, Ch. IV.

13. Ibidem, p. 902-903 ; p. 904-905.

14. Ibidem, p. 905.

15. Opinion contraire. Francis VINCENT, *Saint François de Sales, directeur d'âme. L'Éducation de la volonté,* Beauchesne, 1926, p. 77-78, note 3 : « les affinités entre un Epictète et un saint François de Sales » montrent combien ce dernier est loin de Saint-Cyran et de l'esprit de Port-Royal – Pierre COURCELLE juge son « résumé »

d'Epictète « presque uniquement laudatif », *Entretien de Pascal et Sacy...*, p. 92 – Voir aussi : Dagens et Cognet, infra, n. 24.

16. Ibidem, XI, Ch. II, p. 876.

17. Voir plus haut, n. 9.

18. Bérulle, *Opuscules de piété*, XXXI, § II, p. 144.

19. *Grandeurs de Jésus*, VII, 1, cité DAGENS, ouvr. cit., p. 55 et p. 336.

20. *Opuscules...*, XXXI, § III. On peut aussi penser que les stoïciens, quoique non nommés, sont parmi « les anciens philosophes qui ne connaissaient point Dieu et fort peu eux-mêmes » visés dans l'Opuscule CXXXIII, § III, p. 397.

21. DAGENS, ouvr. cit., p. 230 ; cf. p. 95. Le texte de l'Opuscule est cité p. 237.

22. Ibidem, p. 230.

23. Michel DUPUY, *Bérulle et Pascal : le péché originel*, Oratoriana, novembre 1962. L'opuscule CXXXVII de l'édition Migne est l'Opuscule XXXI de l'édition Rotureau.

24. Louis Cognet écrit de l'Opuscule XXXI (CXXXVII de l'éd. Migne) : « Il existe un curieux opuscule de Bérulle qui est de toute évidence dirigé contre le *Traité de l'Amour de Dieu* et spécialement contre sa première partie, bien que l'évêque de Genève n'y soit nulle part explicitement désigné. » Cela parce que : « Bérulle y est sévère sur la vertu des païens, et même des stoïciens, ce qui le sépare de presque tous ses contemporains qui les admiraient beaucoup. » ... *La Spiritualité moderne*, p. 349). Pour notre part :

1. Nous rapprochons la partie anti-stoïcienne de l'opuscule bérullien et la partie anti-stoïcienne du Chapitre XVII dans le Livre I du *Traité de l'Amour de Dieu.*

2. Nous considérons que la critique du stoïcisme dans le *Traité* vient de saint Augustin, de sorte que François de Sales serait, à sa manière, tout aussi anti-stoïcien que Bérulle.

3. Mêmes réserves devant la même opposition entre François de Sales et Bérulle que propose Jean DAGENS, ouvr. cit., p. 336.

25. Voir : Jean ORCIBAL, *Duvergier de Hauranne...*, p. 67.

26. Supra, Ch. XI, n. 54, p. 229, n. 1.

27. Ouvrage écrit en 1641, publié à Paris en 1701, 2 vol. in 12. Ouvrage repris dans : *Oeuvres...*, Antoine ARNAULD, éd. de Lausanne, t. X, n° 3. Je cite l'édition de 1701.

28. Ibidem, 1ère Partie, Ch. III, t. I, p. 22.

29. Ibidem, Ch. XI, p. 107-108.

30. Ibidem, p. 109.

31. Voir plus loin, n. 47.

32. ARNAULD, ouvr. cit., 3e Partie, Ch. VI, t. II, p. 52-53, p. 55.

33. Ibidem, 4e Partie, Ch. XIX, t. II, p. 351.

34. Ibidem, 4e Partie, Ch. XIII, t. II, p. 210.

35. Ibidem, p. 211-212.

36. *Entretien de Pascal et Sacy*, p. 15-17.

37. Ibidem, p. 15 : « ... Voici comme il se perd dans la présomption de ce qu'on peut. » Cf. MONTAIGNE, II, Ch. XII, p. 214 ; texte cité par COURCELLE, p. 14.

38. *Entretien avec M. de Sacy...*, Ch. II, Pascal, lecteur d'Epictète.

39. Supra, n. 27.

40. L. 140-146 – Br. 466, 509, 463, 464, 360, 461, 350 – Michel Le Guern, *Pensées*, Gallimard, folio, 1977, nos 130-136 (annotation).

41. L. 4 ; Br. 184 ; L. 60 ; Br. 294 – L. 109 ; Br. 392 – L. 131 ; Br. 434 – L. 208 ; Br. 435. Le mot « dogmatiste » vient de Montaigne. *Essais*, Livre II, Ch. XII, p. 235 et 300.

42. L. 745 ; Br. 18 : « La manière d'écrire d'Epictète, de Montaigne et de Salomon de Tultie est la plus d'usage qui s'insinue le mieux... ».

43. L. 507-508 ; Br. 363-364.

44. L. 289 ; Br. 608.

45. L. 140 à 146, voir supra, n. 40 – L. 208 ; Br. 435.

46. L. 143 ; Br. 464 – L. 407 ; Br. 465 – L. 430 ; Br. 431.

47. *Entretien de Pascal et de Sacy...*, p. 19 ; voir aussi p. 45, 55 et, pour « superbe » pouvant viser les stoïciens L. 380 ; Br. 379 – L. 598 ; Br. 669 – L. 430 ; Br. 431 – L. 933 ; Br. 460.

48. *De la Recherche de la Vérité, Où l'on traite de la nature de l'esprit de l'homme et de l'usage qu'il en doit faire pour éviter l'erreur dans les Sciences,* (t. I), Paris, 1674, Livre II, 3e Partie, Ch. IV – Signalons deux éditions annotées : MALEBRANCHE, *Oeuvres complètes* (publiées sous la direction d'André Robinet), t. I, Vrin, 1962 ; *Recherche de la Vérité,* t. I, II, III, éditée par Geneviève RODIS-LEWIS – MALEBRANCHE, *Oeuvres,* Bibliothèque de la Pléiade, t. I, Gallimard, 1979, *Recherche...,* éditée par Geneviève RODIS-LEWIS avec la collaboration de Germain Malbreil.

49. Traduction par Emile BRÉHIER, révision et annotation par L. BOURGEY dans : *Les Stoïciens,* Bibliothèque de la Pléiade, Gallimard, 1962.

50. *Oeuvres complètes...,* t. I, p. 345 et 346.

51. Ibidem, p. 354-355.

52. Ibidem, p. 350-351 – Voir aussi p. 353.

53. Ibidem, p. 349.

54. Ibidem, p. 356.

55. Ibidem, p. 353.

56. Ibidem, p. 355 ; voir plus haut, p. 128.

Dans son *Traité de Morale* (1684), Malebranche n'attaque directement le stoïcisme qu'en passant. Première Partie, Ch. I, § XXII, il refuse la formule stoïcienne : suivre la nature (*Oeuvres complètes...,* t. XI, édité par Michel ADAM, p. 26). Dans le Ch. VIII, § XVI : « la folie du sage stoïcien » est de « mettre sa fin dans soi-même ». Dans le Ch. IV, au § XI, Epictète est comme tous les païens : pas de salut possible sans la foi, don de la grâce.

57. Décembre 1586-janvier 1587 : Chronologie par A. RAVIER, *Oeuvres...,* p. CXVII – Cf. H. BREMOND, ouvr. cit., t. I, p. 86-91 – P. LAJEUNIE, *Saint François de Sales et l'esprit salésien,* Le Seuil, « Maîtres spirituels », 1962, p. 16-20 ; *Saint François de Sales : l'Homme, la Pensée, l'Action,* Editions Guy Victor, 2 vol., 1966, t. I, p. 140-144 et p. 151-152 – Mise au point dans l'excellent chapitre consacré à François de Sales par Louis COGNET, *La spiritualité moderne...,* p. 290-291 – François de Sales n'a pas lu le livre de Molina aussitôt après sa publication ; voir : Pierre SEROUET, *De la vie dévote à la mystique, sainte Thérèse d'Avila, saint François de Sales,* Desclée de Brouwer, 1958, p. 34-35.

58. Supra, p. 122-124.

59. Cf. Henri GOUHIER, *La Philosophie de Malebranche et son expérience religieuse,* Vrin, 1926 ; 2e éd. 1948, Deuxième Partie, Ch. IV, notamment : 3, *Malebranche critique de Jansénius* et 4, *Le vrai saint Augustin.*

Sur le « molinisme » de Malebranche, voir les jugements nuancés de Jean LAPORTE, *La doctrine de Port-Royal... (d'après Arnauld), Les vérités de la grâce,* P.U.F. 1923, p. 25, note 198 ; p. 44, n. 14 ; p. 308, n. 23.

60. Amsterdam, 1680, *Oeuvres complètes,* t. V, édité par Ginette DREYFUS, p. 212-213.

NOTE FINALE

1. Voir plus haut, Ch. I., p. 15.

2. *L'existentialisme est un humanisme ;* Paris, Nagel, Collection « Pensées », 1946 – Jean KANAPA, *L'existentialisme n'est pas un humanisme,* Editions sociales, 1947.

3. *Lettre sur l'humanisme, (*supra, Ch. I, n° 22), p. 33-34. Heidegger se résigne pourtant à dire ce qu'il voit sous le mot : p. 45-53 ; p. 117-119 ; il ne parle pas d'antihumanisme, mais d'« opposition à l'humanisme » quand il se demande si, au cas où il utiliserait l'étiquette « humanisme », ce ne serait pas pour une vue sur l'homme « opposée » à celles des « humanismes » que nous connaissons (p. 121 et p. 127). En somme, Heidegger n'aurait pas parlé d'« humanisme » si une question posée par Beaufret n'avait provoqué la célèbre *Lettre.*

4. Michel de CERTEAU, *Du système religieux à l'éthique des Lumières (17e-18e s.) : la formalité des pratiques,* dans Ricerche di storia sociale e religiosa, juillet-décembre 1972, p. 31-32.

5. Fernand ROBERT, *L'Humanisme. Essai de définition,* Belles-lettres, 1946, in 12, 161 p.

6. Ibidem, p. 24-25.

7. P. 22 et p. 25.

8. Ibidem, p. 73-74.

9. Ibidem, p. 91. Voir aussi p. 83 : « Idée de l'homme » au sens platonicien du mot « Idée ».

10. Ibidem, p. 25.

11. Sur les rapports minutieusement mis au point entre l'humanisme et le christianisme, ibidem, p. 155-158.

12. On trouve l'expression dans un discours d'André Malraux en 1946 : « Le problème qui se pose pour nous aujourd'hui, c'est de savoir si sur cette vieille terre d'Europe, oui ou non, l'homme est mort... », *L'homme et la culture artistique,* Discours à l'U.N.E.S.C.O., 1946, cité dans : Jacqueline LÉVI-VALENSI et Jeanyves GUÉRIN, *Peut-on être humaniste dans la France des années cinquante ?* dans *Anthropologie et humanisme,* Les cahiers de Fontenay, n° 39-40, septembre 1985, p. 151.

Disons en gros, ce qui provoque la question, c'est le fait de l'existence d'une seconde guerre mondiale – et avec quelles armes ! – aggravée par des atteintes à la dignité humaine que l'on ne croyait plus possibles.

13. Michel FOUCAULT, *Les mots et les choses, une archéologie des sciences humaines,* Gallimard, 1966, p. 353. Pour la référence nietzschéenne, voir p. 232 et p. 396-397. Cf. Luc FERRY et Alain RENAUT (plus loin, n. 17), p. 18-19 et p. 138 sq.

14. Le compte rendu dans *Le Monde* de l'*Essai sur l'antihumanisme contemporain* (plus loin, n. 17) a pour titre : *L'homme n'est pas mort* (23 novembre 1985).

15. Que l'on considère, par exemple, les raisons, pour Eugène IONESCO, de « mettre l'homme en question », *Un homme en question,* Gallimard, 1979, le premier essai : *L'homme en question.*

16. Dans l'article de Jacqueline Lévi-Valensi et Jeanyves Guérin, nous trouvons « anti-humaniste » une fois, jeté, comme en passant, à propos du théâtre d'Audiberti « proche de l'antithéâtre » (p. 155).

17. Citons par exemple : Mikel DUFRENNE, *Pour l'homme,* Editions du Seuil, 1968.

M. Dufrenne réserve une importante section de son livre au « règne de la structure » ; mais si le structuralisme peut favoriser l'anti-humanisme, il ne l'implique pas nécessairement. Dans un article de 1956, puis dans la conclusion de sa leçon inaugurale de la chaire d'anthropologie sociale faite au Collège de France en janvier 1960, M. Claude Lévi-Strauss retrouve dans l'anthropologie sociale l'esprit de la Renaissance et l'avènement d'un humanisme vraiment « universel » (Etudes recueillies dans : *Anthropologie structurale, deux,* 1973, Chapitre premier, I ; Ch. XV, 1.

Luc FERRY et Alain RENAUT, *La pensée 68, Essai sur l'anti-humanisme contemporain,* Gallimard, 1985 ; les auteurs visent notamment Jean-François Lyotard, Michel Foucauld, Jacques Derrida, Jacques Lacan, le marxisme de Pierre Bourdieu.

Cet ouvrage a provoqué une intéressante discussion dans *Esprit,* numéro spécial 8-9, août-septembre 1986, « La passion des idées » : Olivier MONGIN et Paul THIBAUD, *La philosophie dans le débat intellectuel ;* Alain PIERROT, *La philosophie fascinée par son passé ;* Joël ROMAN, *Une nouvelle querelle de l'humanisme.*

ADDITIONS

p. 57, fin de la ligne 22, ajouter : (37 bis) ; et p. 149 ajouter :

37bis : Ce livre : *Le philosophe chrétien,* ne se trouve pas dans le Catalogue de la Bibliothèque Nationale sous le nom de Philippe de la Très Sainte Trinité ; mais il est cité et utilisé par Charles Chesneau, *Le Père Yves de Paris et son temps,* n° 298 de la Bibliographie et Index.

p. 150, note 51, ajouter : A. THOMSON, *Ignace de Loyola et Descartes. L'influence des Exercices spirituels sur les œuvres philosophiques de Descartes,* Archives de Philosophie, 1972, p. 61-85.

p. 161, note 23, ligne 3, lire : *Anthologie des écrivains catholiques prosateurs français du XVIIe siècle, Portraits,* Crès, 1919.

NOTE BIBLIOGRAPHIQUE

Les précisions bibliographiques sont données dans les notes pour chaque ouvrage lors de la première citation. Dans l'Index des noms d'auterus les chiffres suivis d'un astérisque permettent de retrouver aisément ces indications.

Lorsqu'aucun nom de lieu n'est donné pour l'éditeur, « Paris » est sous-entendu.

Indiquons simplement les éditions citées pour les œuvres classiques :

Les *Essais* de Montaigne sont cités d'après : Nouvelle édition par Pierre VILLEY, Paris, Alcan, 3 vol., 1922-1923.

SAINT FRANÇOIS DE SALES, *Oeuvres,* Introduction et Chronologie par André RAVIER ; nous n'avons à citer que les textes établis et annotés par André Ravier ; « Bibliothèque de la Pléiade », Gallimard, 1969.

Oeuvres de DESCARTES publiées par Charles ADAM et Paul TANNERY, Paris, Cerf, 11 volumes et un Supplément, 1897-1912 – Nouvelle présentation, Paris, Vrin, en co-édition avec le Centre National de la Recherche Scientifique, 11 tomes (dont 2 t. VII et 2 t. IX), 1969-1974.

Oeuvres de Blaise PASCAL, publiées suivant l'ordre chronologique avec documents complémentaires, introductions et notes, par Léon BRUNSCHVICG, Pierre BOUTROUX et à partir du t. IV, Félix GAZIER, Paris, Hachette, « Les Grands Ecrivains de la France », 11 vol. in 8°, 1908-1914 ; auxquels il faut ajouter 3 tomes : *Pensées de Blaise PASCAL,* nouvelle édition collationnée sur le manuscrit autographe et publiée avec une introduction et des notes par Léon Brunschvicg, 1904.

Blaise PASCAL, *Oeuvres complètes,* texte établi, présenté et annoté par Jean MESNARD, Paris, Desclée de Brouwer, Bibliothèque européenne, t. 1, 1964 (aucun texte de Pascal, recueil de documents) ; t. II, 1970, Oeuvres diverses, 1623-1654.

Blaise PASCAL, *Pensées sur la religion et quelques autres sujets,* Introduction de Louis LAFUMA, Paris, Editions du Luxembourg, 3 vol. in 8°, 1951 (t. I, Textes ; t. II, Notes ; t. III, Documents). Numérotation reprise dans : PASCAL..., L'Intégrale, Paris, Le Seuil, 1963.

Pensées de Blaise Pascal, édition paléographique des manuscrits originaux..., par Zacharie TOURNEUR, Vrin, 1942.

Les *Pensées* sont citées d'après l'édition LAFUMA : référence L et le n° ; d'après l'édition BRUNSCHVICG : référence Br, et le n° ; d'après l'édition TOURNEUR : référence T, et la page.

Oeuvres de Messire Antoine ARNAULD, docteur de la Maison et Société de Sorbonne, à Paris, et se vend à Lausanne, 42 vol. in 4°, 1775-1783 ; un 43e vol. contient une Vie d'Antoine Arnauld. On trouve une table des matières et une « liste des écrits d'Arnauld dans l'ordre chronologique » dans : Jean LAPORTE, *La doctrine de Port-Royal, Exposition de la doctrine d'après Arnauld,* I. *Les vérités de la grâce,* Paris, P.U.F., 1923.

INDEX

Les chiffres suivis d'un astérisque renvoient à une page contenant une indication bibliographique.

TABLE DES MATIERES

Ce livre a été imprimé
en France par **ICN**

Zone Industrielle des Saligues
98, rue Louis Rabier
64300 Orthez

05 59 69 77 80
icn@imprimerie-icn.fr

Dépôt legal : Février 1987